国际教育前沿丛书

刘宝存　主编

本书受到教育部人文社会科学研究青年基金项目"法国创建世界一流高校的治理改革研究：以高校联盟为例"的资助（项目编号 19YJC880133）

当代法国大学
合并重组的路径研究

●张梦琦　著

山西出版传媒集团　山西教育出版社

图书在版编目（CIP）数据

当代法国大学合并重组的路径研究 / 张梦琦著. —
太原：山西教育出版社，2024.3
（国际教育前沿丛书 / 刘宝存主编）
ISBN 978-7-5703-3122-2

Ⅰ．①当…　Ⅱ．①张…　Ⅲ．①高等学校—学校管理—
研究—法国　Ⅳ．①G649.565

中国国家版本馆 CIP 数据核字（2023）第 038574 号

当代法国大学合并重组的路径研究

DANGDAI FAGUO DAXUE HEBING CHONGZU DE LUJING YANJIU

责任编辑	田东明	
复　审	任小明	
终　审	康　健	
装帧设计	薛　菲	
印装监制	蔡　洁	

出版发行　山西出版传媒集团·山西教育出版社

（太原市水西门街馒头巷 7 号　电话：0351-4729801　邮编：030002）

印　装	山西新华印业有限公司	
开　本	720mm×1020mm　1/16	
印　张	18.25	
字　数	286 千字	
版　次	2024 年 3 月第 1 版　2024 年 3 月山西第 1 次印刷	
书　号	ISBN 978-7-5703-3122-2	
定　价	58.00 元	

总　序

一

　　当今世界正处在大发展、大变革、大调整时期，主要表现为以下四个方面。一是国际竞争的加剧。在"冷战"结束以后，世界格局发生了重大变化，世界上一些主要国家都在调整国家目标，力图在急剧变化的世界中为自己定位。各国为了实现国家目标，在新世纪的国际竞争中取得战略有利地位，纷纷把教育改革作为国家整体战略的一部分，作为提高民族素质、增强国际竞争力的战略举措。二是知识经济的发展。世界经济的发展经历了农业经济和工业经济之后，正在进入知识经济阶段。与建立在土地和人口基础上的农业经济、建立在资本和资源基础上的工业经济不同，知识经济是建立在知识和信息的生产、分配和使用基础之上的经济。在知识经济时代，知识、技术和信息成为推动经济发展最重要的因素。知识、技术和信息发展靠创新、靠人才，归根结底要靠教育。因此，教育成为各国应对知识经济挑战的首要途径。三是全球化进程的深入。在经济全球化的影响下，世界各国在政治、经济、文化、教育和社会生活等方面的联系、影响、依赖程度不断增强。全球化同时也加剧了国家之间、地区之间乃至学校之间的竞争，世界各国都把创建世界一流的学校、提升教育的全球竞争力作为战略目标。四是信息技术和人工智能的挑战。信息技术和人工智能的发展正改变着我们的生活方式、工作方式、学习方式、思维方式、价值观念及其物质载体，也为教育的改革与发展提供了更为广阔的空间。国际社会大变革把教育推向社会经济发展舞台的中心，优先发展教育、深化教育改革成为世界性的运动，而提高教育质量、促进教育公平则是这场教育改革运动的主旋律。

如果从历史的角度来考察，20世纪80年代以来世界范围的教育改革，不仅是对当代世界政治、经济、科学技术和文化的大发展、大变革、大调整所带来的挑战的应对，也是基于教育自身发展和改革的需要。纵观风云变幻的20世纪，世界教育经历了前所未有的挑战和改革。20世纪30年代，工业化、城市化所推动的社会全面变革引发了以进步主义教育运动为标志的世界性教育改革运动。进步主义教育直接向传统教育宣战，强调把儿童的兴趣作为教育的出发点，重视职业教育、工业教育、科学教育，倡导以解决问题为核心的教学方法，注重培养学生的合作精神和社会责任感。进步主义教育改革运动使人们反思传统与变革、人文与科学、社会与个人之间的关系，并尝试建立一种新的平衡，但并没有取得预期的效果。20世纪五六十年代，在科技进步、经济发展、民主运动、人口剧增和"冷战"加剧等因素的推动下，以1957年苏联人造卫星的发射为导火线，爆发了新一轮世界性的教育运动。世界各国开始重新审视一度给教育带来一缕新风的进步主义教育思想及其改革运动，结构主义、要素主义教育理论逐渐取代进步主义教育理论取得支配地位，促进中等教育的普及化和高等教育的大众化，改革基础教育课程和教学方法，加强大学的科技人才培养和科学研究，成为国际社会教育改革的主旋律。特别是人力资本理论和终身教育思想的提出，使教育的地位空前提高，改变了人们的价值观念。这一轮的教育改革因20世纪70年代的经济萧条戛然而止。因此，20世纪80年代以来的世界教育运动是上一轮教育改革运动在新的社会经济背景下的发展。在中小学教育实现了普及化、高等教育实现了大众化甚至普及化的背景下，世界教育改革的主旋律变成了促进公平、提高质量，也就是为每一个人提供高质量的教育。在新的社会经济背景下，世界各国纷纷把教育放在优先发展的战略地位，打造世界一流的教育体系，确立以培养创新人才为核心的培养目标，改革课程体系和教学模式，加强教育与社会生活的联系，提高教师的待遇和专业化水平，建构终身教育体系，推进教育信息化、教育国际化进程，建立更加灵活、高效的管理机制。与以前的局部改革不同，这是一场关于教育的全面改革，涉及从学前教育到高等教育、从课程教学到管理体制等教育的方方面面；与以前阶段性的教育改革不同，这更是一场长期的教育改革，已经持续30多年的教育改革仍呈方兴未艾之势。

二

自改革开放以来，中国社会发生了翻天覆地的变化。改革开放40年的经济快速增长，使中国从一个经济处于崩溃边缘的穷国一跃而成为世界第二大经济体，人民生活水平大幅度提高，综合国力不断增强。同时，中国也从一个传统社会转变为现代社会，在经济、社会、政治方面实现转型，工业化、城镇化、民主化进程不断加快。经过40年的改革开放，我国社会经济发展进入新阶段。我国面临着国际社会大变革和国内各种社会经济问题凸显的双重压力，既处于新的改革发展战略机遇期，也处于改革的攻坚期和"深水区"。正如《国家中长期教育改革与发展规划纲要（2010—2020年）》所总结的，"我国正处在改革发展的关键阶段，经济建设、政治建设、文化建设、社会建设以及生态文明建设全面推进，工业化、信息化、城镇化、市场化、国际化深入发展，人口、资源、环境压力日益加大，经济发展方式加快转变"。党的十九大明确提出要实现社会主义现代化和中华民族伟大复兴，在全面建成小康社会的基础上，分两步走在本世纪中叶建成富强民主文明和谐美丽的社会主义现代化强国。从现在到2020年，是全面建成小康社会决胜期。要按照十六大、十七大、十八大提出的全面建成小康社会各项要求，紧扣我国社会主要矛盾变化，统筹推进经济建设、政治建设、文化建设、社会建设、生态文明建设，坚定实施科教兴国战略、人才强国战略、创新驱动发展战略、乡村振兴战略、区域协调发展战略、可持续发展战略、军民融合发展战略，突出抓重点、补短板、强弱项，特别是要坚决打好防范化解重大风险、精准脱贫、污染防治的攻坚战，使全面建成小康社会得到人民认可、经得起历史检验。综合分析国际国内形势和我国发展条件，从2020年到本世纪中叶可以分两个阶段来安排。第一个阶段，从2020年到2035年，在全面建成小康社会的基础上，再奋斗十五年，基本实现社会主义现代化。第二个阶段，从2035年到本世纪中叶，在基本实现现代化的基础上，再奋斗十五年，把我国建成富强民主文明和谐美丽的社会主义现代化强国。这一系列战略目标的实现，意味着中国社会将迎来更大的变革，意味着一个真正强国的崛起，也意味着我们必须重新审视我国教育，探讨教育如何适应国家战略的调整，积极改革创新，为国家整体战略服务。

与国际社会的教育改革大势相一致，中国教育以1985年《中共中央关于教育体制改革的决定》为标志开始了前所未有的全面改革。在新的世纪，面对新问题、新矛盾、新挑战，我国在2010年颁布了《国家中长期教育改革与发展规划纲要（2010—2020年）》，对中国教育的发展提出了新的要求：加快从教育大国向教育强国、从人力资源大国向人力资源强国迈进；到2020年，基本实现教育现代化，基本形成学习型社会，进入人力资源强国行列，办出具有中国特色、世界水平的现代教育。教育规划纲要的颁布，宣告了我国新一轮教育改革运动的开始，我国教育进入大改革、大发展、大变化时期。党的十九大报告把建设教育强国作为中华民族伟大复兴的基础工程，要求必须把教育事业放在优先位置，深化教育改革，加快教育现代化，办好人民满意的教育。无论是当前的社会变革还是教育变革，在我国历史上都没有现成的经验可以借鉴，必须从国际社会寻找可供借鉴的理论、经验和发展路径，并在此基础上实现教育理论创新、实践创新和制度创新。一方面，我国教育科学虽然已经有了很长的历史，但是对于教育改革与发展中的许多问题仍然没有一致的认识。因此，当前我国教育研究特别是比较教育研究的一个重要使命就是围绕世界和我国教育改革与发展的重大理论、政策和实践前沿问题开展研究，探索教育发展的规律，把握国际教育发展的趋势，为我国教育改革与发展提供理论支撑。另一方面，在经过40年的改革开放之后，我国教育改革已经进入"深水区"和攻坚阶段，在我国历史上既没有相应的经验可以借鉴，也不可能完全依靠"摸着石头过河"去探索未知的领域。因此，我们必须把视野扩大到国际社会，研究世界各国教育改革与发展的基本理念、政策措施、得失成败，研究世界教育改革发展的基本脉络和发展趋势，尤其是针对我国教育改革发展中的重大问题和紧迫问题，在世界范围内寻求相应的经验，特别是研究发达国家已经走过的道路和经验教训，并根据我国实际探索适合我国国情的政策措施。

三

北京师范大学国际与比较教育研究院创立于1961年，是中华人民共和国成立后设立最早的国际与比较教育研究机构。1981年，被国务院学位委员会批准为比较教育学专业全国第一批硕士学位授权点。1983年，被国务院学位委员会批准为比较教育学专业全国第一批博士学位授权点。1988年，被国家教委（现教育部）确定为国家重点学科，是比较教育领域中唯一的国家重点学科。1999年12月，成为第一批入选教育部普通高等学校人文社会科学重点研究基地的15家科研机构之一，是比较教育学科唯一的重点研究基地。2011年秋季，招收第一届全英文教学国际硕士研究生，开创了我国比较教育学专业国际硕士教育的先河。2012年，与奥地利、德国、芬兰等国的大学联合开设欧盟伊拉斯莫（Erasmus Mundus）"高等教育研究与创新"硕士项目，这是我国高校第一次以全面合作伙伴（full-partners）身份全面参与伊拉斯莫项目的招生、教学和管理工作。2012年，入选教育部国别区域问题研究基地，成为教育部国际教育研究中心之一。2013年，在成功举办全英文教学国际硕士项目的基础上，全英文教学国际博士项目顺利招生，成为我国比较教育学专业乃至教育学科第一个开设国际博士教育项目的机构。2017年，加入教育部高校高端智库联盟，成为教育领域首批入选的两家智库之一。

北京师范大学国际与比较教育研究院的基本使命是：1. 围绕世界和我国教育改革与发展的重大理论、政策和实践前沿问题开展研究，探索教育发展的规律，把握国际教育发展的趋势，为我国教育改革与发展提供理论支撑；2. 为文化教育部门和相关部门培养具有国际视野、通晓国际规则、能够参与国际事务和国际竞争的高层次国际化人才；3. 积极开展教育政策研究与咨询服务工作，为中央和地方政府的重大教育决策提供智力支撑，为区域教育创新和各级各类学校的改革试验提供咨询服务；4. 积极开展国际文化教育交流与合作，引进和传播国际先进理念和教育经验，把我国教育改革发展的先进经验和教育研究的新发现推向世界，成为中外文化教育交流的桥梁和平台。

经过50多年的发展，北京师范大学国际与比较教育研究院已经成为我国规模最大、语种最全的国际与比较教育研究机构，语种涵盖英语、俄语、法语、德语、日语、朝鲜语、葡萄牙语、西班牙语等世界主要语种，研究对象包括美国、英国、法国、德国、俄罗斯、日本、韩国、印度、澳大利亚、加拿大、新加坡、芬兰等国家以及联合国教科文组织、世界银行、联合国儿童基金会、欧盟、经济合作与发展组织、亚太经济合作组织等国际组织，研究领域包括比较教育的理论与方法、基础教育比较、高等教育比较、教育政策与管理比较、教育思想比较、文化与教育发展比较、国际教育等比较教育研究的主要领域。

50多年来，北京师范大学国际与比较教育研究院一直是我国国际与比较教育研究的重镇。该院以"立足中国，放眼世界"为指导思想，根据我国社会主义现代化建设和教育改革发展的需要，积极承担起国家重大教育研究任务，取得了一大批高水平的研究成果。这套《国际教育前沿丛书》就是近年该院承担的部分国家级和省部级科研项目的研究成果，我们衷心希望这套丛书的出版能够帮助读者了解国际教育改革与发展的前沿，为我国教育改革与发展提供一些借鉴与启示。

北京师范大学把《国际教育前沿丛书》列为"985工程"重点项目予以支持，山西教育出版社在丛书编辑和出版过程中给予了很大支持，在此特别表示感谢。

刘宝存

序一

20世纪后期，伴随世界高等教育向大众化、普及化迈进，世界高等教育进入大发展、大改革和大调整时期，高等教育管理体制改革便是其中一项重要改革内容。在新自由主义和全球竞争的影响下，对大学治理与善治的叩问促使一些国家纷纷采取大学合并、建立战略联盟等组织变革方式，探索有助于大学良性运转的治理样态和发展路径。一些国家赋予了大学更多的自主权，使其拥有了主宰自我命运的契机，但各种评估、问责接踵而至；一些国家使大学走上市场化和商业化的发展道路，同时要求大学担负起寻求和扩大外部教育资助来源、应对高等教育市场竞争风险的重责。各国的高等教育传统不同、发展阶段不同、面临的挑战和问题不同、改革和发展的理念不同，因而也呈现出不同的大学治理模式。虽然在同一个时代的改革有一定的共同性，但是没有一种模式是普适性的，因为每一种模式都是具体环境下的产物。

我国高等教育在全球化的浪潮中也开展了一系列完善现代大学治理的探索性改革。从"211工程""985工程"的相继提出，到"2011计划"追求科技协同创新之路的开启，再到"世界一流大学和一流学科"的新一轮规划布局，大学治理改革逐渐步入深水区和攻坚期。面对优化高等教育结构、完善质量保障与评估、提升内涵式发展等新问题新要求，高等教育的相关研究理应对此做出回应，通过剖解大学治理改革中出现的问题与症结，探索改进和完善大学治理之法门，指导和匡正其未来发展之道路。在此过程中，国内学界对国外大学治理改革的研究逐步深化，通过引介域外的做法，可以为我国的高等教育改革实践提供启迪和方案，其现实意义深远。

近年来，学界对国外大学治理研究的对象范围不断扩大，除了对美国、英国、加拿大、澳大利亚等盎格鲁—撒克逊国家大学治理进行研究外，有关非英语国家大学治理的研究也不断增加。其中，法国大学治理研究在邢克超、王晓辉教授等一批老前辈的引领下形成了一定成果。然而时移世易，我们对法国高等教育的认识似乎仍停留在"作为中世纪大学发端的巴黎大学""法国的精英大学校教育"等模糊的印象中，对其大学治理问题的关注也多集中于法国的中央集权管理、大学自治改革及大学参与高等教育全球竞争（法国是吸引国际留学生的主要国家之一）等初步印象中。事实上，法国为扭转自身高等教育的发展困境、应对高等教育全球化的外部冲击，从20世纪90年代起便已开始进行改善大学治理的各种尝试。创建世界一流大学，开展大学合并重组是当前法国高等教育最重要的改革之一。但学界过去主要通过梳理文献和政策文本对此类问题进行历史性研究，缺乏对法国大学现实环境及其治理实践的实证性探索。因此，更具深度与广度的研究亟待来者。

张梦琦博士的著作《权力漂移与制度重塑：当代法国大学合并重组的路径研究》便是深化和丰富法国大学治理研究的一次新的探索。她将研究视野聚焦在法国进入21世纪后所开启的全国性的大学合并重组改革上，不仅对一系列改革政策的来龙去脉进行了详尽梳理，更进一步挖掘法国大学在合并重组过程中所形成的独特改革路径及其特征规律。与既有的法国大学治理研究成果相比，该著作有着独特的贡献：一是利用第一手资料对法国独具特色的大学合并重组展开实证案例研究，揭示了法国大学在全球化影响下进行合并重组的路径选择及背后的改革逻辑，提出了"权力驱动—松散联结"和"制度驱动—紧密耦合"两条改革路径。二是通过考察法国大学合并重组的整体态势，解释了不同主体间权力的博弈以及各种正式和非正式制度对大学改革的核心塑造力，进而描绘了中央集权与大学自治的互动关系，诠释了横向联邦主义与纵向多层次化的教育治理体系，并在论证改革创新的同时提出了自己对该问题的批判性思考。三是从组织社会学视角出发，通过综合运用制度理论、资源依赖理论和组织控制模式，对法国大学合并重组所涉及的不同组织层级和发展路径展开全方位深入剖析，并最终形成本土化的理论解释模型，这是对大学组织进行理论研究的新尝试。

张梦琦博士的著作是在其博士论文的基础上修改而成的。在国家留学基金委员会的资助下，她借助赴法国进行国家公派联合培养的机会，往返于法国多个城市的多所大学、"大学校"和科研机构之间，对各级各类改革的参与者进行了深度访谈和交流，收集整理了大量的鲜活案例，从而使该著作所探讨的大学合并重组改革问题有了更多的"情景再现"和人情味道。现在的年轻人有了更多的到研究对象国实地考察的机会，他们充分利用这样的机会开展调查研究，可以弥补文献研究的不足，使研究更加深入，更能反映真实情况，更能了解不同利益相关者的看法，从而得出更加全面、客观的研究结论，这是一个可喜的现象。

作为张梦琦的博士生导师，我一直鼓励其对法国教育的研究置于更大格局、更具有长远研究增长点的方向进行探索。在这部凝聚了她三年博士生学习深耕细作而得的学术著作中，我对其开展法国大学研究的理论自觉性和不畏艰难勇攀学术高峰的精神感到骄傲。该著作的出版只是她学术生涯的一个起点，希望张梦琦博士再接再厉，继续跟踪法国大学的合并重组，不断深化法国大学治理的研究，有更多的高水平成果问世。

刘宝存

序二

自 20 世纪 90 年代以来,我国高等教育开始流行"内涵式发展"的潮流,提高质量、规模效益、资源共享等概念随之而生,至今长盛不衰。如果论成效,我国高等教育三十年来发展可谓惊人,校园中高楼大厦拔地而起,数万人大学比比皆是,更有大学跻身世界百强。然而,大学扩张之路并非平坦,其中多为行政式干预,水乳交融者甚少。彼此为邻、学科互补的大学未能合并;本为一家,同是"985"的学校,却因名称之争而未能统一。数所大学虽同居一城,但相距甚远,勉强合并,却无法资源整合,其单独本可与"985"大学比肩,而合并之后则黯然失色。

昔清华大学校长梅贻琦曾言:"所谓大学者,非谓有大楼之谓也。"其实,大学也不在于大,起源于中世纪大学的实质是学者的共同体。山不在高,有仙则灵;校不在大,有"学"则名。"学"在这里,应当指学术、学问、学者,大学应当有大师,有大学问家,有流芳千古的名人,有影响世界的思想,有促进人类文明的创新。

在历史的维度上,中国因素对世界高等教育的影响极为罕见。然而,在 20 世纪末,上海交通大学建立的世界大学排行榜却意外地影响了全世界,尤其是对法国大学影响极大。原因是法国大学与美国研究型大学相比,规模明显较小,而要走向世界大学前列,扩大学校规模是必然之路。同时,法国大学与"大学校"并存的状况,也使法国大学底气不足,因为法国"大学校"无论在其国内还是在国际上都被认为是精英学校,而大学则在 20 世纪 60 年代兴起的教育民主化进程中演变成为大众化的高等教育机构。这样扩大规模与提升地位,是法国高等教育改革的基本取向。

张梦琦的《权力漂移与制度重塑：当代法国大学合并重组的路径研究》一书为我们展示了法国在当前高等教育改革中大学的合并与重组的完整场景。改革的第一种思路是合并，以斯特拉斯堡大学为例，曾经的单一大学，20世纪60年代在学潮之后拆分成以自然科学、人文科学和法律经济为主的三所大学。这次改革，三所大学顺理成章地合并为一，成为拥有诺贝尔获奖者的法国规模最大的大学。而对于存在合并前景，但目前合并条件尚不具备的大学与科研机构，允许在一种集群的模式中协调与磨合。马赛和洛林的大学与其他机构便是在筹建集群的过程中，最终分别合并为单一的大学。

　　改革的第二种思路——重组，则显示出法兰西国家及其民族的"保守与坚韧"的文化特质。法国大学与"大学校"之外，设有一些实力雄厚的科研机构。其中最大的国家研究机构是成立于1939年的法国国家科学研究中心（CNRS）。这个科学研究中心拥有34000名研究与行政人员，其中获得诺贝尔奖者有16人，获菲尔德奖者有11人。国家科学研究中心的研究领域几乎涵盖了自然科学与人文科学的所有学科，并且具有极高水平。长期以来，国家科学研究中心同大学及其他高等教育机构保持着非常密切的协作关系，其四分之三的实验室设在大学，一半人员在大学工作，他们利用大学的大型设备和研究生开展研究。法国大学的重组便是融合了大学、"大学校"和科研机构，建立新的大学联合体，设置新的大学治理机构。但原来的机构并未消失，原来的大学虽已不是原来的大学，原来的"大学校"也不是原来的"大学校"，它们仍然保持一定的独立性，其学术优势和名气还在。然而，重新组合的大学机构却有实力在国际大学排行中角逐。如此看来，不知是法国大学被世界大学排行榜所捉弄，还是法国大学在捉弄世界大学排行榜。

　　梦琦本科学习的是法语，硕士开始跟我读比较教育。由于我的退休，她未能成为我的博士生。但是我一直关心她的学业，更为她顺利完成博士论文而高兴。她由其博士论文而改写此书，我写了前面几句话，是为序，更是对她学业成绩的肯定，祝她在未来的学术生涯中获得更大成就。

王晓辉

目 录

第一章
导论

大学是所有社会机构中最保守的机构之一，同时，它又是人类有史以来最能促进社会变革的机构。[①]

——西奥多·姆·赫斯伯格（Theodore M. Hesburgh）

第一节　立论依据

一、研究缘起

（一）大学合并重组是当今世界高等教育改革的重要议题

从 20 世纪后半叶起，世界高等教育进入了大发展阶段。高等教育由精英教育转向了大众教育与精英教育并存，大学由纯粹的学术机构成为学术加颁发职业资格证的场所；[②] 新自由主义兴起促使大学开展自治改革，寻求多样化的教育资源，并形成具有竞争性的高等教育"准市场"；[③] 世界高等教育逐渐融为一体，全球性评价排行大行其道，国际学生和人才流动扩大，教育质量保证、认证、学分互换等对大学发展构成新的挑战。同时，以小政府主义、新公共管理理念和知识社会为主要特征的全球理性"神话"不断塑造着世界高等教育系统，促使各国积极探

[①] Theodore M. Hesburgh, "The nature of the challenge, from Stephen D. Kertesz, The task of universities in a changing world," Indiana States: University of Notre Dame Press, 1972, p. 2 – 11.

[②] 张慧洁：《中外大学组织变革》，上海：复旦大学出版社，2005，第 1 页。

[③] 李盛兵：《高等教育市场化：欧洲观点》，载《高等教育研究》，2000（4）。

索世界一流大学的发展模式，以参与高等教育的国际竞争。因此，世界各国纷纷出台鼓励本国大学增强学术竞争力、提升大学国际排名的政策措施。[①] 如政府为满足学生的多样性需求，提高毕业生质量，积极推动大学的高效管理，促进院校竞争;[②] 再如政府通过减少公共预算开支，给予大学更多自主权，鼓励其借助外力，形成协同效应，提升自身实力。[③] 其中，许多国家将高校的结构性调整作为改革的重要手段之一。

贾米勒·萨尔米（Jamil Salmi）将创建世界一流大学的组织结构性改革分为择优提升式（picking winners）、协同混合式（hybrid formula）和新建式（clean-slate approach）三种类型。[④] 一些国家采取了其中的协同混合式，即将现有机构进行整合或转型为新大学，以便通过协作方式建设世界一流大学。如挪威、芬兰、韩国和日本等国家在 20 世纪末开展的大学合并，美国、英国和澳大利亚等国家组建的大学联盟、大学集团等皆是如此。随着大学合并重组的展开，如何设计、实施，如何在大学合并或联盟后进行有效管理并形成新组织或超组织的融合文化等一系列问题也因此成为各国政府与高等教育管理者所关注的重点课题。

（二）改善组织管理是完善我国现代大学治理、创建"双一流"的迫切需要

在全球高等教育的改革大势下，我国的一些单科性院校自 20 世纪 90 年代初期也开始走综合化发展的道路，如进行院校合并。伴随"211""985"等工程的开展，国内院校为争创世界一流又纷纷创建"巨型大学"。如今，建设"一流大学和一流学科"的近期和远期目标又引发了新一轮高校布局与发展模式的调整。[⑤] 政府希望通过探索高校组

① 刘宝存，张伟:《国际比较视野下的创建世界一流大学政策研究》，载《比较教育研究》，2016（06）。

② Ole-Jacob Skodvin, "Mergers in Higher Education—Success or Failure?" Tertiary Education and Management, 1999, p. 63 – 78.

③ Kay Harman & V. Lynn Meek, "Introduction to Special Issue: 'Merger Revisited: International Perspectives on Mergers in Higher Education," Higher Education, 2002, p. 1 – 4.

④ Jamil Salmi, The Challenge of Establishing World-Class Universities, Washington: World Bank, 2009, p. 7 – 9.

⑤ 截至目前，上海、山东、辽宁、湖北等省市已表示，将在"双一流"的建设框架下探索辖内高校或科研机构的"合并""兼并"与"重组"议题。据悉，上海市在高等教育的新一轮规划中，提出以合并组建、新设增设、调整撤并、合作办学、二级学院独立运行等方式，继续优化上海高校布局结构，使其更加契合国家和区域发展之需，从中催生世界一流大学和一流学科。

织结构改革及治理问题，不断提升高等教育的发展水平和大学的办学效益与国际竞争力。但随着改革的深入，上一阶段的合并改组高校在发展过程中日益暴露出一些棘手问题。一方面，许多大学办学层次定位不合理，并呈现出明显的同质化倾向，从而造成教育资源的巨大浪费，以及人才培养结构与产业需求、劳动力市场的严重脱节等问题。另一方面，随着知识的不断分化，大学的学科划分越来越复杂，学院数量也越来越多，导致管理成本和管理难度增大，管理效率低下；学科组织之间壁垒森严，学术创新能力不足，资源严重分散，院系资源共享程度低。

《国家中长期教育改革与发展规划纲要（2010—2020年）》（以下简称《纲要》）指出，"要完善中国特色现代大学制度。完善治理结构……建立大学分类体系，实行分类管理。发挥政策指导和资源配置的作用，引导大学合理定位，克服同质化倾向……促进高校、科研院所、企业科技教育资源共享，推动高校创新组织模式，培育跨学科、跨领域的科研与教学相结合的团队"。[①] 国务院颁布的教育事业发展"十三五"规划也提到"规范高校升格、合并分立……加强总体规划，引导分类发展，科学合理布局"。可见，当国家在为已步入深水区和攻坚期的高等教育改革指明方向时，高等教育相关研究必须做出回应并及时跟进。我们应借助研究所具有的预见、引导、舆论、提升和评价功能论证高等教育已经取得的成果与经验，剖解改革过程中出现的问题和症结，指导和匡正未来高等教育的方向与道路，最终使我国高等教育走向健康良性的可持续发展道路。因此，厘清大学合并重组的内在逻辑，确立符合大学自身发展的改革目标，有效推动新一轮合并重组的开展是完善我国当代大学治理，推进"双一流"与大学卓越发展的迫切需要。

（三）大学合并重组是法国高等教育迈向卓越发展的主要途径

法国是中世纪大学的发源地之一，其高等教育有着深刻的历史根源，但真正意义上的法国现代大学始于二战之后的60年代末。[②] 1968年法国发生震惊世界的"五月风暴"，此后法国颁布《高等教育指导法》

---

① 中华人民共和国教育部：《国家中长期教育改革和发展规划纲要（2010—2020年）》，载《人民日报》，2010 - 07 - 30。

② Christine Musselin, La Longue Marche des Universités Francaises, Presses Universitaires de France, 2001, p. 55.

[或译"富尔法（Loi Faure）"①] 并开启了大学被不同学科划分为小型大学的碎片化发展道路。直到20世纪90年代，政府才通过"2000年大学"计划（Université 2000）和"第三千年"计划（Université du 3e millénaire）开始加强法国大学和企业、大学和"大学校"的联系与合作。然而进入新千年后，伴随博洛尼亚进程的推进和高等教育全球化的持续影响，法国大众与精英分野的高等教育"双轨制"，大学与科研组织分离的结构性缺陷，以及大学组织形态碎片化等问题严重，使法国大学"魅力"大减，既无法吸引更多的国际优质人才，又出现严重的人才外流现象。② 特别是2003年，法国高校在上海交通大学的"世界大学学术排名"中的欠佳表现引起了全法社会的普遍关注与热烈讨论。③ 大家对法国大学排名结果表示震惊的同时，更将"高校组织形态松散、学校规模有限视为导致法国大学国际知名度不高的主因之一"④。

2006年，法国政府基于加强大学、"大学校"与科研机构联系的理念，提出以"高等教育研究集群（Pôles de recherche et d'enseignement supérieur）"形式重组地方高等教育资源，从而打造多所欧洲顶尖、国际能见度（visibilité）⑤ 高的法国大学。2007年政府颁布《大学自由与责任法》（Loi relative aux libertés et responsabilités des universités）推动大学自治改革。2008—2010年政府又相继推出大学"校园计划（Plan campus）"⑥ 和基于"未来投资"框架的一系列高等教育资助计划，不仅从硬件方面支持高等院校和研究机构形成大型教学研究基地和具有国际水准的卓越校园，且通过重点资助项目提升大学开展科学研究的积极性与整体实力。在此期间，法国大学逐步走向了合并重组之路。

在上述背景下，2013年法国政府出台《高等教育与研究法（Loi relative à l'enseignement supérieur et à la recherche）》，要求所有高校必须选

---

① 在法国，教育法律法规习惯于将该法出台的日期作为法律名称，也习惯于使用教育部长的姓氏命名该项法律。"富尔法"正是根据时任教育部长埃德加·富尔（Edgar Faure）的名字而得。后文涉及的相关法律名称也同此理。

② 张梦琦：《法国近八成大学毕业生选择赴国外找工作》，载《中国教师报》，2013（10）。

③ 张梦琦：《法国高等院校组织变革的动因、路径与制度设计——以"大学与机构共同体"为例》，载《高教探索》，2017（2）。

④ 同上。

⑤ 法国在描述大学实力时，倾向于使用"国际能见度"来形容其知名度。

⑥ 或称"大学校园行动（Opération Campus）"。

择进行大学合并、建立大学与机构共同体（Communauté Universitaire d'Etablissements，以下简称"共同体"）和成立高等教育联合会（Association à un EPSCP）三种形式中的某一种，参与高等教育与科研机构的重组改革。① 可以说，法国高等教育的组织策略正是贾米勒·萨尔米所称的"协同混合式"与"择优提升式"的结合，即政府在已具备世界一流竞争力的高等院校、"高等教育与研究集群"与科研机构的基础上进行选拔，并通过合并与转化形成协同类型的新型大学。②

　　大学合并、建立共同体或联合会已成为当前法国高等教育与科研机构活跃而复杂的基本组织形态，而大学合并后的内部组织管理与院校之间构成的外在组织群管理共同影响着法国的大学治理现状。从这一变革目前产生的实际影响来看，一方面，法国大学的综合实力在合并成功后确有明显提升趋势，如法国斯特拉斯堡大学自 2009 年完成合并后在国际大学排名中的位次不断上升便是一个直观的表征；③ 但另一方面，参与共同体或联合会的大学在面对外部的院校关系、学府关系，处理学校内部自我身份认同、组织治理和新生成的组织文化等方面又面临着新的挑战。但不论是产生积极影响抑或出现问题困境，可以确定的是，大学合并重组集中地反映了法国近年来持续推动高等教育自治改革并积极融入欧洲乃至世界高等教育发展队伍的雄心壮志，并成为引导法国高等教育迈向卓越发展的主要途径。

　　（四）研究法国大学合并重组的路径是对"法兰西（高等教育）例外"的追问

　　笔者长期关注法国教育，特别是法国高等教育。之所以选择研究法国大学的合并重组，并聚焦于合并重组的路径主要有三点原因：首先，从教育事实本身出发，法国大学重组变革具有相当的独特性。大学组织变革始于 20 世纪 60 年代末，但法国最初的改革做法并非建立与其他国

---

　　① Articles L718 – 3，LOI n° 2013 – 660 du 22 juillet 2013 relative à l'enseignement supérieur et à la recherche-Article 62，https://www. legifrance. gouv. fr/affichTexte. do? cidTexte = JORF-TEXT00002 7735009，2016 – 09 – 10.

　　② 张惠，刘宝存：《法国创建世界一流大学的政策及其特征》，载《高等教育研究》，2015（04）。

　　③ 如根据上海交通大学的世界大学学术排名（Academic Ranking of World Universities）显示，斯特拉斯堡大学从 2012 年的前 150 名，上升至 2015 年的第 87 名（2013 和 2014 年分别为第 97 和 95 名）。

家类似的"巨型大学"以应对教育大众化的现实考验，而是将大学解体并重组为多所小型大学，且使高校设置更加"纷繁复杂"。① 但在21世纪后，法国将传统的公立大学，培养国家精英和应用型人才的"大学校"，以及专门负责科研开发的高等科研机构逐渐置于同一平台进行整合，并逐渐出现了向全球高等教育组织靠拢的趋同态势。法国为何放弃原有的大学形态，出现高校组织趋同现象；这种做法是否意味着法国摒弃其高等教育的自身特征，转而选择与其他国家一样的变革路径等问题引起了笔者的研究兴趣。其次，从法国大学合并重组的经验看，近年来，法国积极融入欧洲乃至世界高等教育发展的队伍，也在为提升其高等教育和科研实力提出与所谓"法兰西例外"不同的新思路和新举措。虽然合并重组在改善法国大学经费管理制度和世界排名等方面取得了一定成效，但也在很多方面引发质疑②：如新型大学组织结构的联结程度，大学之间决策与合作程度的有效性及制度的适应性，以及新大学在国际社会的认可问题等。由此，法国大学创新改革的理性神话在落地发展中遇到了哪些现实困境，大学合并重组最终如何建构法国高等教育与科研的结构形态等，是本书探讨法国大学合并重组的动力所在。再次，笔者了解到我国学者对法国大学（甚至法国教育）的相关研究大多主要停留在对高等教育改革及其政策的梳理、介绍上，并没有对法国大学合并重组问题进行基于实践数据和一手资料的深层次叩问。这更激发和坚定了笔者有针对性地深入探讨法国大学合并重组的热情与信心，并将本书的研究锁定在"法国大学合并重组的路径"这一主题上。最后，从比较教育研究的目的看，法国与我国同为中央集权制国家，二者在高等教育的集权管理方面存在一定的相似性，同时在创建世界一流大学的过程中都积极倡导大学自治改革。那么集权与自治究竟如何影响大学合并重组的路径成为这项研究的出发点。即当我们对他国的教育研究得出言之有理的教育概况或原则后，在本国的教育制度中应用并检验这些概况或原则就会对自己的教育制度有"更好的理解"；或者在研究其他国家特定条件下的教育制度时，我们可以

①　法国高等教育机构类型多样有其特殊的历史传统。每当政府为适应社会发展，试图授予高等教育新使命时，通常都采取建立新的高等教育机构这种方式，以回避大学强大的保守势力。详见后文概念界定中的"法国大学"部分。

②　下列观点来自法国勃艮第大学前校长、勃艮第—弗朗什—孔泰大学集群前校长索菲·贝让（So-phie Béjean）所做的题为《大学的内部组织与联邦主义：在团结与从属之间》的演讲中总结的内容。

很好地扩大视野、形成批判的基础,而不致囿于一国教育的零碎经验。①
笔者借助在法国近一年半的访学经历,有幸以局外人的视角真正深入法
国大学,"沉浸在那里的'生活语言'中,忠于本国人所'理解'的制度",②
体验这场还在"未完待续"的组织变革浪潮。总之,对法国大学合并重组
进行基于实情的批判式研究,正是我们对迈向世界一流大学的法国道路
的有益探索。

二、研究目的与问题

(一)研究目的

本书拟通过探讨法国大学合并的原因、过程、结果及其所在大学组织
群(共同体/联合会)中的治理形态,③并结合变革环境、组织行动者受到的
制度约束和形成的权力关系,及其对大学合并重组路径的塑造作用,对法
国大学合并重组现象及其路径展开全方位的考察、比较与深描,以揭示影
响法国大学合并重组的主要因素及其如何通过组织行动者的互动关系逐
步推动大学走向"理性化"发展,探寻法国大学合并重组路径的解释模型
及其所反映的改革特征,并最终获得大学开展合并重组的有益经验。

(二)研究问题

安东尼·吉登斯(Anthony Giddens)指出,"没有一项研究是单独存在
的。研究问题是在研究过程中浮现出来的"。④ 在确定研究主题和研究目
的后,笔者首先关注的一个综合性研究问题是:法国大学合并重组的起
因、过程及现实结果究竟为何? 在此基础上可否探究出法国大学合并重
组路径的解释模型? 为了更有效解答这些思考,本书的问题将聚焦于以
下三方面。

---

① 赵中建,顾建民:《比较教育的理论与方法——国外比较教育文选》,北京:人民教育出版
社,1994,第16-17页。

② [英]埃德蒙·金:《别国的学校和我们的学校——今日比较教育》,北京:人民出版社,
1989,第49页。

③ 由于这场变革从2006年至今只发展了近十年,直到2013年法国政府才将合并、共同体
和联合会的不同变革模式写入高教法。每一类变革在法国不同地区开展的时间先后和程序步骤
均有不同,且变革的脚步仍未停歇,因此变革的实质影响也处于不断生成的阶段。鉴于此,本书
无法对大学合并重组的深远影响做出短时间内的武断,所以重点着墨于大学合并后所形成的内
部治理,及其在参与大学联盟过程中的外部治理。

④ [英]安东尼·吉登斯:《社会学(第四版)》,北京:北京大学出版社,2003,第607页。

1.法国大学开展合并重组受哪些环境特征与因素的影响？大学的组织行动者是在何种制度压力、权力关系的影响下决定开展大学合并,以及参与院校机构重组的?

对于这一层面的问题,笔者的切入点是首先梳理法国大学合并重组的整体背景,在此基础上重点考察大学合并重组改革的环境因素。其次,通过案例探寻大学行动者如何选定合并重组之路。

2.法国大学合并重组包括哪些路径,这些路径具体如何形成的?

路径由行动者建构。因此对路径的探索,需要围绕行动者展开具体的追问。这其中包括,大学的组织行动者如何参与设计、落实合并工作;在大学合并后,行动者如何巩固内部组织结构,形成新大学的治理模式;如何参与所在地区共同体或联合会的建立与互动,并塑造组织群的联盟形态等一系列过程性问题。

3.法国大学合并重组路径的特征为何?反映了政府怎样的高等教育改革逻辑?

作为席卷全法的高等教育与科研机构整合运动,开展合并重组不仅是大学进行组织变革的一种选择,更是政府推动教育改革的一种战略。因此要探索大学合并重组的路径特征,需要从宏观视角去寻找改革背后的真正逻辑。

三、研究意义

本书以组织社会学为视角,将法国高等教育改革作为专门问题进行研究具有理论和实践的双重意义。

（一）理论意义

本书充分利用第一手资料,从组织社会学出发,基于组织理论中的组织集和组织群两大生态亚层所形成的问题分析层级,综合运用制度理论、资源依赖理论和组织控制模式,对法国大学进行合并并参与共同体重组或参与联合会重组的环境特征、动因、过程与现今结果所形成的两条改革路径进行全方位探究。这不仅有利于拓展我国高等教育组织研究中对法国相关问题的认识,而且避免了片面、孤立地只以政策出发研究法国高等教育的改革问题。本书最终以权力与制度为核心概念对大学合并重组的路径进行批判性分析,并建构起具有法国本土特色的大学合并重组路径的解释模型,从而使本书更具理论价值。

(二)实践意义

本书以同样为中央集权体制的法国作为研究对象展开对大学合并重组问题的探讨,既梳理了改革的相关政策内容,也探讨了改革的具体情况与实践路径。研究与时俱进地结合了我国当下建设现代大学制度、完善大学治理和建设"一流大学和一流学科"所关注的改革技术问题。在高等教育进入改革深水区的同时,来自法国的经验与探索促使我们对大学合并重组问题进行再反思,这对我国开展新一轮院校布局调整、优化大学组织结构与治理样态、推动高等教育资源整合等方面均具有积极的参考和借鉴意义。

第二节　核心概念界定

一、大学组织

20世纪初,工业革命推动了西方社会的理性化发展,组织成为社会的基本单位,具有不可替代的功能。组织理论之父马克斯·韦伯(Marx Weber)在《社会经济组织理论》中把组织定义为"一种通过规则对外来者的加入形成既封闭又限制的社会关系"。[1] 查德·霍尔(Richard H. Hall)认为,组织是一个有着相当可辨识边界的团体,它拥有一套规范的秩序(章程)、一定的职权阶层、一种沟通系统和一个成员协调系统,该团体以相对持续的环境为基础而生存,从事与一系列目标相关联的活动,为组织成员、组织本身和社会做出贡献。[2] 组织具有目标理性、系统性,是开放的、松散结合的系统,是合同、契约或各种权利的集合体。[3] 高等教育领域的组织及其模式研究兴起于20世纪五六十年代。大

---

[1] Marx Weber, The Theory of Social and Economic Organizations, New York: The Free Press, 1947, p. 145 – 146.

[2] Richard H. Hall, Organizations: Structure, Processes & Outcomes, New Jersey: Prentice Hall, 1991, P. 32.

[3] Stephen P. Robbins, Managing Organizational Conflict: A Nontraditional Approach, New Jersey: Prentice-Hall, 1974, P. 9.

学首先被视作"不同于其他的"具有松散耦联①性质的特殊组织。克里斯汀·缪斯兰（Christine Musselin）认为大学是一个由正式结构和规则形成，在功能上松散耦合（Loose Coupling），在教学与科研活动中技术模糊，在使命与产出间存在不确定关系的特殊社会组织。② 詹姆斯·马奇（James G. March）和米歇尔·科恩（Michael D. Cohen）认为大学作为组织具有目标、权力、经验、产出、技术模糊和组织行动者流动性强的特点，其系统纷繁复杂，不能用绝对理性而是应借助有限理性概念去分析大学。③

　　许多学者强调大学作为学术组织的内涵。如戈德博尔德·米利特（Godbold Millett）将大学称为"学术共同体"，即"学术团体"和"动态的共识组织"。④ 艾瑞克·阿什比（Eric Ashby）认为，大学是学者们携起手来共同商讨、探索和传播文化知识的组织。⑤ 随着社会经济发展水平与高等教育普及程度的提高，传统的大学组织已演变为一个内部更加异质和多样的高等教育系统或三级教育/中学后教育系统。⑥ 法国学者皮埃尔·杜布瓦（Pierre Dubois）认为，大学作为一种（教育）机构，它不应当仅进行"生产"而是要维护和传播价值理念；大学作为一个管理部门（administration），要根据国家颁布的规则法律，完成国家赋予的使命；大学作为一个汇聚专业团体的集合，其使命需要依靠从事教学与科研的专业人员达成。而且大学场域内有越来越多的行动者（如行政、技术管理人员）介入，大学被公权力赋予了更为多样化的使命，大学生人数的增多和财政预算困难使大学的组织形态更加复杂但也伴随着组织的理性化发展。所以，大学作为组织具有复杂性、多样性、理性和评估

① Karl E. Weick, "Educational Organizations as Loosely Coupled Systems," Administrative Science Quarterly, 1976, p. 1 – 19.

② Christine Musselin. "Are Universities Specific Organisations,"in Towards a Multiversity? Universities between Global Trends and national Traditions, (ed.) Krücken G., Kosmützky A. et Torka M., Bielefeld, Transcript Verlag. 2007, p. 63 – 84.

③ Cohen, Michael D. & James G. March. "Leadership in an Organized Anarchy" in M. Christopher Brown(ed.) Organization and Governance in Higher Education (5th Edition), Boston: Pearson Learning Solutions, 2012.

④ John David Millett, The Academic Community, New York: Mc Graw-Hill, 1962, p. 63 – 64.

⑤ ［英］阿什比：《科学发达时代的大学教育》，北京：人民教育出版社，1983，第74页。

⑥ Marvin W. Peterson, ASHE Reader on Planning and Institutional Research, Boston: Pearson Learning Solutions, 1999, p. 9.

性特征。①让·托尼格（Jean-Claude Thoenig）在总结各家之言的基础上提出了大学作为组织形态的五种突出特性：（1）大学并列、交织着内生的等级行政逻辑和外生的学院专业逻辑——需要让二者兼容；（2）大学集结了大量且相对分裂的学术共同体，但其本体论领域会与时俱进——促进不同的学科场域相容共存；（3）大学在受质量逻辑控制的经济中运行——要跳出质量逻辑的限制；（4）大学要面对极端不确定的环境，这是大学的风险来源——减少错误风险；（5）大学要为其外部利益相关者履行守信的职责——维护好委托人的信任。② 罗贝尔·亨德里克森（Robert M. Hendrickson）等人对大学组织的定义则具有很强的社会化属性，他指出，大学秉承"顾客至上"的发展目标，其目标与使命需满足学生、政府、基金会、企业以及当地社会组织等多方面的需要。大学使命像透视镜般用以解释环境的变化，使学校发展愿景与外部环境保持连接。③ 因此，从更广阔的组织环境层次看，如果将大学归属于组织群中所讲的"某些方面相似的组织结合体"时，不同的教育机构会表现出不同的结构特征。因此，大学组织可被视为在高教系统中作为一个总部门（或行业）内运作的不同群体。④

根据上述对作为"特殊组织"的大学的各种界说，本书认为大学组织是一个教育使命明确多样（通过加工高深知识而承担教学、科研和社会服务等方面职能）但目标不定，产出模糊，结构多元（正式或非正式的学术机构、决策机构与行政管理机构并存），存在一定层级关系和规范的秩序，行动者具有专业化职能且利益关系复杂，易受外部环境影响，并可与其他相似群体内部要素相互依存、影响的学术共同体。

---

① Pierre Dubois, "L'organisation des Universités: Complexification, Diversification, Rationalisation, Evaluation, "Sociétés contemporaines, 1997, 28(1), p. 13 – 32.

② Thoenig, Jean-Claude, Gouvernance Organisationnelle et Transformation des Disciplines in Transformations des Disciplines Académiques: entre Innovation et Résistance, Université de Lausanne: Working Papers, 2013. 2013, p. 1 – 15.

③ Hendrickson, Robert M. , et al, Academic Leadership and Governance of Higher Education: A Guide for Trustees, Leaders, and Aspiring Leaders of Two- and Four-Year Institutions, Sterling: Stylus Publishing, 2012, p. 20 – 321.

④ ［美］W. 理查德·斯科特，杰拉尔德·F. 戴维斯：《组织理论：理性、自然和开放系统的视角》，北京：中国人民大学出版社，2011，第117页。

二、法国大学

法国的高等教育与科研体制独具特色，在认识法国大学前，我们有必要先了解法国的高等教育体制。从中世纪大学的初建到大学历经的风霜和光荣，法国高等教育这一概念更具历史性与复杂性。这主要由于每当政府试图赋予高等教育新的使命时，为避开大学中的保守势力，就会建立新的高等教育机构：从弗朗索瓦一世的法兰西学院（Collège de France）到文艺复兴时期的中学（Collège），从路易十四建立的科学院（Académie）到大革命和第一帝国时期的"大学校"①，从 1939 年的法国国家科学研究中心到 1966 年设立的"大学技术学院（IUT）"等都是按此逻辑而建立。可以说，由中世纪发展而来的法国大学是不断丰富且多样的法国高等教育与科研机构的一部分。

巴黎大学（L'université de Paris）是中世纪欧洲最早的大学之一，也是法国高等教育机构演进的原型典范（prototype）。它诞生于 12 世纪，为获得合法权益，模仿"行会（Corporation）"组织而建。从 13 世纪开始，巴黎之外的省市大学也陆续成立。大学逐渐分化成"学院（Faculté）"和"民族团（Nations）"。② 此后的法国大革命时期，雅各宾派控制下的国民公会（Convention nationale）激进地取缔了所有的传统大学。直到拿破仑创办涵盖初、中、高等教育在内的"帝国大学（Université Impériale）"③ 作为统一的教育管理组织，"大学"才恢复原位。但"大学"却被神学院、医学院、法学院、理学院、文学院五大学院取代。埃米尔·迪尔凯姆（Émile Durkeim）曾精辟地分析法国大革命后整体教育制度的组织精神。他认为主宰这一时期的教学与教育制度组织的概念有二：一个是百科全书式的概念（La conception

---

① 法国的"大学校"一部分归属于教育部管辖，另一部分归属于如农业部、国防部、公共服务部等。另外还有第三种类型的大学校，如美术学院、音乐学院等归属于各种权力机构（一些属于中央政府，其他属于地方政府）。

② 学院是与教学组织相关的大学行政分支机构，按不同知识学科的地位划为：神学、法学、医学三个高级学院和教授七艺的艺学预备学院。民族团为大学另一种重要的分支机构，它比学院更直接地与大学的行会特定方面相关，也就是说大学基本上是教师与学生互助和护卫的组织。详见：［法］雅克·韦尔热：《中世纪大学》，上海：上海人民出版社，2007，第 39 页。

③ 之后被称为"法兰西大学"（l'université de france），即今日的法国教育部前身。

encyclopédique），另一个则为注重社会的功能（La fonction sociale）。① 这种精神在高等教育体制中也有体现，一方面拿破仑保留了大学的学院，另一方面也十分重视高等教育的社会功能，并逐渐设立培养国家高级军事、工程、技术、管理等人才的"大学校"。第二次世界大战以后，大学成为法国大众寻求高等教育的部门，而"大学校"依旧保持小而精的办学特色或者说精英特权。因此，大学作为社会"减震器"在大众化到来时，也承担起了"职业化"的使命。政府陆续确定在大学内部建立以职业为方向的大学技术学院、教师培训学院（IUMF）、大学职业学院（IUP）、大学企业行政管理学院（IAE）等，从而为社会培养工业、技术、教育和经济管理等部门的专门人才。

克拉克·克尔（Clark Kerr）将高等教育的系统构成划分为三级：第一级为高深知识和变化中的知识级；第二级为既成的职业能力级；第三级为编集的技能。每一级的人才培养目的也不尽相同。而法国的"大学校"、大学和技术学院正好可与这三级对应。② 法国高等教育与研究部门也对其高等教育与科研机构进行了分类，即具有科学、文化和职业性质的公立机构（EPSCP）和具有行政性质的公立机构（EPA）。其中科学、文化和职业性质的公立机构包括公立大学、非隶属于大学的特殊学校或学院（如大学技术学院等）、设于海外的大学、高等师范学院（ENS）、大机构（Grand Etablissement）③、高校重组后的大学与机构共同体（CO-MUE）；具有行政性质的公立机构主要为工程师类学校，接受学校所在学区的管理。④ 此外，还有设在高中的高级技术员班（STS）、大学校预备班（CPGE）等机构，它们被统称为中等后教育阶段。

综上所述，尽管法国的高等教育和科研机构均参与了整合改革，但鉴于"大学校"与科研机构的特殊性，本书所提及的"大学"专指隶属

---

① Émile Durkeim, *L'évolution Pédagogie en France*, Paris：PUF, 1999, p. 336 – 337.

② ［美］克拉克·克尔：《高等教育不能回避历史——21世纪的问题》，杭州：浙江教育出版社，2001，第105页。

③ 大机构（grand établissement）这类学校在法律性质和管理上与公立大学相同，它与大学的区别体现在招生制度方面。大机构的招生录取方式与"大学校"相似，学生均需参加竞争性考试。这类学校包括法兰西学院、巴黎政治学院（SCIENCE PO）、社会科学高等研究学院（EHESS）、高等研究实践学院（EPHE）、巴黎东方语言文化学院（INALCO）等。为研究方便，笔者把大机构也归入"大学校"一类。

④ ESR, "Établissements d'enseignement Supérieur et de Recherche," http://www. enseigne-mentsup-recherche. gouv. fr/pid24598/etablissements. html, 2016 – 09 – 11.

于国民教育部和高等教育与研究部，具有科学、文化和职业性质的传统公立大学（涵盖其内部的大学技术学院、教师培训学院等），同时"变革"的对象也仅以公立大学为核心展开，探讨其进行合并、组建大学与机构共同体或联合会的改革。而大学与机构共同体中的成员机构，如大机构、工程师类学校（隶属于或不属于高教部）和科研机构等虽不为本书的重点，但在探讨共同体/联合会的组织模式、大学在联盟组织中与其他成员的互动关系时会有所涉及。同时要注意的是，本书中出现的所有"院校"一词属于涵盖所有类型高等教育和科研机构的简称，与"大学"的内涵并不相同，后者则包含于前者之中。

三、合并重组

合并重组在本书中是一个集合名词，它由合并与重组二词构成。

在一般大学语境下，合并是指两个或两个以上各自独立的大学（大学内的学术机构、行政机构等组织）结合为一所新大学（大学内的学术机构、行政机构等组织），并被新大学所取代；也可指独立大学结合为新大学（或其他内部组织）的一系列行为。重组则指大学对组织内外部结构、管理系统、技术手段、业务内容、运行机制等进行转变、调整、联合、分化、创建或取消的重新规划或行动。大学合并可被视为大学重组的一种形态。

但在法国大学语境下，本书所指涉的"合并重组"是法国大学在进行组织结构变革过程中，与其他大学组建为一所新大学（合并），并联合其他未合并大学或院校机构，在保证各机构独立性的前提下，建立院校共同体或联合会（重组）的组织行动及其分别形成的组织群的互动状态。共同体或联合会均不干涉其成员院校的内部事务，而只负责协调院校间的公共事务或院校不能独立完成的事务。从实践角度出发，研究探讨的法国大学合并重组包括，大学合并并参与建立共同体和大学合并并参与建立联合会两种形式。

四、路径

路径通常包含两种内涵，一是指通向某个目标（vers un but）的道路（route）、路线（itinéraire），以及在道路或路线中前进（avancement dans une voie）的动态过程；二是指实现目的的方法（méthode）或门路、门道（voie）。前者强调行动的实践轨迹，后者突出行动的方法论（méthodologie）。本书采用第一种解释，即法国进行大学合并重组从决策到实践过程所形成的不确定或多样化的改革轨迹。

第三节　文献综述

20 世纪后半叶，随着世界各国大学组织变革实践的开展，有关大学合并重组的研究也成为学术界关注的热点问题，并一直持续至今。学界对有关大学合并重组这一主题的研究可谓汗牛充栋，但对法国大学合并重组的相关研究有限，对大学合并重组路径的专门性研究更是少见。[①] 不过随着法国高等院校整合改革的不断推进，一些学者也开始对相关问题展开探讨。笔者所收集的文献主要来自图书馆（北京师范大学图书馆、波尔多大学图书馆、斯特拉斯堡大学图书馆、巴黎十二大图书馆、法国国家图书馆等）和专业数据库（中国知网、Proquest、Springer Link、Joster、Taylor & Francis，以及法国 Cairn、HAL、Canal U 等数据库）。其中，笔者分别用法文和英文以"法国大学""合并重组"和"路径"作为集合名词进行文献检索，并未找到与本书直接相关的可参考文献；而以"大学合并""高等教育机构重组""组织变革"和院校整合的具体形式名称（如高等教育与研究集群、大学与机构共同体等词）等作为关键词搜索相关研究，获得了一定的参考文献。此外，还有一些法国官方、国际组织发布的与法国高等教育（改革）相关的研究报告，尽管其中只有少数内容与本书直接相关，但帮助笔者形成对合并重组改革的总体认知，也有较大的参考意义。但总体上，关于法国大学合

---

① 这种情况的出现可从两方面解释。从法国的研究情况看，由于法国的高等教育与科研机构中并未设立与"高等教育学"类似的二级学科（专业），法国也并不像其他欧美国家或发展中国家那样有明确的研究重镇、协会和突出的研究团队，且从事高等教育研究的法国学者也不会首先自称为"高等教育研究者"，而将其研究方向归于经济学、政治学、社会学、教育学甚至语言学等一级学科之下。有关大学组织的法国研究主要出自法国组织社会学研究中心（Centre de Sociologie des Organisations）相关学者的研究中。除高校或科研机构的学者外，法国的政府官员、国家教育督学、大学校长等都乐于对高等教育提出自己的见解，这种情况就更导致法国的高等教育研究难成体系，也一定程度上增加了笔者收集与本书主题更为相关的文献资料的难度。从其他国家学者的相关研究看，别国学者由于受语言限制，难以对法国高等教育的实然状态开展更为深入的探索，所以研究成果也不算丰富。

并重组及路径的研究并不丰富。

因此，笔者对研究现状的综述不仅停留在法国层面，还将对其他国家的大学合并重组路径研究进行整合梳理，以拓宽研究思路。同时，合并重组作为大学组织变革的一部分，自然应从组织变革的视角进行解读。而厘清有关大学组织变革研究的来龙去脉，有助于笔者对作为世界高等教育一员的法国大学及其相关领域的研究现状进行定位，更有助于丰富笔者看待法国大学合并重组问题时的理论视野。综上，笔者将首先梳理有关大学组织变革的理论研究，再分别对大学合并重组路径的相关研究、法国大学合并重组及其路径的相关研究进行综述，最终形成对现有文献的反思。

一、关于大学组织的相关理论研究

理查德·斯科特（Richard Scott）在梳理组织研究领域时谈及学者对组织研究的兴趣、方式等差异问题，并指出，不同专家青睐的研究对象不同，在面对同一研究对象时，关注的角度也会不同。[①] 因此，组织研究者需要在组织情境中分清并创造研究的概念架构。同理，面对大学组织及其变革的研究，我们需要特别关注学者的研究切入点问题，并在其研究脉络与视域中找出与本书最适合的理论视角站位。

美国是早期研究大学组织变革的重镇。20世纪五六十年代约翰·科森（John J. Corson）、赫伯特·斯特洛普（Herbert H. Stroup）等学者借用传统管理理论对大学展开科学管理方面的研究；查尔斯·佩吉（Charles H. Page）和赫伯特·斯托普等学者将韦伯的科层制引入大学组织的探讨中；[②] 塔尔科特·帕森斯（Talcott Parsons）、罗纳德·科温（Ronald Corwin）则对大学作为科层组织提出质疑，并将大学视为模式维持至上的组织；博尔德·米莱特、保尔·古德曼（Paul Goodman）和

---

① ［美］W. 理查德·斯科特，杰拉尔德·F. 戴维斯：《组织理论：理性、自然和开放系统的视角》，北京：中国人民大学出版社，2011，第17–18页。

② 可参考：Charles H. Page. Bureaucracy and Higher Education［J］. The Journal of General Education，1951，5(2)：91–100. Herbert H. Stroup. Bureaucracy in Higher Education［M］. New York：Free Press，1966. 等研究。

查尔斯·斯诺（Charles Snow）等人①采用学院或学术共同体描述大学组织的特征；以默顿为代表的功能学派强调学术职业的特殊性，并通过一系列个案研究考察了组织的结构与功能（尽管这些研究并非与大学组织相关，但却对其发展奠定了基础）。七八十年代，詹姆斯·马奇、米歇尔·科恩（Michael D. Cohen）、约翰·迈耶（John Meyer）、布赖恩·罗恩（Brian Rowan）和卡尔·维克（Karl Weick）等人②关注大学的决策制定程序和管理模式，并对一系列大学组织模型展开探讨，同时强调制度环境（规则、文化认知等）对组织的重要影响；伯顿·克拉克、维克多·鲍德里奇（Victor J. Baldridge）和罗伯特·伯恩鲍姆（Rober Brinbaum）等学者强调大学在国家原始模型（洪堡式、拿破仑式、盎格鲁—撒克逊式等，或美国、英国、日本和欧洲大陆型模式等）下，③所呈现的组织结构（运行）模型和组织文化的多样性，以及大学作为国家手段（national implementation）所反映出的权力关系等。④如克拉克的"国家—市场—学术权威三角协调模型"便是重要的研究成果。

随着世界高等教育在20世纪后半叶的巨大变化，以及组织理论从理性系统视角、自然系统视角发展至开放系统视角，有关大学组织的跨学科研究不断丰富，且在全球逐步扩展开来。斯科特在组织分析的三个层面（社会心理、组织结构和组织生态）上，通过探讨组织的分层模型，将三个系统视角（理性、自然和开放模型）的相关研究理论进行了整合。他认为20世纪60年代以后，占据主导地位的是各种开放理性系

① 可参考:John David Millett. The Academic Community[M]. New York:McGraw-Hill, 1962. Goodman P. The community of scholars[M]. Random House, 1962.等研究。

② 可参考：Michael D. Cohen and James G. March Leadership and Ambiguity:The American College President[J]. New York:McGraw-Hill book Co.1974:81. John Meyer, Brian Rowan. Institutionalized Organizations:Formal Structure as Myth and Ceremony[J]. American Journal of Sociology, 1977:340–363. Karl E. Weick. Educational Oorganizations as Loosely Coupled Systems[J]. Administrative Sscience Qquarterly, 1976:1–19. Paul J. DiMaggio and Walter W. Powell. The Iron Cage Revisited:Collective Rationality and Institutional Isomorphism in Organizational Fields[J]. American Sociological Review, 1983, 48(2):147–160.等研究。

③ 可参考:Victor J. Baldridge. Power and Conflict in the University:Research in the Sociology of Complex Organizations[M].NY:John Wiley & Sons,Inc.1971. Victor J. Baldridge. Models of University Governance:Bureaucratic, Collegial, and Political[J]. 1971. 等研究。

④ Christine Musselin. "Are Universities Specific Organisations," in Towards a Multiversity? Universities between Global Trends and national Traditions,ed. Krücken G. , Kosmützky A. et Torka M. , Bielefeld, Transcript Verlag, 2007, p.63–84.

统模式和开放自然系统模型。① 其中组织生态分析层面中的交易成本理论（以威廉姆森等为代表②）、组织生态学（以汉南和弗里曼等为代表③）、资源依附论（以菲佛和萨兰基克等为代表）、制度理论（以默顿学派的塞尔兹尼克④，以及迈耶和罗恩、迪马奇奥和鲍威尔等为代表），组织结构分析层面的权变论（以劳伦斯和洛施等为代表⑤）和社会心理层面的有限理性和组织活动（以马奇、西蒙和维克等为代表⑥）等都被大学组织研究者所吸收。在组织研究的不断成熟、分化和细化的基础上，关于大学组织变革的研究继续一派欣欣向荣，且研究视域也更加丰富、专门化。但上述经典研究成果⑦依然被当前研究者所重用，可谓"经久不衰"。

如果说，20 世纪末的"大学组织研究作为组织理论与高等教育研究的一个交集，直接关系到对大学本质及功能等基本问题的理解，并构成高等教育管理等分支学科的重要理论支撑"，⑧ 那么进入 21 世纪后，各国学者更多是在前人的基础上对大学组织变革的现象与出现的问题进行探讨。即在对大学组织及其变革的研究侧重于组织（系统、网络）与环境的（外部）互动关系的同时，对大学组织结构特征、战略规划、制度设计、管理技术和组织成员的（内部）互动关系的研究也向更为纵深的方向发展。特别是在全球化的影响下，各国大学的合并风潮使得关于大

---

① ［美］W. 理查德·斯科特，杰拉尔德·F. 戴维斯：《组织理论：理性、自然和开放系统的视角》，北京：中国人民大学出版社，2011，第 126 – 129 页。

② 可参考：Williamson O E. Markets and hierarchies［A］. 1975. Strategy：critical perspectives on business and management［M］. New York：Taylor & Francis，2002.

③ 可参考：Hannan M T, Freeman J. The population ecology of organizations［J］. American journal of sociology, 1977：929 – 964.

④ 可参考：Selznick P. Institutionalism"old" and"new"［J］. Administrative science quarterly, 1996：270 – 277. Selznick P. Leadership in administration：A sociological interpretation［M］. Quid Pro Books, 2011. 等研究。

⑤ 可参考：Lawrence P R, Lorsch J W. Differentiation and integration in complex organizations［J］. Administrative science quarterly, 1967：1 – 47.

⑥ 可参考：March J G, Simon H A. Organisations［M］. Wiley-Blackwell. 1958. Weick K E. The social psychology of organizing［M］. MA：Addison-Wesley. 1969.

⑦ 还有一些涉及组织的劳动分工、博弈论、信息经济和社会再生产等跨经济学、政治学和社会学领域的大学组织变革研究。在此不一一列举。

⑧ 林杰：《组织理论与中国大学组织研究的实证之维——读〈大学组织与治理〉》，载《北京大学教育评论》，2006（04）。

学组织变革的研究集中在组织合并现象的探讨中。① 且学者们不仅关注本国的大学组织改革，更从国际视野出发对多国大学合并、联盟等现象进行比较和宏观、微观的分析。我国学者也在积极引入和推动有关大学组织变革的各方面研究，并逐步向专门化、高质量发展。②

在这些研究中，学者们在关注"世界社会"下大学组织变革的原因（动力机制）、路径等问题时，几乎都将目光聚焦在"制度（institution)"这一概念上。制度理论中的新制度主义尤其成为当前学界研究大学组织的一个流行视角，一些学者还以此对大学组织变革的研究向度进行了区分。即基于同构性（同质化）理论、分化（异质化）理论和同质异形（organizational allomorphis，同质异晶）理论的三种分析范式。这三种分析范式侧重关注高等教育的制度环境变化。同构性（同质化）理论从宏观视角出发，强调变革的动力来自外部环境，变革是一个自上而下的过程；分化（异质化）理论是从微观视角出发，强调大学组织变革的动力来自大学的行动者，变革是一个自下而上的过程；同质异形（同质异晶）理论是从中观视角出发，调和同质化和异质化两种争论，强调大学组织变革是一个自上而下和自下而上相结合的过程。③

综上，大学组织的理论研究视角多样复杂，但已有研究缺乏一个线条清晰的演进脉络。这种情况一方面源自大学组织构成与发展的特殊性，另一方面与组织理论的自身发展有关，也折射出组织研究所发展出

---

① 如其中一个研究的小高潮反映在 2002 年由凯·哈曼（Kay Harman）和林恩·米克（V. Lynn Meek）主编的第 44 期《Higher Education》杂志中。该期杂志专门介绍了加拿大、英国、德国、荷兰、挪威、瑞典、匈牙利、越南和澳大利亚等国的大学合并改革。

② 一些具有代表性的专著或学术论文简列如下：阎凤桥的《大学组织与治理》、张慧洁的《中外大学组织变革》、张新平的《教育组织范式论》、马廷奇的《大学组织的变革与制度创新》、苗素莲的《中国大学组织特性历史演变研究》、宣勇的《大学组织结构研究》、王占军的《高等院校组织趋同的机制研究》、周作宇的《论大学组织冲突》和《大学卓越领导：认识分歧、治理模式与组织信任》、周光礼的《重构高校治理结构：协调行政权力与学术权力》和《大学组织变革研究及其新进展》、林杰的《美国大学的组织冲突及冲突管理》和《美国院校组织理论中的文化模型》等。以及来自北京师范大学、北京大学、华东师范大学、华中科技大学和厦门大学等高校从事高等教育领域（特别是大学组织变革与治理）研究的学者与博士研究生的专著、学术论文和学位论文等。

③ 可参考：周光礼，黄容霞，郝瑜：大学组织变革研究及其新进展［J］. 高等工程教育研究，2012，4：67－72. Massimiliano, Vaira. (2004). Globalization and higher education organizational change: a framework for analysis. Higher Education, 48: 483, 487－491. 谷小燕. 探析全球化时代高等教育的几种理论视角［J］. 清华大学教育研究，2012 (6)：85－91.

的垃圾桶模型特征。① 纵览各类以组织理论为基础，并与现实案例相结合的实证探索，笔者获得了一条重要启示：即不能孤立、片面、单一层次地看待大学合并重组问题，而且需要"将组织视为植根于更大环境下的不同利益参与者之间的结盟活动"②。因此，笔者将选取开放系统这一视角进行接下来的研究。

二、关于大学合并重组路径的研究

（一）影响大学合并重组路径的因素研究

外部环境因素对大学合并组织的影响是学者们探讨的主要问题之一。从高等教育全球化的角度出发，罗杰·金（Roger King）、西蒙·马金森（Simon Marginson）等人在其主编的《Handbook on Globalization and Higher Education》论文集中，通过 29 篇论文集中探讨了世界各国高等教育在知识经济下进入中心舞台并肩负起促进国家竞争力与社会发展的使命过程，以及合作与竞争所带来的全球范围内的国家高等教育系统的聚合与差异问题。③ 艾德里安·库拉日（Adrian Curaj）等人的研究指出，国际大学排名成为法国等国家进行大学组织变革的重要外在驱动力。④ 再如由乌利希·泰希勒（Ulrich Teichler）、帕维尔·则卡卡（Pavel Zgaga）等人主编的《欧洲高等教育的全球化挑战》论文集中也对全球化下欧洲大学的合并政策和组织发展进行了研究，并以"趋同与多样、中心与边缘"总结当前欧洲高等教育的变革特征。同时，受到新公共管理理念的驱使欧洲大学已走向自治，且自治更多地表现在大学注重追求效率和多产等方面，并提出一系列与"新自由主义计划"（Neoliberal Projet）相关的大学发展目标或使命。⑤ 弗朗西斯科·拉米雷斯

---

① 敬乂嘉：《实践、学科和范式：组织理论变迁综述》，载《社会》，2006（06）。

② ［美］W. 理查德·斯科特，杰拉尔德·F. 戴维斯：《组织理论：理性、自然和开放系统的视角》，北京：中国人民大学出版社，2011，第 37 页。

③ Roger King, Simon Marginson & Rajani Naidoo(eds.), Handbook on Globalization and Higher Education, Edward Elgar Publishing, 2011, p. 2 – 4.

④ Adrian Curaj, et al, Mergers and Alliances in Higher Education, Dordrecht：Springer, 2015, p. 3.

⑤ Zgaga Pavel, Teichler Ulrich, & Brennan John. (eds.), The Globalisation Challenge for European Higher Education：Convergence and Diversity, Centres and Peripheries, Peter Lang, 2013, p. 45.

（Francisco O. Ramirez）从新制度主义视角对美国和西欧的大学在追求当前大学"卓越"改革中的不同表现进行了分析。他指出虽然西欧国家由于拥有独立的反映其传统的大学历史，这或许可使其逃避国际竞争和比较，但不断深入的全球化文化模式却让其很难继续坚持早期民族化特征的原本意象。①

从经济—资源的角度看待环境对大学组织的影响的研究也有很多。如弗朗西斯科·拉米雷斯和汤姆·克里斯滕森探讨了奥斯陆和斯坦福两所大学及其内部两所学院作为正式组织在角色分化、规则的形成和资源寻求结构中的变革，并勾勒了组织的发展情况。他们通过新制度主义和路径依赖的视角，在分析两所大学发展路线的共性与差异之上，发现大学的（发展）路线受到全球化游戏规则和其自身组织根源的影响。② 再如有学者从地理文化角度考察组织的变革问题，如列奥·胡德赫卜勒发现，如果学校距离相对靠近，学校之间在规模、规划安排方面等存在较大差异，合并则更可能发生。③ 乔兰·诺尔噶尔德等人同时考察了不同地理位置和学校文化对挪威几所大学在合并中实现其学术和行政目标的影响，他们借用网络理论和文化研究方法对大学的合并过程及其结果进行研究。④

此外，几乎在所有关于大学组织变革的研究中，作为高等教育制度环境的核心——国家及其相应的改革政策都是学者在扩展大学组织变革研究时绕不开的话题。列奥·胡德赫卜勒对荷兰、澳大利亚、加拿大三国的大学合并情况进行实证研究并指出，合并是一种对外部变化（国家政策环境）导致的持续压力，特别是对资源损失带来的威胁的反应（如政府资助的基础是学生注册情况）。他试图在几国的教育体系中寻求、

---

① Francisco O. Ramirez, Accounting for Excellence: Transforming Universities into Organizational Actors in Higher Education, Policy, and the Global Competition Phenomenon, New York: Palgrave Macmillan, 2010, p. 43 – 58.

② Francisco O. Ramirez & Tom Christensen, "The Formalization of the University: Rules, Roots, and Routes," Higher Education, 2013, p. 695 – 708.

③ Leo C. J. Goedegebuure, Mergers in Higher Education: A Comparative Perspective, Utrecht: Lemma, 1992.

④ Norgârd, Jorunn Dahl & Ole – Jacob Skodvin, "The Importance of Geography and Culture in Mergers: A Norwegian Institutional Case Study," Higher Education, 2002, p. 73 – 90.

辨别一种反映组织变革"实践特征"的类型学。[①] 塞胡尔（M. T. C. Sehoole）通过对南非三所大学不同形式的合并案例展开研究并发现政治在变革环境中居于首要地位，同时展示了政府指令是如何在机构中得以调解，以及制度性回应如何共同决定了合并的产出。[②] 正如吕克·基柯基沃（Luke Georghiou）和詹妮弗·哈贝尔（Jennifer Harper）所言，政府在大学的联合或合并中扮演重要角色。如果没有持续稳定的资本投入与系统组织变革就可能不会成功，在大多数案例中，公共（政府）部分就是这种资本的来源渠道。[③]

（二）塑造大学合并重组路径的行动者研究

杰弗里·菲佛（Jeffery Pfeffer）和杰勒尔德·R. 萨兰基克（Gerald Salancik）指出，组织包括的不应该是个人，而是人的特定活动。当社会系统边界问题从联合或者合作行为的角度，而非从个人参与者的角度加以解决时，组织的开端和组织的结束的模糊性就得以澄清了。[④] 因此，在环境的压力下，大学组织要发生变革必定也需要行动者根据组织的发展策略、组织结构、内部权力关系和组织制度、文化等知识与行动意境开展合并重组。

有学者关注大学合并重组中行动者对外部资源的需求和受利益驱动所采取的行动。斯科特认为，像大学这样高度差异化和松散联结的系统里，子单位之间的权势差异并不主要直接反映在设定和更改系统目标的行动中，而是体现在行动者争取更多的组织资源方面。[⑤] 张红峰从博弈理论及其分析范式出发，围绕"利益关系"探讨了中国某大学学院在组织变革实践中其价值、结构、权力政治的动态发展路径，从而厘清组织内部利益群体的行动策略与规则，以及组织重构的秩序逻辑。[⑥] 由于大

---

① Leo C J. Goedegebuure, Mergers in Higher Education: A Comparative Perspective, Utrecht: Lemma, 1992.

② M. T. C. Sehoole, "The Politics of Mergers in Higher Education in South Africa," Higher Education, 2005, p. 159 – 179.

③ Adrian Curaj, et al, Mergers and Alliances in Higher Education, Dordrecht: Springer, 2015, p. 4.

④ ［美］杰弗里·菲佛，杰勒尔德·R. 萨兰基克：《组织的外部控制》，北京：东方出版社，2006，第36页。

⑤ ［美］W. 理查德·斯科特，杰拉尔德·F. 戴维斯：《组织理论：理性、自然和开放系统的视角》，北京：中国人民大学出版社，2011，第220页。

⑥ 张红峰：《大学组织变革中的博弈分析》，载《教育学术月刊》，2011（12）。

学组织缺少明确的目标及测量目标的客观指标，所以有学者认为，大学内部的资源分配属于政治过程。因此，许多研究者探讨了行动者之间的政治力量如何影响大学的合并改革与结果。如萨兰基克和菲佛在资源依附理论的框架下选取美国伊利诺伊大学为个案对其在进行有关资源分配（经费）的决策中亚权力（subunit power）的行使状况进行了研究。[①]

　　一些学者对合并重组中行动者的策略选择与决策展开研究。如古德龙·库里（Gudrun Curri）通过访谈对澳大利亚新南威尔士州各高校关于重组决策的制定过程进行了研究，他借助定性数据分析发现：自愿融合和联盟发生在担心政府将强制其推行重组的高校中；老牌高校的重组相对困难较大；参与谈判合并的校领导的个人野心发挥重要作用；松散的联盟很可能会出现更多的官僚主义和低效率现象；组织变革与发展不易被老资格行政管理人员所理解。[②] 桑德拉·斯蒂芬森（Sandria S. Stephenson）围绕美国高等教育中出现的合并协商政策，借助定性文本分析了 32 种关于教育合并的媒体报道，并在深入研究 18 份政府官方文件的基础上发现，合并是一种对社会意义和话语的建构或解构。决策者的话语看法往往能决定他们的成功或失败，而作为一个整体，对机构的影响很大。[③] 阿勒贝尔·盖萨兹（Albert Gueissaz）从微观视角观察了大学整合行政服务信息化过程中，教师—研究人员、行政人员与学生的合作关系和冲突。他认为不同行动者的策略使其在处理合作中出现的问题的方式影响了大学的信息化和"合理化"进程。[④]

　　再如一些研究侧重合并重组过程中行动者的权力结构关系。如保罗·博塔斯（Paulo Bótas）和杰伦·胥司曼（Jeroen Huisman）在《高等教育治理结构中的权力建构（解构）：治理主体的代表性与作用分析》一文中从福柯式的角度审视了在国家和高等教育机构关系、学术和管理人员关系中的权力关系和权力机制，并着重探讨了内部和外部利益相关

① Gerald R. Salancik & Jeffrey Pfeffer, "The Bases and Use of Power in Organizational Decision Making: The Case of a University," Administrative Science Quarterly, 1974, p. 453 – 473.

② Gudrun Curri, "Reality Versus Perception: Restructuring Tertiary Education and Institutional Organisational Change—a Case Study," Higher Education, 2002, p. 133 – 151.

③ Sandria S. Stephenson, "Discursive 'Policy Logics' of Mergers in US Higher Education: Strategy or Tragedy?," Tertiary Education and Management, 2011, p. 117 – 137.

④ Albert Gueissaz, "Informatisation et Dynamique des Relations entre Administratifs, Enseignants et Etudiants dans les Etablissements Universitaires," Sociétés contemporaines, 1997, p. 33 – 55.

者（stakeholder）、决策机构和行动者、治理能力（quality of governance）和关键绩效指标在塑造治理结构与过程的作用。研究发现，政府利用权威影响和塑造了高等教育机构的治理结构及其决策过程。因此，由于大学外部和内部环境的不同，不存在"一刀切"的高等教育"善治"模式。① 也有学者强调大学组织中不容忽视的权力冲突问题，如周作宇指出，合并使被合并院校的"户口"消失，升格使院校"华丽转身"而共享"千人一面"，更名使大学姓名出现记忆断裂等，这反映出大学组织身份的"边界危机"。② 组织的冲突与大学的改革相伴相生，除身份认同外，大学组织冲突主要还表现在其行动安排和组织设计等方面。因此，为了推动大学的有序变革要正视冲突，管理冲突，设计有效制度，限制冲突的消极作用，发挥冲突的积极作用。而学术个性、大学组织特质，利用微观政治在学术和行政权力间求得平衡则是其中的关键。

还有研究关注行动者的组织观念与文化在变革中的作用。如戴维·迪尔（David D. Dill）和安德鲁·玛斯兰德（Andrew T. Masland）等学者强调作为文化实体的大学，其组织信仰、价值观和隐性规范在治理过程中发挥着整合松散联合的组织结构的重要作用。③ 凯·哈曼（Kay Harman）则将大学合并视作社会文化问题，认为在合并后的校园中专家领导需要把文化冲突保持到最低限度，并特别注重激发大学成员对新组织的忠诚观念、高昂的士气与团体意识。④ 董漫雪认为组织文化（自治、自由和人文精神）是中国大学制度变革的一种模式选择，"底部沉重"的大学组织结构应采取自下而上的变革。⑤ 张慧洁和李泽或则对合并院校组织文化转型的内容与途径展开讨论。在合并院校内部，不同的校区由于原来的办学模式、办学理念的差异及办学特色的不同都会产生独特

---

① Paulo Bótas, Jeroen Huisman, "（De）Constructing Power in Higher Education Governance Structures: an Analysis of Representation and Roles in Governing Bodies," European Journal of Higher Education, 2012, p. 370 – 388.

② 周作宇：《论大学组织冲突》，载《教育研究》，2012（9）。

③ 可详见：Dill, David D. , "The Management of Academic Culture: Notes on the Management of Meaning and Social Integration," Higher education, 1982, p. 303 – 320. Andrew T. Masland. Organization Culture in The Study of higher education［J］. The Review of Higher Education, 1985, 8（2）: 157.

④ Kay Harman, "Merging Divergent Campus Cultures into Coherent Educational Communities: Challenges for Higher Education Leaders," Higher Education, 2002, p. 91 – 114.

⑤ 董漫雪：《基于组织文化特征的我国大学制度变革的模式选择》，载《中国大学教学》，2007（1）。

的文化，形成自己的"组织个性"和特色。他们提出从目标、制度和活动三方面推动不同的校区文化、学科文化和人际关系文化的转型。①

（三）反映大学合并重组路径特征的整合性研究

有学者从行动者的互动视角出发对合并重组路径进行了整合。古德龙·库里发现领导力、组织重构、管理人员的关系、组织发展、外部变革压力都同大学组织变革存在紧密关系，并据此建立了"初级三角模型"为实现合并重组提供一种整体路径。② 胡仁东认为大学组织内部治理需要理顺三个维度，即人、关系和方法。组织重组作为对大学展开治理的一种动态变革过程，当然也需要从这三个维度去考察。人是变革核心，关系是变革纽带，方法是变革的手段。③ 大学合并重组的开展始终受大学人的制约；大学内部关系是一个错综复杂的网络，合并重组需要从这个网络中寻求策略；合并重组方法的选择应当以人为中心，关照人的利益诉求，同时理顺各种关系，使大学内部治理更加有效。

还有学者对大学重组的变革模式及其所反映的路径特征进行了分析总结。如伊瓦尔·伯里克利（Ivar Bleikliea）和斯蒂芬·兰格（Stefan Lange）等人研究了德国和挪威两所传统大学在政府引入新公共管理改革过程中的不同组织理念和价值认知，以及在治理改革中走向与企业合作之路的模糊性和渐进性。尽管这两国的大学均面临相似的意识形态、政府和社会压力，但两国变革的周期和形式也不尽相同。德国大学对改革的抵制时长要更久，且强调竞争，偏向混合治理组织模式；挪威大学将主要领导力作为主要变革的驱动力量，属于国家控制下的重组模式。④ 程俊、罗英姿对我国当代大学组织变革路径进行了总结，即自上而下和自下而上两种形式。自上而下的变革多由学校组织外部力量驱动，自下而上的变革则由学校组织内部力量驱动。当代大学组织变革的理论研究

————————

① 张慧洁，李泽彧：《论合并院校组织文化转型的内容与途径》，载《教育发展研究》，2003（02）。

② 同上。Gudrun Curri, "Reality Versus Perception: Restructuring Tertiary Education and Institutional Organisational Change—a Case Study," Higher Education, 2002, p. 133 – 151.

③ 胡仁东：《人·关系·方法：大学组织内部治理的三个维度》，载《大学教育科学》，2015（03）。

④ Ivar Bleikliea & Stefan Lange, "Competition and Leadership as Drivers in German and Norwegian University Reforms," Higher Education Policy, 2010, 23(2), p. 173 – 193.

路径根据实践可分为组织制度变革和组织文化变革两方面。[①] 伊丽莎白·哈顿（Elizabeth Hatton）选取澳大利亚查尔斯特的合并作为个案，分析了该大学由多个不同城市的校区在组建新大学时采用的分权融合模式，认为这种模式减弱了每个校区及其校长的权威，从而维护了新组织的稳定性。[②] 莫家豪（Ka Ho Mok）以中国大学的合并与变革为研究对象，梳理了中国政府在全球化市场下为提升大学竞争力与效率的高等教育战略选择。他认为中国大学的合并重组反映了高等教育的治理模式从"干涉主义的国家模式（interventionist state model）"向"加速主义的国家模式（accelerationist state model）"的转变。[③] 此外，刘宝存还探讨过世界一流大学的发展模式中的个性化选择，通过案例对按照学科门类发展模式，巨型与小型发展模式，秉承传统与适时转型发展模式的三种战略选择进行了分析，认为世界一流大学是经历了多样化、个性化的发展历程，探索着不同的发展模式，实现着共性与个性的统一。[④]

三、关于法国大学合并重组及其路径的研究

（一）关于改革政策对大学合并重组路径的影响研究

研究综述首先聚焦于 20 世纪 90 年代与院校整合相关的研究文献。弗朗索瓦·麦汉（Francois Merrien）和缪斯兰对"U2000 计划"进行分析，认为在巴黎郊区建立新大学缓解了当时学生人数激增的问题，相比传统大学的治理模式，新大学更加开放，且拥有更多自主性。尽管如此，大学由于长期受特殊形态的制度化已经引起了社会标准和禁忌的结晶，从而使改革难以触碰高等教育系统的本质，因此体现出路径依赖现象。[⑤] 吉罗姆·奥斯特在对"U2000 计划"和"U3M 计划"展开研究时

---

① 程俊，罗英姿：《我国当代大学组织变革理论研究进展》，载《现代教育管理》，2014（4）。

② Elizabeth J. Hatton, "Charles Sturt University: A Case Study of Institutional Amalgamation," Higher Education, 2002, p. 5 – 27.

③ Ka Ho Mok, "Globalization and Educational Restructuring: University Merging and Changing Governance in China," Higher education, 2005, p.57 – 88.

④ 刘宝存：《世界一流大学发展模式的个性化选择》，载《比较教育研究》，2007（06）。

⑤ Francois Merrien & Christine Musselin, "Are French Universities Finally Emerging? Path Dependency Phenomena and Innovative Reforms in France,"Towards a New Model of Governance for Universities, 1999, p. 220 – 238.

发现，这两项改革增强了校长的权威，也促使临近学校之间在落实政策过程中行政机构开始相互靠拢。①

进入 21 世纪后，随着有关高等教育和科研等改革的法律政策的相继出台，学者们对这一时期的相关政策进行了大量研究。如对几次连续性改革做出分析的研究有：王晓辉从法国高校协同创新政策出发，认为科研机构与大学合作，不仅促进研究生的培养，也有利于科研成果的开发。而且法国国家科学研究中心作为综合研究部门，并未将自然科学与社会科学分设，这样有利于自然科学与人文社会科学的相互渗透与融合。② 但《研究规划法》和《大学自由与责任法》颁布之后新成立的机构或机制创建，造成了机构重叠，科研目标混乱的局面。缪斯兰认为，从"先进专题研究网络（RTRA）"到高等教育研究集群，再到"校园计划"，法国的高等教育政策逐步向实践层面倾斜，择优选拔的"功利主义"政策增多。这在从前的法国很少见到。③

在具体改革方面，众多学者关注高等教育与研究集群的建立与发展问题。如高迎爽对法国高等教育创建集群的创新改革展开探讨，认为集群是改善法国高等教育外部宏观管理体制和内部管理体制的一条可行路径。它的出现有利于优化高等教育结构，将区域高等教育纳入全地区乃至全国发展的宏观战略中，统筹规划，提高各成员院校对社会的敏锐度，提高法国高等教育系统质量。④ 刘敏在梳理 2000—2010 年法国高等教育的改革时特别指出，高等教育与研究集群⑤的建立，采取"加强合作"（Coopération renforcée）的弹性工作方式，使组织内各单位保持高度自治并尊重各自的文化理念和特色。这体现出法国希望汇集优质教育资源，打造可见度高的法国高等教育"品牌"。⑥ 汪少卿从全球化的角度研究了这一高校重组改革，并着重介绍了重组的模式、重组目标和配套措

① Jérôme Aust, "Les Implantations Universitaires entre Décentralisation et Sectorisation," dans Action publique et changements d'échelles: les nouvelles focales du politique, Faure, A., Muller, P., S. Narath, S., Leresche, J. - P., (eds.), L'Harmattan, Paris, 2007, p. 283 - 294.

② 王晓辉：《法国高校协同创新政策与实践》，载《清华大学教育研究》，2014（04）。

③ Christine Musselin, "Les réformes des universités en Europe: des orientations comparables, mais des déclinaisons nationales," Revue du MAUSS, 2009, p. 69 - 91.

④ 高迎爽：《从集中到卓越：法国高等教育集群组织研究》，载《清华大学教育研究》，2012（01）。

⑤ 刘敏将"集群"翻译为"中心"，但笔者在全文中统一使用"集群"这一翻译。

⑥ 刘敏：《2000—2010 年法国的高等教育改革》，载《大学（学术版）》，2011（03）。

施三方面，他认为这项改革在改善法国高等教育与科研系统的分裂状态之外也存在一些弊端，如改革追求速度的同时缺乏稳定性，易导致法国教育独特性的丧失，以及政府的集权影响色彩依然浓重，从而对改革形成一定阻碍。① 也有学者对近年来陆续成立的大学与机构共同体展开研究。如张惠、刘宝存和张梦琦分别以巴黎—萨克雷大学②和索邦大学③为个案，通过分析两所共同体在大学"卓越计划"的改革背景下，如何发展自身，制定战略规划，积极开展合作实践，以及所取得的成效等方面，具体研究了法国建设世界一流大学的战略及实践路径。张丹以法国高师集团高校共同体改革为例，采用政策文本分析、参与式观察和访谈等方法，探究法国如何在法律制度设计、财政政策引导、治理模式以及学科课程等方面推动世界一流大学的建设。④

此外，还有研究将侧重点放在推动高校靠拢、集群建立等的高等教育与科研发展政策。伊曼纽尔·布达尔（Emmanuel Boudard）等人则指出作为（高）福利国家，法国高等教育在追求卓越的一系列改革中依然受到高等教育公平理念的影响。大学和"大学校"仍然维持在原有法律框架下，其性质并未改变。⑤ 张惠和刘宝存则详述了法国大学"卓越计划"的目标和任务，项目征集及其标准，项目的遴选、评审及经费分配方法，并指出该计划逐步消除了法国综合大学、"大学校"和科研机构之间的隔阂，将三者进行高层次整合，促使高等教育机构与科研机构之间的现代化转型。⑥ 这为我们了解"卓越计划"对大学组织变革的推动作用有积极帮助。

（二）有关行动者在大学重组发展路径中的作用研究

从现有文献来看，研究者对法国大学重组过程的研究多从组织行动者的角度出发，将关注点集中在政府、大学校领导及其他重要的改革行

① 汪少卿：《全球化时代大学改革的法国道路》，载《外国教育研究》，2012（03）。

② 张惠，张梦琦：《法国创建世界一流大学的战略实践——以索邦大学为例》，载《比较教育研究》，2016（06）。

③ 同上。

④ 张丹：《"双一流"建设机制研究——以法国高师集团"高校共同体"改革为例》，载《教育发展研究》，2016（17）。

⑤ Emmanuel Boudard & Westerheijden D F. , France: Initiatives for Excellence in Policy Analysis of Struc-tural Reforms in Higher Education, Springer International Publishing, 2016, p. 161－182.

⑥ 张惠，刘宝存：《法国创建世界一流大学的政策及其特征》，载《高等教育研究》，2015（04）。

动者（大学的学院院长等）在决策选择、权力关系处理、管理手段变化以及成员互动方式等方面的作用上。

首先，关注有关政府在合并重组路径的形成过程中所产生的影响。吉罗姆·奥斯特（Jérôme Aust）分析了法国政府在高等教育和科研重组领域的干预行动。他以集群为研究对象，指出这一改革由以大学和"大学校"校长、高等教育与研究部高级官员为核心的专业精英所推动。改革与其说是一次行动创新，不如说是高等教育与研究部仅仅是扩展了传统的国家干预模式，甚至使国家干预模式更加激进（radicaliser）。然而，集群的建立确实打破了法国传统高等教育与科研制度的根基。①

从20世纪80年代开始，随着中央政府教育分权改革的推进，地方政府在高等教育与科研中扮演的角色也越来越重要。如朱利安·巴里耶（Julien Barrier）在探讨洛林大学合并时，将目光聚焦在地方组织构型中的国家改革动力如何引导合并过程，特别考察了地方政府的改革逻辑和大学的发展逻辑在合并过程中的不断调试。而这些调试也通过洛林地区教育当局在相互博弈中被结构化了，且成为推动洛林地区梅斯、南锡两所城市的大学开展合并的催化剂。②

其次，关注合并重组过程中校领导的角色及与其他行动者的关系。斯蒂芬妮·米农—吉拉尔（Stéphanie Mignot-Gérard）在探讨组织变革过程中大学领导能力时指出，对大学组织变革过程的研究主要关注两个方面：决策过程的特殊性和对大学领导们的行动能力及其与学校各行动者之间的关系。③ 米农—吉拉尔等人还从微观视角考察了20世纪90年代在法国、欧洲和全球高等教育改革浪潮下，法国大学校长在决策机构中拥有了建立集体联盟的领导能力。且他们借助战略手段发挥链接组织环境、领导团队和组成成员间不同立场（方向）的领导能力。领导下的集体行动，以及组织环境、领导层和内部学院的耦合两个重要维度共同塑

① Jérôme Aust & Crespy C., "Napoléon Renversé?" Revue francaise de science politique, 2009 (59), p. 915 – 938.

② Julien Barrier, "Fusionner les Universités pour Revitaliser la Lorraine?" dans Les Annales de la recherche urbaine, Persée-Portail des revues scientifiques en SHS, 2014, 109(1), p. 44 – 59.

③ Stéphanie Mignot-Gérard, "Échanger et Argumenter: Les Dimensions Politiques du Gouvernement des Universités Francaises," Sciences-Po Paris, 2006, p. 18.

造了改革的路径。① 吉罗姆·奥斯特则研究了"U2000 计划"和"U3M计划"在法国东南部罗纳—阿尔卑斯地区实施过程中对当地几所大学校长的影响。他指出,在改革的推动下,高校行动者虽构成了"多领导决策中心模式(Polytrique)",但教育部依然掌握着教育目标的决定权。随着对中央政府的财政依赖的减少,地方政府投入的增加也强化了大学校长的领导角色。②

此外,迪芙—普拉达里埃·玛艾勒(Dif-Pradalier Maël)和缪斯兰研究了斯特拉斯堡三所大学的合并及合并过程中校长们的领导作用。研究先从该大学改革的现象进行剖析,并借助组织的新制度主义进行分析,最后对管理、利益及权力关系提出看法。她们认为,斯特拉斯堡大学的合并及高等教育系统内部引发的合并风潮反映了法国大学组织规则向全球组织规则靠拢的制度变化。且斯特拉斯堡大学的合并并非源自教育部对高等教育的改革政策,而是地方教育的首创。但它却引发了法国其他大学狂热的合并运动。同时触及了法国的行政管理。③ 米农—吉拉尔借助新制度主义理论分析了一所法国大学在"卓越计划"中行动者(特别是学校领导人)对政策和实践的反应与抵抗行为。她认为,学校领导人在执行政策的过程中反应积极,且其价值观和实践习惯也发生了明显的变化,即大学因其特殊的组织特征更易实现去耦。斯蒂芬妮发现,大学校长对政策的外部反应先于内部行动,即在接到政策后先与该大学组成所在集群的校长进行沟通,却未在学校内部同相关人员展开商议。而负责学校科研的领导人则感到时间紧、校际之间的沟通有限。因此,学校在"卓越计划"的招标过程中出现问题,同时由于学校需对招标项目保密,从而使大学之间的竞争加剧。④

---

① Barrier J., Stéphanie Mignot-Gérard,"Leadership et Changement dans une Organisation Pluraliste: le Cas des Transformations au Sein d'une Université," Le changement organisationnel: 10 études de cas commentées, 2013, p. 121 – 139.

② Jérôme Aust, "Le Sacre des Présidents d'université. Une Analyse de l'application des Plans Uniersité 2000 et Université du Troisième Millénaire en Rhône-Alpes," Sociologie du travail, 2007 (49), p. 220 – 236.

③ Christine Musselin & Dif-Pradalier Maël, "Quand la Fusion s'impose: la (Re) naissance de l'université de Strasbourg," Revue francaise de sociologie, 2014, p. 285 – 318.

④ Stéphanie Mignot-Gérard, "Le Gouvernement d'une Université Face aux 《Initiatives d'excellence》: Réactivité et Micro-résistances," Politiques et management public, 2012, p. 519 – 539.

（三）对法国大学重组路径的特征分析与评价

学者对法国大学合并重组路径的特征分析主要基于组织的趋同与分化等维度展开。卡特琳娜·巴哈戴斯（Catherine Paradeise）等人对法国大学自 2006 年以来的集群、大学合并进行了特征分析，认为外部压力使大学在自治的基础上围绕"可参考的制度模型"产生了某种趋同。组织分化从两种逻辑出发：一是围绕教学与科研的关系、多学科性、与地方的关系三个问题展开；二是围绕制度和组织结构展开。其中从地缘层面出发，高校集中的过程包括大学之间、大学与其他机构或者机构内部不同组织之间的整合；学校层面则是通过权威等级或自治而推行的组织改革。而在中央层面和学校（斯特拉斯堡大学、马赛大学和波尔多大学）层面又出现了中间层级。分化过程增强了学校形态和运行方式的多样化，及其变革路径的多样化。同时对负责管理事务的行动者来说，增加了引导变革的难度。法国大学由联系并不紧密的要素——曾经的学院构成，学院之间相互孤立，治理力度也因行动者领导力技巧薄弱而相对微弱。[1] 张梦琦认为，在合法性机制的驱动下，大学与机构共同体的建构在高校遵守法律的强制规定，开展相互模仿式的合并，逐渐形成"强强联合以发挥规模效应"等社会认知规范的基础上走向了组织趋同。[2]

还有许多学者对法国大学近年来的合并重组做出了评价性分析。20世纪 80 年代末期法国的合同制改革也进一步强化大学面对其内部组织机构成员面前的形象，促进"学校"逻辑而不再是"学院"逻辑。2007年的高教法出台仍遵循这一逻辑，通过加强校长的自主权以使大学更加自由。[3] 缪斯兰还从师生角度看待改革，认为以多学科发展为目标的大学合并为大学自身提供有关学生培养和教师科研目标转变的新机遇。[4]张梦琦则认为大学与机构共同体的路径既由大学扭转自身发展困境自下

① Programme Protée-U, Appel à Manifestation d'intérêt Conduite de Changements Institutionnels Complexes, Le Cas d'école des Processus de Concentration Universitaires, http://uranus. msha. fr /protee/images/downloads/15 – 03 – 28_Protee_note_cadrage_AMI_fr. pdf, 2015 – 09 – 21.

② 张梦琦：《法国高等院校组织变革的动因、路径与制度设计——以"大学与机构共同体"为例》，载《高教探索》，2017（2）。

③ Stéphanie Mignot-Gérard and Christine Musselin, "Comparaison des Modes de Gouvernement de Quatre Universités Francaises," Rapport d'enquete, CAFI-CSO et Agence de modernisation des universités, 1999.

④ Christine Musselin & Dif-Pradalier Maël, "Quand la Fusion s'impose: la (Re) naissance de l'université de Strasbourg," Revue francaise de sociologie, 2014, p. 285 – 318.

而上的文化—认知所创造，也被政府法律制度自上而下的约束所塑造。①
也有学者则对变革展开了批判。如米里亚姆·巴伦（Myriam Baron）等
人研究了巴黎地区从 2006 年起的大学改组，特别是近期建立的大学与
机构共同体，他们批判共同体的建立导致大学划分图更加复杂，且不能
适应广大师生的教育实践，并在地方层面表现出诸多不协调之处，甚至
可以说共同体在短期内的成功也是冒了反大学科研发展本质的风险。②

此外，有学者结合法国高等教育的当前发展环境，对大学合并重组
的路径进行了整体性评价。如缪斯兰认为包括法国高等教育在内的欧洲
教育变革从两个不同的逻辑角度出发。一方面它融于一整套改革活动
中，这些活动所追求的方向相近，且有助于找到相似的解决办法。另一
方面，具体的改革政策向地方倾斜也揭示出受国家历史和传统影响的政
策的不断转变，这种转变借助大学合并重组甚至可得以加强。③ 她特别
指出，在 1980—1990 年间，新公共管理对教育实践起到巨大作用，并波
及 21 世纪。法国从政府倾向于维持大学之间水平相当，维护大学与
"大学校"之间的差异性，转向扩大高等教育制度的差异等级。④ 总之，
法国大学的重组是一项旨在对抗地方分权边界模糊，以及受公共管理影
响而推行的改革面临行动与责任割裂问题时（展开）的平衡性运动。⑤
米里亚姆·巴伦等人认为法国大学组织形态受到欧洲与国家、国家与地
方不同框架的影响，因此很难仅用一张大学划分图去勾勒法国高等教育
错综复杂的面貌。她将 1960 年大学的分布情况与 20 世纪 90 年代中期的
大学分部情况进行比较，认为法国实施"U2000 计划"改革后的大学分
布更加密集，城市分级结构有明显扩大。在对巴黎市区的大学和大巴黎
郊区大学的分布发展与城市地理位置的互动关系集中研究的基础上，她
发现每当要跨过一定数量阈限时，法国就会创建新的组织，特别是新的

---

① 张梦琦：《法国高等院校组织变革的动因、路径与制度设计——以"大学与机构共同
体"为例》，载《高教探索》，2017（2）。

② Myriam Baron & Loïc Vadelorge，"Les Universités Parisiennes dans la Tourmente des Re-
groupements，" Métropolitiques，2015，p. 1 – 6.

③ Christine Musselin，"Les Réformes des Universités en Europe：des Orientations Comparables，
mais des Déclinaisons Nationales，"Revue du MAUSS，2009（33），p. 69 – 91.

④ Christine Musselin，"Research Issues and Institutional Prospects for Higher Education Stud-
ies，" Studies in Higher Education，2014，p. 1369 – 1380.

⑤ Christine Musselin & Dif-Pradalier Maël，"Quand la Fusion s'impose：la（Re）naissance de
l'université de Strasbourg，" Revue francaise de sociologie，2014，p. 285 – 318.

结构将其并置于已存在的教育机构周围。但所有拥有大学的法国城市并非都有能力适应或进行机构扩张。新组织新机构的成立为小城市的发展带去困扰，也增加了地方政府的决策难度。巴伦还预言，在未来的几年中，与科研相关的活动将使大学重组更加合理化。①

四、对已有研究的反思

笔者在考察有关大学组织变革的理论研究、大学合并重组和法国大学合并重组及其路径的相关研究后，从以下四方面对现有相关研究做出总结与反思。

第一，从研究对象和研究内容看，已有研究大多涉及改革政策或政策实施的行动者层面，研究对象集中，内容有待丰富。学者们在探讨法国大学重组时首先关注了与组织变革相关的高等教育与科研政策。这些研究可以帮助我们认识改革的来龙去脉，及其对当前大学组织形态的塑造作用。其次，有关大学重组过程中行动者作用的研究有助于我们从政策实践层面了解推动组织变革路径形成的关键因素，特别是大学校长等领导者在中央分权行动中地方介入与大学自治改革之间所展现的作用。最后，对大学重组路径的特征及合并重组的效果进行的分析评价则使笔者发现新的研究出发点：如不同的大学组织变革形态在哪些方面适应了法国当前的高等教育发展要求，哪些方面又成为"阻碍"前进的因素，原因为何？正如有学者所强调的那样，大学组织的复杂性使其特征、问题及解决方式往往超越大学本身，大学组织是一个需要将环境或者社会、经济、政治和文化因素考虑在内的综合问题。② 但前人对法国大学合并重组的研究并未过多涉及这些问题。因此，当笔者再结合本书目的时发现，除法国大学组织所处的高等教育环境，在变革中产生的权力互动关系外，组织变革的资源成本、新组织结构的设计策略，以及地域经济政治与社会文化特征和大学自身的组织传统等都是我们在解释法国大学合并重组路径的过程中不可忽视的因素。

---

① Myriam Baron,"Les Transformations de la Carte Universitaire depuis les Années 1960：Constats et Enjeux," Le Mouvement social, 2010, p.93 – 105.
② 程介明：《走向明天的教育学院——对北大教育学院的一些观察》，载《北京大学教育评论》，2010（04）。

第二，从研究范围与前瞻性看，已有研究大多关注 21 世纪以来的法国高等教育改革的某一节点，缺乏对改革整体路径的考察。研究更多地关注法国大学组织变革过程中某一政策的实践情况或某所大学的合并案例。其中学者们虽对 20 世纪末期的高等教育改革与组织变革问题探讨较多也较全面，而对 21 世纪，特别是对 2006 年以来引发全法大学组织革新的改革实践研究却相对有限，对 2013 年《高等教育与研究法》所确立的院校整合形式更无全局性考察。仅关注"点"或"阶段性"改革使我们难以在几次改革政策与变革实践中厘清二者的关系。此外，尽管学者有以案例为出发点，将政策制度层面和实际操作层面相结合，对组织内的行动者也有较为生动的深描和解析，但缺乏对变革原因、过程和结果的整体性把握，更无法使我们深入了解变革的路径及其特征。笔者认为，要透视法国大学合并重组的当前态势就不能仅以某一种变革形态出发，而是要综合考虑不同变革形态的形成路径，以及组织群内组织之间的相互影响。

第三，从研究的视角看，已有研究的理论运用较为单一，未能综合借助组织理论研究的丰硕成果。在对法国大学组织变革的研究中，我国学者长于通过历史视角对法国大学组织变革的相关政策和文献进行分析、探究；法国学者则可以更多地以社会学视角出发对组织变革下的行动者进行调查研究，且通常借助新制度主义这一理论对改革制度与改革实践的对接情况展开探讨。此外，他们对组织模式的探讨主要从新公共管理理论出发或基于大学的"同行共治"模式，且强调新公共管理理念对改革行动者的影响，以及法国特色下的新管理主义。客观地讲，上述理论分析对学者的研究问题而言是具有解释力的，但笔者在梳理大学组织变革相关理论后，认为本书不仅要对大学合并重组现象进行理解，更希望在对现象进行批判性解释的基础上通过对不同的组织形态的比较分析和综合性考察，揭示其与法国高等教育和科研发展之间的内在关系。因此，本书将是建构性的，它需要有多个视角、多种理论对法国大学合并重组的不同层面和问题分别予以阐释。在研究中还应留意马文·彼得森特别指出的，"在进一步发展理论时，要避免理论模式混乱"[1]。相对而言，欧美学者在许多组织变革研究中对组织理论的综合运用值得

---

[1]　Marvin W. Peterson，"Emerging Developments in Postsecondary Organization Theory and Research：Fragmentation or Integration，"Educational Researcher，1985，p. 5 - 12.

借鉴。

第四，从研究范式和方法上看，已有研究倡导经验实证主义，方法类型多样，但关于法国大学合并重组的实证研究依然较为缺乏。由于地域所限，我国学者对法国大学组织变革主要从规范立场出发进行"纯思辨式"的研究，基于经验实证之上的分析性研究还十分有限。而法国学者以实证调查为主的研究为我们立足分析范式，以解释法国大学组织变革为主的探索提供了更多有益参考。有学者提出，从分析出发而非从规范出发的研究立场，一方面源于实证研究所必须遵循的价值中立的责任伦理，另一方面也是组织研究的传统使然。因此，应当通过分析范式理解一定历史与制度情境中某种组织现象存在的合理性与必然性。[①] 这也正是笔者的基本立场。在研究方法层面，马文·彼得森也强调组织研究方法应更加多样和深入，让方法为挖掘新理论模式服务，并寻求"传统—保守—社会事实"范式与"文化—激进—社会定义"范式的整合，避免二元对立。[②] 法国学者的相关研究正如彼得森所倡导的，既包括结构化的定量研究，也有探讨组织变革个案的质的研究，还有一些基于大学治理模式的比较个案分析。同时，调查问卷、访谈观察和数据、文献分析等具体研究方法也得到综合运用。但目前针对法国大学合并重组的实证研究依然相对单薄，因此，前人在研究方法上的探索对笔者认识法国大学组织变革的不同形态同样具有启发意义。最后，当再度结合本书的研究目标和问题时，笔者认为，通过见诸微观的多案例研究以及对案例的综合比较和深入分析是解读法国大学合并重组路径（起因、过程和现实结果）这一宏大课题的理想方式（具体详见研究设计一章中研究方法的讨论）。

---

① 林杰：《组织理论与中国大学组织研究的实证之维——读〈大学组织与治理〉》，载《北京大学教育评论》，2006（04）。

② Marvin W. Peterson，"Emerging Developments in Postsecondary Organization Theory and Research：Fragmentation or Integration,"Educational Researcher, 1985, p. 5 – 12.

第二章
研究设计

（存在）这样的知识和信念：只要人们想知道，他任何时候都能够知道；从原则上说，再也没有什么神秘莫测、无法计算的力量在起作用，人们可以通过计算掌握一切，而这就意味着为世界祛魅。人们不必再像相信这种神秘力量存在的野蛮人那样，为了控制或祈求神灵而求助于魔法。技术和计算在发挥着这样的功效，而这比任何其他事情更明确地意味着理智化。[①]

——马克斯·韦伯

第一节　理论基础与分析框架

在组织研究进入多重范式的今天，研究组织的方案可谓复杂多样。以理查德·斯科特为代表的多重范式支持者主张在可能的情况下综合运用组织理论。正如文献综述中所言，法国大学的合并重组研究是一个系统工程，而非只关涉大学组织的某一个层级，也并不仅限于某一种行为及其互动关系。借助斯科特提出的组织生态层面的三个分析亚层，[②] 笔者对法国大学目前所出现的组织整合模式进行相应的划分：大学属于由决策机构、执行机构和不同教学与研究单位组成的，学术机构构建的组织集；正在合并的（多所）大学、大学与机构共同体和具有科学、文化

---

① ［德］马克斯·韦伯：《学术与政治：韦伯的两篇演说》，北京：生活·读书·新知三联书店，2013，第29页。

② ［美］W. 理查德·斯科特，杰拉尔德·F. 戴维斯：《组织理论：理性、自然和开放系统的视角》，北京：中国人民大学出版社，2011，第132－134页。

和职业性质的公立机构所组成的联合会为具有相似发展属性（教学和科研）、以关注群体特征和群内各种竞争策略的组织群；法国各地区（学区或跨学区）与高等教育和科研生产相关的各类组织——各类院校（教学与科研的供应者）、相关企业（消费者①）、中央和地方教育行政部门（监督者）由于功能、业务联系，或地理位置，或拥有共同的文化规则与意义系统，而形成相互依赖的组织域。

斯科特发现每个亚层对其他层面都会产生影响，但与每个亚层相关的组织理论在解释被观察到的复杂的组织变革现象时又存在局限，因此他建议用一种联合视角进行组织分析。结合法国大学合并重组的动态过程，我们也可以将法国的案例融入斯科特的生态分析亚层中，并利用对应理论展开具体分析。即在不同的分析层级引入不同的理论解释，从而形成总体性的理论框架。②

一、理论基础

（一）制度理论及其适切性

1. 制度理论的主要观点

从制度视角对组织进行研究出现在 20 世纪四五十年代，兴起于 70 年代。制度理论的基本观点是，组织变革的目的在于追求外在合法性，并且在"理性神话"的作用下，组织为获得外部合法性，有时必须要牺牲内部效率。因此，组织结构的变化并非出于对技术效率的追求和回应，而是对社会所形成的"什么是最佳组织形式"的文化—认知做出的反应。组织分析中的制度理论经历了两个阶段的发展：即以哥伦比亚学派的塞尔兹尼克（Philip Selznick）为代表的传统制度主义学派和以迈耶、斯科特、迪马吉奥、鲍威尔等为代表的新制度主义学派。

传统制度主义学派是以突破韦伯的"科层制"这一"囚禁个体人性的铁笼"③为自我驱动力，对组织展开的研究。塞尔兹尼克在以"田纳

---

① 高等教育的供应者和消费者当然应包括教师、学生及其家长等个人群体，但他们并非具体的"组织"，故不在此列出。

② ［美］W. 理查德·斯科特：《组织理论：理性·自然和开放系统》，北京：华夏出版社，2002，第122页。

③ Paul J. DiMaggio & Walter W. Powell, "The Iron Cage Revisited: Collective Rationality and Institutional Isomorphism in Organizational Fields," American Sociological Review, 1983, p. 147 – 160.

西河谷税务当局与草根政治"为主题的相关著作中提出，把单纯追求技术效率的组织与受到内部成员或外部环境因素渗透，并有其价值和意义烙印的组织区分开来，后者即为制度。他指出，对组织进行分析就是分析组织的制度化过程及其对组织特性、能力和领导方式的影响。

传统制度主义的基本假设为：组织的制度化过程是组织的自然适应过程，组织的变迁是有目的之无预料的后果；组织在自然演化过程中形成了组织的特性并具有独特能力；这些特性和独特能力对组织的发展具有重要作用，对组织的领导具有强约束力；组织的领导是组织长期发展过程中所形成的价值的集中体现，他需维护价值并体现组织的价值。[1]传统制度主义学派下的理论强调组织行为与结构受到组织内、外部价值的影响，强调应关注研究组织与环境的关系、组织领导力与组织的制度化过程。同时，它倾向于将组织"曝光"，指出组织并非绝对的理性动物，而是潜在反映某种价值观的工具。

新制度主义学派从不同学科划分包括诸多流派。[2] 其中，以组织理论为基础的社会学制度主义（又称组织分析的新制度主义）从社会学背景出发，认为组织是被已有制度环境所建构出来的重要行动者。组织分析的新制度主义的基本理论假设是，组织陷入特定的社会情境中，由此产生规则、规范、共享思维，同时对组织行为产生影响。也即行动并非孤立的，而是被制度化的行动，当行动在不受干预的情况下复现，行动可被视为制度化了。因此，其核心在于关注制度环境（institutional environment）的形成以及制度对社会行动所产生的影响。[3]

迈耶和罗恩强调，制度化的"神话和仪式"（myth and ceremony）

---

① 郭建如：《社会学组织分析中的新老制度主义与教育研究》，载《北京大学教育评论》，2008（06）。

② 具体包括经济学新制度理论、政治学新制度理论、社会学新制度理论和组织社会学新制度理论。其中组织社会学的新制度理论也被一些学者归为组织理论的一部分。还有一种划分超越了学科范畴，认为新制度主义包括三大流派：历史制度主义、理性选择制度主义和社会学制度主义。其中，历史制度主义（historical institutionalism）源自政治学和社会学，社会学制度主义（sociological institutionalism）源于社会学尤其是组织理论，理性选择制度主义（rational choice institutionalism）主要源自政治学、经济学（新制度经济学）或约束性选择理论。几个学派的区别可详见：郭毅，徐莹，陈欣. 新制度主义：理论评述及其对组织研究的贡献 [J]. 社会，2007，27（1）：14 - 40. [韩] 河连燮著；李秀峰，柴宝勇译. 制度分析：理论与争议 [M]. 北京：中国人民大学出版社，2014.

③ Brian Rowan and Cecil G. Miskel, "Institutional Theory and the Study of Educational Organizations,"Handbook of research on educational administration, 1999, p. 359 – 383.

在其所处的正式结构中，与组织的现实活动并没有直接关系，甚至还会起到一种干扰作用。因此，具有"神话和仪式"地位的正式结构与组织的实际运作呈现出"松散联结"的关系。但制度神话代表某种"社会承认的理性要素"，对组织生存与运行有着同样重要的地位，甚至在全球展开扩张。[①] 迪马吉奥和鲍威尔则强调国家权力资本和群体共享的意识形态等来自组织外的影响力。这些力量通过三种机制（强制、模仿和规范）对场域中的组织产生影响。同时，社会文化的作用过程，包括（国家权力保障的）相关法律条文制约下的组织、一种共享的职业文化价值的组织，以及在集中资本控制下的组织都通过组织走向制度趋同。[②]

总体上，制度理论都强调关注组织的生态层面。但与传统制度主义相比，组织分析的新制度主义扩大了制度的定义，将文化—认知要素融入组织分析中；将分析层次从组织的结构和功能的改变过程扩展到探讨不同的制度安排对于组织社区环境的影响上。因此，在借助制度理论解释研究问题时有必要将两个阶段的研究进行综合利用。

2. 制度理论的适切性

本书属于归纳性（inductive）研究，理论视角的选择应服务于对资料的诠释。选择制度理论主要基于以下两方面原因。

首先，从制度理论对应的组织研究对象出发。大学组织的"松散联结"特性说明技术（指组织的投入、产出和竞争者的本质与来源等）与组织结构之间没有密切联系，而在制度环境（指认知的、规范的和管理的结构与行为）中，合法性机制对教育组织的影响比效率机制对组织的影响更为明显。教育组织所处的环境具有弱技术性和强制度性的特点，所以教育组织特别适合制度理论所分析的范围。[③] 法国大学合并重组同样受到环境因素的影响。准备开展合并以及大学合并后以统一身份参与组建共同体或联合会时，大学位于组织群中，也即组织的生态层面。因此，选择制度理论所强调的组织制度压力对大学组织的运行环境进行分析是适切的。

---

① John W. Meyer & Brian Rowan, "Institutionalized Organizations: Formal Structure as Myth and Ceremony," American Journal of Sociology, 1977, p. 340 – 363.

② Paul J. DiMaggio & Walter W. Powell, "The Iron Cage Revisited: Institutional Isomorphism and Collective Rationality in Organizational Fields," American Sociological Review, 1983, p. 147 – 160.

③ 阎凤桥：《大学组织与治理》，北京：同心出版社，2006，第 18 页。

其次，从制度理论对组织影响的核心要素出发。斯科特指出，制度是由社会行为提供稳定性和有意义的、认知的、规范的和管理的结构与行为组成的，并提出了制度体系的三个核心要素，即规制（管理/规则）、规范和文化—认知（见表2-1）。这三者相互作用，促进和维持有序的行为。①

表2-1　制度的三要素及其内涵辨析

	规制	规范	文化—认知
顺从基础	权宜	社会责任	理所应当、形成共识
秩序基础	管制性规则	约束性期望	建构性图式
机制	强制	规范	模仿
逻辑	工具性	适当性	正统性
指标	规则、法律、制裁	资格认证	共同信念、行动共享逻辑、异质同形
情感	担心内疚/无辜	羞耻/荣誉	确定/惶惑
合法性基础	法律制裁	道德控制	可理解、可认可的文化支持

资料来源：W. Richard Scott. Institutions and Organizations：Ideas，Interests，and Identities（4th Ed）［M］. Los Angeles：SAGE Publications，2014. 60.

在规制要素中，制度属于规则系统或政治系统。规制是获得服从的主要机制。个人或团体遵守规则的目的是获得奖赏或规避惩罚。因此行为的正当性取决于是否符合规则和法令。奥利弗·威廉姆森（Oliver E. Williamson）认为，当将制度放于更大范围的环境中运行时，制度成为背景的条件，而发挥控制结构作用、经济交易的是更具体的制度形式。②在规范要素中，制度被视为向社会生活提供道德框架的准则结构。与从外部强加的规则或法律不同，准则是被参与者内化的东西。行动者行为

① 王占军：《高等院校组织趋同行为的实证研究》，载《中国人民大学教育学刊》，2011（1）。

② Oliver E. Williamson，"The Institutions and Governance of Economic Development and Reform，"The World Bank Economic Review，1994，p.171-197.

由对正确的认知所引导，由个人对他人的社会义务所引导，制度成为对共同价值的承诺。① 文化—认知要素包括组织的个体心智构架、组织共同的象征符号与共享的意义解释。文化为个体认知提供"思维软件"，同时个体在交往过程中创建了支持集体行动的共同认知与理解的框架，具体表现为共同信念和行动的共享逻辑。因此，行动被重复和被自我及他人赋予相似意义的过程就是所谓的"制度化"过程。② 三个制度要素相互作用，"通过社会奖惩施加压力，施予组织内在、本质的精神奖励与价值观，促使人们遵守，且这些社会奖惩都可能发挥作用，使制度成为具有特殊意义的指示力量"，③ 从而形成组织变革的制度压力。

制度压力对组织生存合法性提出挑战，迫使其寻求合法性并与社会规约、期望或文化—认知保持一致性。因此，当组织面对制度压力时开始采用应对策略，进而产生组织变革。克里斯汀·奥利弗（Christine Oliver）总结了组织面对制度压力时可能采用的五种应对策略：顺从或默许（acquiesce）策略、妥协（compromise）策略、回避（avoid）策略、抵制（defy）策略和操纵（manipulate）策略。④ 因此，一方面，借助制度理论探寻法国大学发展的制度环境对大学选择合并的影响，同时探寻组织为应对制度压力所采取的战略性回应对大学合并的结构设计等所起到的作用，有助于笔者理解大学选择合并的原因。另一方面，近年来法国政府连续出台多部与高等教育相关的法律，并对高校提出了规范性的整合模式。同时，法国高等教育的组织形态也在向全球组织靠拢、趋同。在这个过程中，要理解制度压力如何推动作为制度的接受者、实践者与传播者的大学改革行动者形成响应策略，并最终选择参与院校重组，制度理论在硬性的规制要素与软性的文化—认知要素方面也拥有较强的解释力。

---

① ［美］W. 理查德·斯科特，杰拉尔德·F. 戴维斯：《组织理论：理性、自然和开放系统的视角》，北京：中国人民大学出版社，2011，第294页。

② ［美］W. 理查德·斯科特，杰拉尔德·F. 戴维斯：《组织理论：理性、自然和开放系统的视角》，北京：中国人民大学出版社，2011，第296页。

③ Roy G. d'Andrade. "Cultural meaning systems," in Culture Theory: Essays on Mind, Self, and Emotion, Richard Shweder and Robert LeVine（eds），Cambridge：Cambridge University Press. 1984, p. 88 – 119.

④ Christine Oliver, "Strategic Responses to Institutional Processes," Academy of Management Review, 1991, p. 145 – 179.

（二）资源依赖理论及其适切性

1. 资源依赖理论的主要观点

资源依赖理论诞生于 20 世纪四五十年代，是开放系统理论中最具代表的理论之一。该理论的基本假设是：组织植根于相互联系的网络中，它需要从外部环境中获得财政、物质和信息资源等各种资源。因此，组织生存的关键是获取和维持资源的能力，为了获取资源，组织不得不依赖环境，并与它的环境进行交换。但环境的不可依赖性却致使组织产生了生存危机。因为环境时刻发生着变化，各类组织在进入或退出环境的过程中，资源往往因稀缺性而无法供应所有的组织。所以为了能够永续生存，组织必须进行内部调整，适应环境且对环境的需求展开有效管理。[①] 因此，组织通过战略选择去寻找其应对依存关系的解决办法，并处理从环境中获取资源所造成的不确定性。

资源依赖理论将组织视为"有着不同利益和偏好的群体与个人走在一起进行交换的场所，用马奇和西蒙的术语来说，就是参与者用贡献来换取组织提供的诱使因素"[②]。它借助三个核心观点解释组织如何管理自身与其他组织的关系。

第一，强调社会情境的作用。即认为组织的许多行为只是针对其所在的组织世界里其他组织的反应，[③] 并不强调领导者的作用。第二，组织拥有各种不同策略以增强其独立性和追求自己的利益。第三，与交易成本理论不同，资源依赖理论认为组织采取行动时往往"并非出于利润或效率的考虑"[④]，而权力是理解组织内部活动和组织对外行动的重要因素。

菲佛等人利用理查德·埃莫森（Richard M. Emerson）的权力依附理论去理解哪些组织更多地被其他组织所约束（因此这一理论的倡导者有时也被称作组织研究的权力学派）。在个体层面，权力并不是一种通用的能力，而是特定需求和资源的函数。面对不同的交易伙伴，此函数

---

① ［美］杰弗里·菲佛，杰勒尔德·R. 萨兰基克：《组织的外部控制》，北京：东方出版社，2006，第 2 – 5 页，第 23 页。

② 同上，第 29 页。

③ ［美］W. 理查德·斯科特，杰拉尔德·F. 戴维斯：《组织理论：理性、自然和开放系统的视角》，北京：中国人民大学出版社，2011，第 266 页。

④ ［美］W. 理查德·斯科特，杰拉尔德·F. 戴维斯：《组织理论：理性、自然和开放系统的视角》，北京：中国人民大学出版社，2011，第 266 页。

可能存在差异。① 因此，资源依赖理论还关注组织间的权力差异。譬如供应商的权力会因为其提供的资源的重要性（提供资源的价值大小）和可替代性（其他替代资源的数量和获取成本的大小）的差异而不同。这种思路突破了一个行动者获得权力，必然会有另外的行动者失去权力的零和权力观，认为通过增加相互间的依赖程度，两个行动者可以相互拥有权力。②

2. 资源依赖理论的适切性

斯科特指出在组织集层面，组织与其他组织互动的适应行为和战略行为是资源依附理论首先关照的现象。③ 从资源依赖理论用于解释组织应对依存关系的对策出发，该理论也对法国大学开展合并重组的决策选择有较强的解释力。

资源依赖理论认为组织管理相互依赖关系的方式主要包括以下几种。首先，组织应选取受约束最少的途径协调同其他组织的关系，减少交换关系所带来的依赖性。而"变大"就是最简单的办法。组织若扩大规模，对于竞争对手而言，其拥有的权力就越大。正如菲佛等人所做的解释一样："大型组织对于它们的环境拥有更多的权力和杠杆手段。它们拥有更强大的力量对抗变化的直接压力，有更多时间认识并适应外部威胁。组织的成长增加其生存的价值，大型组织通过缓冲和冗余抵御衰败。"④

其次，采用控制或协调组织自身同其他形式上独立的实体有关的行动，即桥联机制，其中包括共同决策、联盟、合并与收购三种形式。共同决策指安排外部团体的代表参与组织的决策或咨询。塞尔兹尼克认为这一做法利于加强组织与环境的关联，但成本是巨大的。联盟则是指两个或两个以上的组织为共同目标，通过合约协商、共享知识或资源。合

① Emerson R. M.，"Power-dependence Relations，" American Sociological Review，1962，p. 31 - 41.

② ［美］W. 理查德·斯科特，杰拉尔德·F. 戴维斯：《组织理论：理性、自然和开放系统的视角》，北京：中国人民大学出版社，2011，第267页。

③ W. Richard Scott，"The Organization of Medical Care Services：toward an Integrated Theoretical Model，" Medical Care Research and Review，1993，p. 271 - 303.

④ ［美］杰弗里·菲佛，杰勒尔德·R. 萨兰基克：《组织的外部控制》，北京：东方出版社，2006，第139页。

并与收购被认为是解决相互依存关系最为彻底的对策，① 其中包括纵向整合、横向整合、多元并购三种手段。

再次，开展集体行动。其一，组建协会。即一个组织集团通过共同努力追求共同目标的方式。组建协会的目的多样，如分享资源、获得信息、施加影响、取得合法性等。协会的结构和影响力也各不相同：非正式协会的力量微弱；正式化的协会易出现权力差异。其二，求助国家。即动用国家权力改变依存关系格局。且组织并非被动接受来自上层的法律要求，因为它们拥有影响政府政策的资源。②

从上述三种对应策略出发，资源依赖理论为我们提供了一个认识大学与环境关系的镜头。在全球化浪潮下，法国大学在面对高等教育国际化、欧洲高等教育一体化、大学自治改革等国际和国内不确定的环境因素下，自主选择合并以应对高等教育面临的挑战。杰弗里·菲佛等人指出，如果要真正了解组织的抉择和行动，就应该更多地关注组织所处的位置，以及所在位置上的压力与限制因素。③ 资源依赖理论有助于我们理解提升大学竞争优势与资源的关系，更从实践角度为大学进一步提供了应对环境不确定性时所采取的解决办法。同时也引导笔者在研究法国大学合并重组时，客观看待资源与环境对组织变革的塑造或影响。因此，该理论适用于对组织决策的相关问题进行分析。

（三）组织的控制模式及其适切性

1. 组织控制模式的主要观点

上述两种理论主要基于组织与环境的关系展开探讨。而大学并非可以自行运作的生命体。大学的行动者，特别是参与合并重组的行动者，他们才是联结不同层面和推动变革的核心力量。在此思路下，我们也应当注重大学合并重组的行动者在变革中所发挥的能动性作用，这便涉及组织的决策与管理。斯科特曾用"目标、权力和控制"三个核心概念对

---

① ［美］杰弗里·菲佛，杰勒尔德·R. 萨兰基克：《组织的外部控制》，北京：东方出版社，2006，第270页。

② ［美］W. 理查德·斯科特，杰拉尔德·F. 戴维斯：《组织理论：理性、自然和开放系统的视角》，北京：中国人民大学出版社，2011，第270 – 274页。

③ ［美］杰弗里·菲佛，杰勒尔德·R. 萨兰基克：《组织的外部控制》，北京：东方出版社，2006，第3页。

组织微观层面的决策与管理问题进行过概括,[①] 并通过组织目标的形成,组织的无政府形态和组织的控制系统对其加以分析。无独有偶,研究大学组织运行的学者罗伯特·伯恩鲍姆(Rober Brinbaum)通过整合前人研究,提出了大学治理的一种综合模式。

20 世纪 50 年代以来,学者们在研究大学组织的基础上,逐渐提出了一些理论模型。这些模型集中于高等教育的组织结构层面,以分析和解释院校治理中的权力互动如何建构组织。其中包括学院模型、科层模型或官僚模型、政治模型、有组织的无政府模型和文化模型。[②] 伯恩鲍姆结合多所大学的运行、大学与学院的关系,分析了几种模式的特征。他认为不存在某种任何时候都能阐明一些学校各个方面特征的模式,每一种模式都只能在一定的时候描述每所学校某些方面的特征。[③] 因此,他将几种模式综合提出了控制模式(cybernetic model),用于分析大学组织内部学院各系统相互作用的方式。

控制模式的主要观点包括:在组织系统中,(1)存在组织目标与组织子单位,且组织环境的复杂性程度对目标及单位决策产生影响;(2)存在推动控制模式运转的行动者,即控制论的管理者(cybernetic administrator),他们可能通过职位拥有正式组织或组织群的权力,或者通过准则、信仰、个人魅力获得权威,"其主要功能在于协调和平衡组织内部不同系统向优化管理者价值观的方向发展"[④];(3)组织系统中,存在对反馈的回应,即通过集体协商去了解和修正组织的不良变化;(4)存在科层组织结构,目的是达成一致目标与实现组织控制;[⑤](5)存在自动恒温器和反馈圈,即组织控制模式可以依靠组织的负反馈进行自我调整和自我修正,这种自我调整或修正(控制)起到组织"恒温器"

---

① [美] W. 理查德·斯科特,杰拉尔德·F. 戴维斯:《组织理论:理性、自然和开放系统的视角》,北京:中国人民大学出版社,2011,第208页。

② 阎凤桥:《大学组织与治理》,北京:同心出版社,2006,第68页。法国的缪斯兰也赞同用这几种模型作为分析学术组织的理论出发点。详见 Christine Musselin. La Longue Marche des Universités Francaises [M]. Presses Universitaires de France-PUF, 2001:163-165.

③ [美] 罗伯特·伯恩鲍姆:《大学运行模式》,青岛:中国海洋大学出版社,2003,第79页。

④ Robert Birnbaum, "The Cybernetic Institution:Toward an Integration of Governance Theories,"Higher Education, 1989, p.239-253.

⑤ 同上。

的作用；① （6）存在组织参与者之间的文化信念和准则。组织高度依赖共享的文化信念，用内化控制取代外部控制。②

上述特征要素使组织的控制过程形成了一个因果圈，即组织内、外环境的某些变化导致组织改变某些可变要素的价值时，控制过程开始发生作用。如果这些可变要素受到某些正式或非正式团体的控制，而且其价值的变化使其超越了可能接受的限度。那么，这些团体将会采取措施对管理施加影响，以改变组织的反应，直到可变要素恢复到可接受的限度以内，这些团体施加影响的活动才会停止下来。③ 在这一互动过程中，由于组织存在有限理性和不明确的因果关系，进而形成控制系统的牢固和松散联结。如果把组织群视作一个更大的控制系统，那么在组织群的管理过程中，组织之间也会形成牢固联结或松散耦合的互动状态。

2. 组织控制模式的适切性

正如行动者系统组织的倡导者米歇尔·克罗齐耶和埃哈尔·费埃德伯格所言："组织中的行动者，他们一定在具体的情境中与（环境）问题直接相遇，并且要解决这些问题。"④ 他们之间存在着普遍的协商、谈判和权力"游戏"，这些或多或少地远离了"客观的环境"而带有极强的人为建构特征。如此可以避免使我们认为组织结构的变化、组织生态的动员是某种单方面的、机械的适应过程。⑤ 笔者借助组织控制模式对大学合并重组的推进过程展开全方位考察，正是希望对组织行动者参与合并大学的组织设计及其对新组织（组织群）的塑造作用进行阐释。

伯恩鲍姆承认，尽管控制模式不能完全替代其他大学组织模式，但可以通过综合其他组织模式，使人们对组织运行方式的复杂性和两难性有比较全面的理解。⑥ 法国大学在治理中主要采用"同行治理"的学院

---

① Robert Birnbaum, "The Cybernetic Institution: Toward an Integration of Governance Theories," Higher Education, 1989, p. 239 –253.

② ［美］W. 理查德·斯科特，杰拉尔德·F. 戴维斯：《组织理论：理性、自然和开放系统的视角》，北京：中国人民大学出版社，2011，第209页。

③ ［美］罗伯特·伯恩鲍姆：《大学运行模式》，青岛：中国海洋大学出版社，2003，第79页。

④ ［法］米歇尔·克罗齐耶，埃哈尔·费埃德伯格：《行动者与系统：集体行动的政治学》，上海：上海人民出版社，2007，第135 –136页。

⑤ 同上，第136页。

⑥ ［美］罗伯特·伯恩鲍姆：《大学运行模式》，青岛：中国海洋大学出版社，2003，第5页。

治理模式（教授治校），① 但这并不意味着其他因素对大学治理没有影响。结合研究问题，在大学合并的过程中与新大学开展治理的初期阶段，为融合组织的所有行动者，将新大学进一步制度化以形成团结的组织（集），大学除依法建立各种委员会外，校领导的政治权力、行政人员的行政权力和学术人员的学术权力都处于最活跃的重构期，同时新大学还要与其他院校重组组织群。因此，大学需要明确新目标，管理者要确立自己的权威，学术人员要保障自己的学术自由，大学还需调整与外部院校的互动关系，形成组织（集/群）的合作文化。在这样复杂的情况下，合并重组的行动者进而借助控制模式去协调和平衡组织系统中的各影响因素，使之走向"理性化"发展。因此这一模式对大学合并重组中开展决策、执行政策和形成组织内、外部治理等方面有着较强的解释力。

二、分析框架

在借助上述三种理论形成本书的分析框架前，笔者首先需要对法国大学合并重组路径研究中涉及的不同生态层面进行划分，以厘清三种理论的具体运用范围。首先，当大学出现合并愿望②，并与其他大学开展互动、进行策略联合协商时，大学就从组织集上升到组织群系统中；在几所大学进行合并的过程中，大学作为相互独立的组织集同样被置于这一组织群中。其次，合并后的大学在形成内部治理模式和学科融合的过程中，它却回到了组织集层面。最后，当合并后的新大学以统一身份参与组建共同体或联合会时，大学又进入了组织群层面，并与未合并的院校依据共同使命开展合作。可见，大学合并重组的不同阶段所身处的组织层级和环境各不相同，且在时间和空间上均存在位移。在组织群层面，分析的要素是与大学有关的环境和组织群中的其他大学；组织集层面的分析要素是大学内部的个体和团体，行动者就是这些要素之间的相

①　关于法国大学的内部治理形态请详见第三章相关内容。

②　这一预设的前提是，法国大学的合并是由校长发起的（事实也确实如此，可见后文的案例介绍）。在大学最终决定是否参与合并前，各校校长之间先进行协商，寻找合并的可能性。而最后由各校行政委员会投票确定是否参与合并的这一内部决策过程，并非笔者要强调的重点，因此不多涉及。

互联系。

因此，笔者在对大学合并重组的整体背景进行梳理后，将借鉴制度理论和资源依赖理论辨析影响大学开展合并重组的组织环境及因素；借用组织的控制模式进一步分析法国大学合并重组的组织设计与合并重组的具体操作过程。最终笔者以此为基础，形成了如下的理论分析框架（见图2-1）。

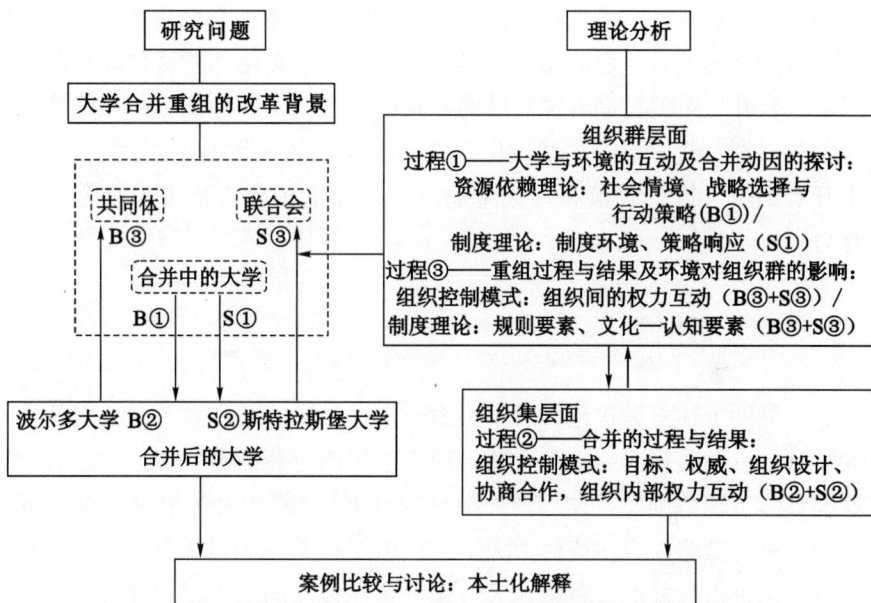

图2-1　法国大学合并重组路径研究的动态理论分析框架

具体来看，图中S代表斯特拉斯堡大学的合并重组案例、B代表波尔多大学的合并重组案例。在对两个案例进行梳理时，S①和B①表示两所大学合并的决策过程。在这一过程中（分别在第四章和第五章第一节的第二目展开），笔者将分别借助资源依赖理论和制度理论以大学和环境互动的各自关系为出发点对合并的动因进行剖析。其中，资源依赖理论中的社会情境、（组织）适应环境的战略选择与行动策略将用于分析斯特拉斯堡大学的合并决策过程；制度理论中的制度压力、组织对制度压力的策略响应对波尔多大学的合并决策过程进行分析。

S②和B②分别表示两所大学进行合并的过程。在这一过程中（分别在第四章和第五章的第二、三节展开），笔者将借助控制模式对合并行动者在设定目标、发挥权威作用、进行组织设计、开展协商合作，并形成新大学内部政治、行政和学术权力的互动过程进行解析。

S③和B③代表两所大学参与重组共同体/联合会及组织群内部的互动过程。在这一分析阶段（分别在第四章和第五章的第四节展开），笔者将继续借助控制模式探讨大学参与组织群建立时与其他大学的权力互动关系，而制度理论用以分析政府在介入组织群建立与治理过程中的规则要素与行动者形成的文化—认知要素对组织群制度化发展的影响。

在上述三个分析步骤的基础上，笔者最终对法国大学合并重组的路径进行总体把握。需要强调的是，本书旨在对法国大学组合并重组的路径做出理论解释，因此，属于依据事实经验为基础的研究。原则上，笔者对合并重组的原因、过程、结果，乃至其发展路径的探究需辅以调研获得的"社会事实"加以分析。因此，研究所选取的组织社会学方面的相关理论将主要运用于分析或解释研究问题的不同阶段或过程。随着调研的深入，笔者结合法国大学合并重组的实际情况（以数据资料为基础），在进一步综合运用制度理论、资源依赖理论和组织的控制模式对案例进行比较分析的基础上，最终提出有关法国大学合并重组的本土化理论解释。

第二节　研究方法

一、方法论立场

方法论是一种规范和厘清研究中探询程序的思维方式，以及对在实践中得到的检验手段的反思。[①] 它的思维方式与反思是以研究者对所使用的具体研究方法进行哲学层面的思考，包括理论以及对研究"如何、必须、怎样"进行的分析，[②] 也即研究的哲学基础与研究过程的逻辑。

从组织研究的视角出发，马文·彼得森按照不同哲学基础和抽象前设——什么构成了现实的组织？（本体论）如何获得这方面的知识？（认识论）对因果关系的前设是什么？（目的论）——的基础上，把组织研

---

① ［德］马克斯·韦伯:《社会科学方法论》，北京：中央编译出版社，1999，第24页。

② Val D. Rust, "Method and methodology in Comparative Education," Comparative Education Review, 2003, 47(3), p. iii-vii.

究的范式总结为两类。一种是传统、保守、强调社会事实的范式，即把组织要素视为客观的、实证性、可用于预测的，关注组织结构以及看得见的行为等。该范式所提出的理论用以检验变量间的关系，因此研究方法偏向简化或量化的方法。另一种是强调文化、激进和社会定义的范式，即把组织要素视为主观的、需由组织角色自行建构解释的，注重诊断性或探索事实的最终缘由。这是一种重视组织自然发展及动态过程的研究范式，所以分析理论也是过程性的。① 由于该范式倾向于考察组织行为的整体情境，所以多采用质的研究法。

本书属于收集第一手资料的经验性研究，旨在对大学合并重组的路径展开考察和诊断，且最终解释这个过程是如何出现并且成型的。因此更适于选择质的研究。质的研究②方法以解释学、建构主义、现象互动论、民俗方法论、现象学和批判理论为认识论的出发点，强调社会世界由人为建构，且经过持续的社会互动而为新的一代所重新建构。所有的社会行动均是有意图或指向的。与量的方法强调对事物的规模性和事物特征发生的频率性等进行调查和预测不同，质的研究通常针对特定环境中自然发生的社会现象，运用社会行为者的意义来理解现象，适于对个别事物进行细致、动态的描述和分析。陈向明从研究的逻辑步骤对质的研究做出进一步界定，即它是以研究者本人为研究工具，在自然情景下采用多种资料收集方法对社会现象进行整体性探究，使用归纳分析资料和形成理论，通过与研究对象互动对其行为和意义建构解释性理解的一种活动。③ 这种范式的一些支持者认为应当摒弃所有理论模式，研究者直接进入研究情境，孕育并提炼研究的问题，获得研究思路的灵感与顿悟，以文字或图片的形式收集资料对研究情境中的意义与关系进行描述、分析与解释，从而建构理论。④

---

① 马文·W. 彼得森，郭娇：《高校组织理论和研究的新进展：分化还是整合？》，载《北京大学教育评论》，2003，第1卷，第4期。

② "质的研究"通常还可译为"质性研究""质化研究""定质研究"，在社会学界还常被称为"定性研究"。但由于它与我国学术界一般意义上只用思辨方法进行的"定性研究"不同，更有深入实地、收集一手资料、开展经验性（empirical）研究的要求，因此为避免歧义，本书统一使用"质的研究"这一表述。

③ 陈向明：《质的研究方法与社会科学研究》，北京：教育科学出版社，2000，第10-12页。

④ Lawrence W. Neuman, Social Research Methods: Qualitative and Quantitative Approaches, Pearson, 2002, p. 34 – 36.

从操作层面出发，本书将借助法国社会学家克罗齐耶等人所倡导的组织社会学分析范式。即研究者作为研究问题的揭示者，通过归纳的方法（并非使用经验性研究去消除或追认最初的假设）去抽丝剥茧、发展假设。① 这种分析从行动者的经验出发提出或确定基于研究对象整体特征的更为普遍的研究问题。② 从而探索一种适于法国本土大学组织变革的解释模型。即理解法国大学合并重组为什么会以某种形态呈现，这其中既包括大学开展合并，也包括大学与其他机构组建共同体或联合会。这是对变革的解释，是对过程的解释，而非为大学合并/重组这种过程性问题设立某种模式标杆，甚至妄自声称这种或这几种模式可以代表法国所有大学的合并重组形态。所以本书需要结合研究发现，与相关理论的各自特征和相互关系展开对话，从而进一步厘清某些重要概念，并最终试图构建法国大学合并重组的情境化的理论解释。

二、具体方法及应用

（一）案例研究法

1. 方法的选择

笔者借鉴罗伯特·殷（Robert Yin）对研究方法使用条件的划分标准，根据——研究问题的类型（"为什么""怎么样"的研究问题，即法国大学为什么要进行合并？合并的过程怎样？合并后的大学怎样巩固新大学的治理？怎样同其他院校组建共同体或联合会？），是否要对研究过程进行控制（不需要），研究问题是否聚焦当前（聚焦当前）——三个要素，③ 选择了案例研究法。案例研究是对某一环境、一个对象、一组文献或一个具体事件的细致研究。雪伦·梅里安（Sharan Merriam）认为，案例研究是对有限系统中的分析单元的深描，它具有特殊性、深描性、启发式的特点。其优势在于，身处自然情景中可近距离接触研究对象；研究视角广阔，适合对事件、项目的过程进行研究，以探索影响

① Mignot-Gérard, Stéphanie. "Échanger et Argumenter：Les Dimensions Politiques du Gouvernement des Universités Francaises," Sciences-Po Paris, 2006.

② Michel Crozier, and Erhard Friedberg, L'acteur et le Système：Les Contraintes de l'action Collective, Paris：Seuil, 1977, p. 454.

③ ［美］罗伯特·K. 殷：《案例研究设计与方法》，重庆：重庆大学出版社，2010，第7页。

事件的多个情景因素；通过细致描述可使读者了解案例的特殊性，并呈现整体、生动的数据资料；同时提供一种探索复杂社会单元的方法，对包含着复杂变量的社会现象做出相应解释。[①]

笔者有幸利用在法国近一年半国家公派联合培养博士学习的机会，深入研究"现场"对选取的案例学校进行剖析，这在时间、费用和可行性上可以确保案例研究的顺利开展。

为反映法国大学合并重组的整体情况并突出其普适性或多样性特征，本书选择多案例进行研究。具体原因主要有二：第一，就目前已成功合并的法国大学来看，大学开展合并的时间先后不同，合并的设计方式也存在差异，若要洞见法国大学合并的整体特征，就不能把目光仅聚焦在一所大学身上。第二，要探索法国合并大学参与共同体或联合会的不同组织状态，厘清并解释其中的互动关系，从而对大学合并重组现象进行更深刻的理解，需要将共同体和联合会两种组织群均纳入考虑。

严格来说，本文的案例分析并不等同于以理论预设或研究假设为出发点，囊括资料收集、分析，并对理论预设进行检验、论证的经典案例研究范式。本书更希望在特定情境脉络下，沿着多视角路径，对不同案例进行描述性和对比性研究，从而以一般性（两个案例的共性）和独特性（两个案例的差异性）两方面反映大学合并重组的路径过程。这期间既有叙事性的推演，也有经验性的佐证，并希望借由研究发现和理解将各个视角整合在一起，共同建构法国大学合并重组路径的解释模型。

2. 案例对象的选择

要探讨大学合并及合并后的大学参与不同组织群的互动情况所选择研究对象需要同时满足这两个条件。而就法国大学合并重组的情况看（排除正在进行合并的大学），大学与机构共同体这一组织群中已合并的大学包括蒙彼利埃大学（由蒙彼利埃市三所大学合并而成）和波尔多大学（波尔多市三所大学合并而成）；联合会组织群中已合并的大学包括斯特拉斯堡大学（斯特拉斯堡市三所大学合并而成）、洛林大学（由南锡市两所大学和梅斯大学合并而成）和马赛大学（由马赛市三所大学合并而成）。其中，波尔多大学是笔者在法公派留学的联合培养学校，同时，笔者在法期间受到斯特拉斯堡大学教育学院 LISEC 实验室（大学间

---

① Sharan B. Merriam, Qualitative Research and Case Study Applications in Education, San Francisco: Jossey-Bass Publishers, 1998, p. 43 –45.

教育科学与交流实验室）的访学邀请，因此，以这两所学校作为研究大学合并和组建共同体的对象更为便利。除方便原则外，笔者选择斯特拉斯堡大学（作为参与联合会组织群的代表）和波尔多大学作为研究对象，还主要基于如下考虑：

从合并大学的基本情况看，存在一定的共性。（1）两所合并的大学均为法国传统公立大学，合并后均成为以所在城市命名、规模相当、跨学科的综合性大学，且为第一批获得法国政府各项主要资助计划的大学，也是地方高等教育组织群的创始成员。（2）两所大学在组织变革的时间先后及表现（合并过程，以及新大学内部学术机构重组方式）上有一定差异，可更好地达到多重验证的效果。（3）所选案例大学均合并成功 3 年以上，组织状态趋于稳定并可确保有效获得相关数据和信息。

从大学所在地域情况看，两市均为法国的传统城市。（1）斯特拉斯堡大学位于德法边境名城斯特拉斯堡市。该市为法国东北部阿尔萨斯大区（Région d'Alsace）的首府和下莱茵省（Bas-Rhin）的省会。人口约 26 万，面积约 78.3 万平方千米，是法国第 7 大城市。[①] 历史上，斯特拉斯堡处于多民族活动的重合地带：从最初的凯尔特人，到高卢人、日耳曼人，再到后来的法兰克人、查理曼人都在斯特拉斯堡留下了足迹。它传袭了 16 世纪的人文主义，拥有悠久的高等教育历史。在 19 世纪中期，处于欧洲大陆腹地的斯特拉斯堡成为法、德两国长期争夺的焦点。第二次世界大战后，它凭借得天独厚的地理优势，成为欧洲许多重要联盟机构的所在地，如欧洲议会、欧洲委员会、欧洲人权法院、欧盟反贪局、欧洲军团（Eurocorps）等。因此，该市又被称为"欧洲第二首都"。它是当今法国集教育、文化、科学、政治为一体的综合性现代化都市，也是法国第二大科学研究中心。（2）波尔多大学位于法国西南部重要的工商业城市波尔多，该市为新阿基坦（包括原阿基坦—普瓦图—夏朗特—利穆赞地区）大区的首府，吉伦特省（Gironde）的省会。人口约 22 万，面积约 50 万平方千米，是法国第 9 大城市。[②] 波尔多坐落在加伦河的南岸，内河航运繁忙；靠近西班牙，西邻大西洋，港口贸易发达，易吸引

---

① Les plus Grandes Villes de France, http://www.toutes-les-villes.com/villes-population.html, 2017 – 02 – 20.

② Les plus Grandes Villes de France, http://www.toutes-les-villes.com/villes-population.html, 2017 – 02 – 20.

商机，正逐步成为国际性大都市。波尔多地区自然环境良好、资源丰富，不仅拥有保存完好的中世纪城堡等旅游资源，更因盛产葡萄，精于酿酒术而成为享誉全球的葡萄酒中心。它作为西南地区政治、经济、文化、交通和教育的中心，同时也是法国战略核弹研究和物理实验基地，以及整个欧洲的军事、航空航天研究与制造中心。

总体上，两所高等学府所在的两大边境城市斯特拉斯堡和波尔多均拥有浓厚的教育和文化氛围，城市开放性和包容性强，但也保留了法国南、北方城市各自的特征。根据合并重组案例情况和案例的环境背景，笔者最终选择斯特拉斯堡大学和波尔多大学作为研究对象。

（二）具体研究工具与设计

笔者在调研期间主要依靠访谈调查、查阅档案资料和文献收集的方法获得与大学合并的相关信息。多样化、多渠道的收集方法，一方面可以增加第一手资料的数量，另一方面也可以检验所获资料的真实性，即"三角验证"。根据不同时间、方法和资料来源也可对收集到的数据进行交叉检验，尽可能保证信息数据的可靠性，从而展开数据处理与分析。

1. 访谈调查法

访谈是案例研究最常使用的数据收集方法。本书主要采用半结构式深度访谈，即"研究者对访谈的结果和走向有一定的控制"。[1] 作为访谈者与被访谈者的"共同产物"（joint production），半结构式访谈允许访谈者及时调整问题和回应，对所听到的回复可进一步寻根问源，更逼近受访者对自己的认识和行动的意义理解。诚如殷所认为的，若访谈数据足够灵活和丰富，不仅可以回答研究者提出的某一方面的问题，还可揭示案例研究对现实的建构性理解，加深对所在情境的认识。[2]

本书访谈对象的样本是按照目的抽样和理论抽样相结合的方式确定。一方面笔者选择与研究目的相关的受访者，即参与大学合并的决策人和执行人。在两个案例中，为实现案例比较，被选受访者身份类似（事实上，两个案例大学的合并都是由这些群体推动的），且在对斯特拉斯堡大学进行调研时，笔者以波尔多大学的抽样情况为参照对受访人员的身份（学科出身、担任职务等）进行了筛选。样本具体包括：波尔多大学和斯特拉斯堡大学两所大学的校长、负责教学、科研、大学重组事

---

① 陈向明：《教育研究中访谈的倾听技（艺）术》，载《教育理论与实践》，1998（4）。

② Robert K. Yin, Applications of Case Study Research, Sage Publications, 2012, p.12.

物或国际关系的副校长（级代表）、行政人员（大学总服务处主任及具体行政事务管理人员）、学院院长或学术团体代表和学校重组的（外聘）专业项目人员。阿基坦大学与机构共同体主席、行政人员和共同体中其他院校校长。阿尔萨斯高等教育联合会（联合会无统一负责人）内其他大学的校长。斯特拉斯堡案例和波尔多案例的受访者均为 18 人，共计 36 人（受访者信息详见附录 1 和附录 2）。另一方面，笔者在每个案例已限定范围的受访者中，通过抽样来发展类属的属性，直到没有新的属性出现。这是借鉴了扎根理论的抽样原则，即让生成的理论去适合它们的数据，且不在与发展理论没有任何关系的事物上浪费时间。此外，笔者还使用成员检验，即把观点带回研究对象那里寻求确证，以强化类属的选定依据。在两个案例之外，笔者还有幸访谈了法国教育部高等教育与职业安置总局专门负责大学场地重组项目和专家委员会的 2 位官员，从政府的视角对大学合并重组情况进行考察。

在访谈提纲的设计方面，主要包括三个纬度，即受访者对大学整合原因（目标）的认知与态度取向，合并过程中的决策方式与权力制衡（互动）关系的认知、感受和参与行动，以及对大学整合后的内、外部治理情况的体会和参与行动。在此基础上，笔者还对受访者关于法国近年来的高等教育改革状况的认识与实际体会进行发问，以期了解这些"一线人员"对大学合并重组的总体态度。在设计具体的访谈问题时笔者注意到：首先，两个案例中的大学由于开展合并重组的情况不同，问题的顺序与侧重稍有不同。其次，由于每位受访者的身份不同，其参与大学合并或重组的情况各异；即使身份相同，其所代表的学校和立场也不相同，学校参与合并重组的方式不同，因此问题内容也存在差异。所以笔者在开展访谈前，先借助熟人介绍或网络信息查询等手段简单了解受访者的工作经历和在各机构的任职情况，在此基础上将访谈提纲中的问题进行相应的修改或增减。下表 2 - 2 是笔者经过多次访谈不断完善后所总结（提炼）的基本访谈提纲（法译中版本）。

表 2 - 2　基本访谈提纲

访谈维度		访谈问题
1. 对大学合并的看法——为什么		起初是否支持合并？为什么？（背景与原因）为什么不支持？如何接受合并？
		是否了解或参与大学合并的决策（准备）过程？如何参与？
		在探讨大学合并中，学校（您）最重视什么？
2. 对大学合并过程的认识（针对合并大学中的受访者）——怎么样		是否参与讨论设计大学合并？怎样参与？
		如何使大学内部人员更好地参与合并？
		如何与其他大学的合并参与者形成共识？
		合并过程中，是否有妥协、冲突？如何处理妥协或冲突？
3. 对新大学的认识——怎么样	针对合并大学中的受访者	新大学与原大学在治理方面有哪些不同？
		如何看待新大学的管理方式？政治、学术、行政权力的互动情况如何？
		对新大学当前教学与科研发展状况是否满意？为什么？
		对新大学改进治理状况的意见或建议有哪些？
		在大学合并的整体过程中，谁起到了什么作用？（从政府、组织群到大学内部）

（续表）

访谈维度		访谈问题
3. 对新大学的认识——怎么样	针对未合并大学中的受访者	为什么不参与合并？作为"小"大学，如何发展与合并后的"大"大学的关系？
4. 对大学参与共同体或联合会的态度——怎么样	大学的视角	是否了解共同体/联合会？共同体/联合会对于大学的作用是什么？共同体与集群的区别有哪些？
		何如参与申请大学卓越计划？如何协商场地合同①？如何开展合作？（同各个成员学校）
		大学卓越计划等资助项目怎样影响大学合并？
		如何认识共同体/联合会当前的发展状况？评价的根据是什么？
	共同体/联合会的视角	是否支持大学合并？如何支持？
		如何协调不同成员学校/联合机构的利益？如何推动合作的顺利开展？
		共同体/联合会的优势与问题有哪些？如何改进？

---

① 场地合同是多年期场地合同（Contrat pluriannuel de site）的简称，它是《高等教育与研究法》所规定的由地方高等院校组织群（共同体和联合会）同国家签订的发展合同。后文有更详尽的解释。

（续表）

访谈维度	访谈问题
5. 对法国高等教育与科研机构组织变革的整体认识	大学合并重组成功的关键是什么？与政府的关系如何？是否有变化？
	结合高等教育改革政策，如何评价所了解的大学合并重组情况？
	如何评价高等教育与科研机构合并重组的改革政策？
	如何看待世界大学排名？
	如何评价法国大学向全球大学组织趋同发展的现实？

2. 实物资料收集法

任何事物都是一定文化的产物，可收集起来作为特定人物所持观念的物化形式。[①] 实物资料包括官方正式实物资料和个人非官方实物资料。在认识与法国大学合并重组相关的改革方面，笔者主要收集了法国大学自 1968 年，特别是 2006 年以来与大学组织变革相关的高等教育改革政策文本、教育部长的官方演讲或采访等。而在案例研究过程中，笔者通过大学合并负责人的帮助和网页搜索，获得了两所大学在合并过程中的行政委员会会议备忘录、合并进展报告等相关内部史料、大学官方推出的合并手册或介绍性期刊。同时在网上查询到两所大学的合并参与人员在参与学术会议或全国大学研讨会上的演讲。在大学参与共同体/联合会重组方面，笔者主要收集了共同体/联合会同国家签订的多年场地合同。

通过对第一手文献材料去伪存真、去粗取精的加工，再联系与此有关的历史文档，笔者一方面更好地了解了法国大学合并重组的变革背景和制度环境；另一方面，可将文献资料与深度访谈而获得的资料文本进行对照（特别是大学合并与大学参与组织群的合作），查看数据的一致性，并形成

---

① 陈向明：《质的研究方法与社会科学研究》，北京：教育科学出版社，2000，第 32 页。

访谈资料真实性的"证据"，有助于提升研究的有效性和可靠度。

第三节　数据收集与处理

一、深入现场与开展访谈

（一）前期准备与联络

1. 波尔多大学案例

笔者借助国家留学基金委的资助，获得了到法国波尔多大学文化、教育与社会实验室（LACES）联合培养的机会。2015 年 10 月笔者到达波尔多，在同法方导师马莱教授表明研究意图后，形成了目前（依据教授说法）带有"批判式"的研究问题与思路。导师在修改了笔者的访谈问卷法语表述之后，建议笔者先做预访谈，从周边教师开始了解情况。这一方面有助于笔者熟悉异国访谈环境，另一方面可了解访谈提纲的信度，进一步调试访谈问题的重点和针对性，以及过程中的发问形式。尽管教师群体并非参与改革的主要行动者，但对这部分群体进行访谈有助于了解合并前、中、后对教师的影响，并从侧面反映大学合并的进程（教师在合并中是否有参与感，合并是否估计到教师的利益与需求等）。于是，在获得许可的情况下，笔者最先对一位给全校博士生讲解"法国高等教育现状"课程的教育学院教授进行了访谈（笔者也曾在此教授的课上学习）。之后，在导师和该教授的建议与推荐下，笔者通过邮件联系到人类科学学院院长。此后，人类科学学院院长继续作为笔者的"守门人"（gate keeper）推荐了负责合并事宜的原斯特拉斯堡第二大学副校长；技术科学学院院长则鼓励笔者直接与校领导或其秘书联系，请求获得访谈许可。在熟人推荐和"滚雪球"的方式下，笔者最终全部通过邮件沟通联系到了参与波尔多大学合并的相关人员。波尔多大学以外的其他高校和共同体主席与相关人员也均为笔者通过邮件自行联络而得。在获准后，笔者开展了进一步调研工作。波尔多大学案例的调研从 2016 年 1 月底进行到 2016 年 4 月底，历时共 3 个月。

2. 斯特拉斯堡大学案例

笔者借助联合培养的机会，也获得斯特拉斯堡大学教育学院勒尼奥教授的邀请，在教育科学与交流跨校实验室（LISEC）进行了为期近 5

个月的访学。2016 年 9 月赴斯特拉斯堡后，笔者在勒尼奥教授的引荐下，联络到教育科学学院院长和实验室负责人；在勒尼奥教授的鼓励下，笔者借鉴波尔多大学案例中的调研经验，通过邮件自行联络大学的校领导、学院院长和行政人员。这期间，负责国际关系事务的副校长也成为笔者的主要"守门人"，笔者以其名义联络到其他参与过大学合并的相关人员。斯特拉斯堡大学案例的调研时间为从 2016 年 9 月底—2017 年 1 月初，共 3 个月。

需要强调的是，法国大学中几乎所有工作人员的邮件联络方式均可在网上查阅。除依靠熟人推荐外，大多时候，笔者在筛选与大学合并相关的参与人员的信息基础上，通过说明身份（来自中国北京师范大学的博士研究生、波尔多大学或斯特拉斯堡大学相关实验室的访学人员）、访谈意图和保密原则便获得联络对象善意的回复与同意[1]，因此相对顺利地进入了案例研究的"现场"，为调研创造了便利的环境。

（二）访谈的开展

笔者在访谈初期事先设计了一个粗线条的访谈提纲（见上文表 2－2），按照研究设计对受访者提出问题，但同时也给受访者一定空间提出自己的意见，允许临时改变原有问题，寻找比原定计划更适切、深入的问题。笔者以此方法了解其对大学合并问题的关注重点、视角、意义建构和概念表达。随着研究的深入，笔者在挖掘已完成的访谈回答的"共性与个性"之上，对不同行动者的具体问题有了更为清晰的认定，访谈问题进一步转向求证某些已获观点或在多数受访者均已承认的回应之外寻找更"有意思"又确实存在的不同观点。在达到理论饱和度的基础上，寻找更多解释大学合并情况的可能。

---

① 邮件内容还概括了研究的目的与意义，参与者身份与研究的对应性；在收到同意受访的回复后，笔者再同受访对象确定访谈时间和地点。

表2-3　受访者访谈情况统计表①

受访者编码	访谈次数与时长（分钟）	访谈形式与地点	转录资料中文字数（法译中）
斯特拉斯堡大学合并重组案例			
S1-2 Michel	1/40	面对面/办公室	5284
S2-1 Laurence	1/63	面对面/办公室	8346
S3-3 Frédérique	1/65	面对面/办公室	8811
S4-1 Dreysse	1/70	面对面/办公室	6721
S5-1 Charlot	1/86	面对面/办公室	6992
S6-2 Schneider	1/59	面对面/办公室	6979
S7-3 Poitier	1/96	面对面/办公室	9957
S8-3 Vincent	1/70	面对面/办公室	5789
S9-2 Anna	1/63	面对面/办公室	4789
S10-2 Bella	1/70	面对面/办公室	4900
S11-3 Calin	1/78	面对面/办公室	6109
S12-1 Eric	1/91	面对面/办公室	5322
S13-1 Pascal	1/58	面对面/办公室	5708
S14-1 Paul	1/67	面对面/办公室	5330
S15-1 Emilie	2/69-25	面对面/办公室，餐厅	5869
S16-1 Katherine	1/74	面对面/办公室	6548
S17-UHA Jeanne	1/42	远程视频/家	4909
SB18 Diane	2/63（1）	面对面/办公室	5770

---

① 表中的2/69-25表示访谈开展了两次，每次时长分别为69分钟和25分钟，其他相似表述意同；2/63（1）和2/170（2）为同一人的两次访谈情况，分别指第一次访谈时长为63分钟，第二次访谈时长为170分钟。

（续表）

受访者编码	访谈次数与时长（分钟）	访谈形式与地点	转录资料中文字数（法译中）
波尔多大学合并重组案例			
B1 - 2 Lara	1/60	面对面/办公室	12882
B2 - 1 Alain	1/86	远程视频/家	11975
B3 - 4 Lung	1/91	面对面/办公室	13640
B4 - 1 Achille	1/91	面对面/办公室	9885
B5 - 2 Pierre	1/72	面对面/办公室	7364
B6 - 2 Benoît	1/75	面对面/咖啡厅	5397
B7 - 4 Claude	2/40 - 43	面对面/办公室	6972
B8 - 4 Sidney	1/94	群面/办公室	12833
B9 - 2 Marina	1/94		
B10 - 2 Paula	1/103	面对面/办公室	3960
B11 - 1 Benjamin	1/134	面对面/办公室	5979
B12 Thierry	1/112	面对面/办公室	5676
B13 - 2 Francois	2/78 - 77	面对面/办公室	10372
B14 - 1 Bruno	1/65	面对面/办公室	4127
B15 - 4 Petit	1/79	面对面/教室	4376
B16 - C/IEP Louis	1/143	面对面/办公室	8585
B17 - C Ana	1/158	面对面/办公室	5999
B18 - M Lea	1/83	面对面/办公室	6989
SB18 Diane	2/170（2）	面对面/办公室，餐厅	7954

（续表）

受访者编码	访谈次数与时长（分钟）	访谈形式与地点	转录资料中文字数（法译中）
高等教育部官员			
M1 Jorge	1/143	面对面/办公室	18424
M2 Julien	2/136	电话访谈/家	11171
总计 38 人	积累研究约 60 个小时		中文转录约 28 万字

这一过程也可以从笔者的访谈时间长度得到印证。在最初进行寻访的近20人中（波尔多和斯特拉斯堡案例各近10人），访谈时长基本在2小时左右，由于有些受访者的参与经验丰富，笔者还对其进行了二次访谈，总时长甚至达3—4小时。在之后进行的访谈中，笔者将访谈问题逐步聚焦，并注意对之前访谈的"意外收获"进行再验证，访谈时长基本控制在1—1.3小时之间。访谈主要以个人（面对面）访谈为主，也有若干次集体访谈（2人）和电话、远程视频访谈（3人）。所有访谈均以法语展开，具体访谈情况详见表2-3。

此外，为了增强数据的丰富性和结论的可信性，笔者对同一问题向不同的受访者寻求答案，以求互相印证。

二、数据整理与解释分析

在获得调研数据的基础上，笔者开始"对所获得的原始资料进行系统化、条理化整理，再用逐步集中和浓缩的方式将资料反映出来，从而对资料进行意义解释"。[①]

首先，建立文本。即将访谈、文档资料等分别进行转录、誊写与摘记。对于法语访谈的转录，是一项卷帙浩繁的工作。笔者在有限的时间内，第一步严格遵照访谈原意，将访谈内容逐字逐句地口译为中文。涉及重点和难点内容，笔者先将其逐字转录为法语，以便进行句式和语意分析。对于不理解或晦涩之处，笔者曾向法国友人和法国大学图书馆管

---

① 陈向明：《质的研究方法与社会科学研究》，北京：教育科学出版社，2000，第269页。

理员辨听、请教和求证，再将其翻译为中文。同时，对于访谈中与访谈主题相关性不大的内容进行模糊翻译，即翻译大概意思（但注意做好信息标注，以备后续方便查找或重新翻译之需）。第二步将中文语音转录为中文文字。这一过程在遵照访谈原意的基础上，注意将语言调整为中文的习惯表达，并为后续的原文引用做好准备。对于收集到的文档资料，笔者将其划分为政府官方法律文本、报告；波尔多大学案例内部资料；斯特拉斯堡大学案例内部资料三个单元（unite），分别建立资料库，同时做好资料笔记。

其次，进行资料编码。资料编码主要涉及访谈数据。在处理转录资料方面，笔者首先对访谈数据中的斯特拉斯堡和波尔多两个案例分别用S和B表示，S和B之后的数字代表访谈者的顺序编号；受访者原来隶属于哪所大学（××第一大学、第二大学），在S/B后加"－数字"用以表示。如【B3－4 Lung】意指波尔多案例中编号为3的受访者，他来自合并前的波尔多第四大学；【S16－1 Katherine】意指斯特拉斯堡案例中编号为16的受访者，她来自大学合并前的斯特拉斯堡第一大学。然后，对于来自其他大学或共同体的受访者，为区分他们不属于合并校的身份，笔者用法语字母表示其来源校。如【S17－UHA Jeanne】表示斯特拉斯堡案例中编号为17的受访者，她来自上阿尔萨斯大学（UHA）；【B16－C/IEP Louis】表示波尔多案例中编号为16的受访者，他来自阿基坦共同体（COMUE d'Aquitaine）和波尔多行政学院（IEP Bordeaux）；【B18－M Lea】表示波尔多案例中编号为18的受访者，她来自波尔多（第三）蒙田大学。此外，同时参与两所大学合并的工作人员用SB表示，如【SB Diane】；教育部官员用M（Ministère）表示，如【M1 Jorge】。

针对转录和整理好的案例文本资料，笔者详细阅读每段内容，并参照研究问题，将每一段分解为若干的小单位，尽量以一句话简述之，并加以编码。笔者借助三级编码方式将数据进行提升，同时，将所分析出的小单位，依照内容与性质的相近程度加以整理。而对于相近程度低的回复内容，笔者也做相应的整理，最后形成相异的自然类别。最后是建立编码分类。由于研究设计的具体调查问题类型多样，笔者的编码分类综合参考了罗伯特·波格丹（Robert C. Bogdan）所建议的情境码、被研究者看待的问题角度、策略码、过程码和事件码。①

再次，指出相关主题。首先将资料放置于大学合并重组每个环节所处的自然情境中，考虑每一自然类别的内容和类别与类别间的可能关系，以及案例推进的时间顺序和关键事件；然后按照逻辑关系排列，并进行命名；最终根据汇总资料分别形成每个案例章节中 4 个相关主题（详见第四、五章每节的标题）。

最后，三角验证与数据分析。在研究样本、类别与分析单元确定后，笔者需要在数据分析前建立信度。即采用数据源三角验证的方法对来自不同信息源的数据进行充分比对和印证，以验证研究的聚合效度（convergent validity）。

在进入数据分析层面时，由于研究对象存在过程性与跳跃性［从大学合并的组织群层面，到合并后的大学治理的组织（集）层面，再到合并后的大学参与共同体或联合会建构的组织群层面］，笔者根据殷的观点，采用案例描述的分析策略。即当依据理论对数据进行分析存在困难，而且案例研究的目的是对现象进行描述时，可为案例开发一个描述性框架（该框架也是笔者对文本数据进行编码所形成的。详见第四章和第五章中，从第一节第二目之后所有的三级标题）以增强案例研究的客观性和直观性，同时提供完整的证据链，增强案例研究的信度。②

在资料分析、阐释的整个过程中，笔者借鉴詹尼弗·麦森（Jennifer Mason）所提出的诠释性解读（Interpretive readings）③ 方法。正如托马斯·李（Thomas W. Lee）所认为的，诠释性解读方法与组织研究中占主导地位的价值观非常吻合。因为多数研究者对于被研究者的偏见很清楚，所以不太可能全面采纳按字面意思解读（Literal readings）数据的做法；但多数组织研究者也可能没有全面受过相关训练或因没有充分体验而无法对获得的数据做自反性解释（Reflexive readings）。④ 笔者赞同李的观点，为了探究和归纳数据本身的意义所在，需要通过"字里行间阅

---

① ［美］罗伯特·波格丹，萨利·诺普·比克仑：《教育研究方法：定性研究的视角》，北京：中国人民大学出版社，2008，第 141 – 145 页。

② ［美］罗伯特·K. 殷：《案例研究设计与方法》，重庆：重庆大学出版社，2010，第 112 – 114 页。

③ Jennifer Mason, Qualitative Researching, London：Sage, 2002, p. 148.

④ 托马斯·W. 李：《组织与管理研究的定性方法》，北京：北京大学出版社，2014，第 37 – 39 页。

读"，推断被研究者的真正意图，去了解访谈文字背后暗含的规范与准则，或者被研究者受何影响而做出这种解释、评判，或者他们的话语是如何被建构的，又或者话语如何映射出社会行动中的某种因果机制（causal mechanism）。① 最终通过大学合并重组行动者的能动性反馈构建其背后所暗含的制度压力和权力关系。

第四节　研究伦理

一、遵循的伦理原则

在质的研究过程中，研究者本人作为重要的研究工具，与被研究者之间的关系会对研究产生影响。因此，从事研究工作的伦理规范以及研究者个人的道德品质在研究过程中便成为一个不可回避的问题。② 美国社会学协会指出，研究者在开展研究时需要遵照七大伦理规约（code of ethics）。即：（1）在研究中维护客观性与完整性；（2）尊重被研究者的隐私与自尊；（3）保护被研究者免受伤害；（4）遵从保密原则；（5）数据收集或研究行为涉及隐私时，需要获得被研究者的同意；（6）承认研究所获得合作与协助；（7）公开所有研究资金的来源。③

此外，研究还涉及如何解读数据。马克斯·韦伯曾指出，个人价值会影响研究者所选择的研究问题，但研究者不应当允许借助个人感受影响其对资料的解释。因此，研究者还需保持价值中立（无涉）原则。

二、具体做法

本书始终秉承对研究伦理的尊重。

在进入研究现场前，笔者已将研究目的与内容通过邮件告知受访者，征询其是否乐意接受采访；并告知其访谈的预计时长，以及是否可对访谈内容进行录音，最大程度上遵循自愿原则。同时倾听受访者需

---

① Jennifer Mason, Qualitative Researching, London：Sage, 2002, p. 149－150.
② 陈向明：《质的研究方法与社会科学研究》，北京：教育科学出版社，2000，第426页。
③ ［美］理查德·谢弗：《社会学与生活》，北京：世界图书出版公司，2008，第43－44页。

求，承诺遵守保密原则，对其姓名等敏感信息做化名①或隐去处理，以尊重和维护受访者隐私。

在访谈研究开展的过程中，笔者注重对受访者回答态度（反应）进行观察，对回答内容的细节予以追问，但同时尽量关照可能为其带来的消极感受（甚至影响）。特别是涉及敏感性问题（如怎样回应其他行动者的不同意见等）时，当发现受访者呈现出有所顾虑或在谨慎地寻找措辞，笔者适时（允许回答过程中有一定的沉默）转换提问方式或淡化陈述方式以示同理心（即进行换位思考），抑或诚恳地对受访者的（回避）态度表示理解，从而尽可能使其感受到来自研究者的反馈性"共鸣"，进而乐意吐露真实想法。此外，笔者在访谈过程中还适时对受访者的观点进行简单总结或确认。提出探究式问题的目的在于避免笔者因受语言能力限制，在理解受访者意图中出现偏差，从而力求对受访者的观点与感受予以真实呈现。

在撰写各章节目和呈现案例的过程中，笔者时刻提醒自己实事求是，完全根据材料说话，客观反映所探究到的大学合并重组的现实。

---

① 在获得许可的前提下，笔者为呈现不同身份的受访者所提供信息的多元性与丰富性，在不侵犯受访者隐私的同时，尽量将受访者的学科背景、职称及其在大学合并前后的职务等表现了出来。

第三章

法国大学合并重组的发展背景与群像图景

在比较教育（他者）的建构视角中，关键的不是去了解教育事实，而是要从历史的视角理清这些教育事实在逐步建构起意义与身份的人类共同体中的发展进程。①

——雷吉斯·马莱（Régis Malet）

法国的大学合并重组改革有着深厚的历史渊源。法国大学虽经过了800 多年的发展，但其前进之路可谓"命运多舛"。史学家阿兰·雷诺（Alain Renaut）曾对法国大学的风雨沧桑做过精辟的总结："她，经历过荣耀和扩张，也体验过失势甚至死亡。"② 的确，如今每当法国大学追溯其发展进程时，无法像牛津大学、剑桥大学一样自夸其拥有未曾中断过的辉煌历史。自法国大革命时期政府取缔大学以后，政府虽在 19 世纪末对大学进行了行政重建，但并未发挥革命性效用。直到 1968 年《富尔法》的颁布才使法国大学以"大学"的真正身份走上发展的正轨。可以说，法国大学既错过了 19 世纪初对德国大学所提倡的洪堡模式的借鉴期，也未赶上美国在此基础上所发展起来的研究型大学的建立期，

---

① Régis Malet ，"De l'étattat-nation à l'espace-monde. Les Conditions Historiques du Renouveau de l'éducation Comparée ,"Carrefours de l'éducation. 2005 , p. 165 – 188.

② Alain Renaut ,"Les Révolutions de l'université ," Essai sur la Modernisation de la Culture ,Paris：Calmann-Lévy, 1995 , p. 34.

更没有经历过英国自 12、13 世纪起便不断累积发展起来的精英大学的成长期。[①] 我们无法在国际高等教育轨迹中寻找到与法国大学情况相似的高等教育组织类型。同时，分分合合的大学发展也为我们在深思法国当代大学合并重组时增添了一抹特殊的色彩。

因此，在对法国大学合并重组的路径展开探讨前，我们有必要对大学合并重组的历史渊源展开探寻，在揭示大学改革背景的基础上，去理解法国高等教育的当前走势，进而聚焦合并重组的战略选择。

第一节　大学合并重组的背景考辨

法国大学有着深厚的自治历史和集权管理理念。自治可以追溯至由行会组织发展而来的中世纪巴黎大学，而集权管理的传统则在拿破仑统治时期形成。这两股力量塑造了法国大学一面追求学术自由和"同行共治"，一面又接受中央集权管理的治理形态。但"法国的大学从来就不是一个强有力的机构……她既不是科学的殿堂，也不是伟大文化的庙宇，更没有像'大学校'那样成为共和国或（法兰西）民族的圣殿"。[②]大学这段特殊的发展历史如今成为探寻大学合并重组的滥觞。

公元 11 世纪起，各地学者纷纷来到巴黎"西岱岛"（L'île de la Cité）大教堂附近的新学校讲学布道。为摆脱主教的控制和干涉，师生们从岛上向塞纳河左岸转移，开辟了新的教学场所，即现今的拉丁区。12 世纪末，在城市自治运动的冲击下，拉丁区内的一批学者和学生组织成立了"学者行会"[③]，进而形成"巴黎教师学生团体"（Universitas magistrum et scholarium parisiensum）——巴黎大学的雏形。巴黎大学在中世纪曾受到教皇和世俗王权两方的"恩典"。教皇看重学校在神学研究中的地位，企图将其作为宗教信仰的卫道士、神职人员和教会管理精英的培训机构；对于巴黎市民和国王来说，巴黎的学校成为城市重要的

[①] Forest Frédéric（dir.），Les universités en France. Fonctionnement et Enjeux，PURH，2012，p. 13.

[②] Francois Dubet，"Problèmes d'une Sociologie de l'enseignement Supérieur，"dans Les Mutations Actuelles de l'université，Paris：PUF，2003，p. 363 – 397.

[③] 史学家雅克·维尔热（Jacques Verger）认为，巴黎大学与学生治校的博洛尼亚大学不同，它由教师和学生组成的巴黎大学，其所有原创行为来自教师学者，学生只是大学的"随从"。详见：Jacques Verger. Les Universités au Moyen-âge［M］. Paris：Presses universitaires de France，1973. 48.

消费群体，并具有知识发源地之美誉。① 两股势力都谙熟统治人们思想的重要性，大学由此成为被利用的工具。13 世纪初，巴黎大学先后获得教皇和国王的法律支持，② 并逐步成为具有独立行使自治权的学术机构。此后，除巴黎大学外，法国的地方性大学也纷纷建立。随着法国王权越发强大，宗教势力对大学的影响逐渐减弱。然而，从 14 世纪中叶到 15 世纪中叶，受百年战争的影响，法国大学陷入了派系之争，并在历代君主的改革整治下逐渐失去了自治特权。从 15 世纪开始，法国大学在平庸中发展，未能引领和紧随科学创新运动，更被指责固守着经院哲学的陈腐观念和教育制度。

在进入 18 世纪后，法国封建制度开始走向衰落，在资本主义经济逐渐发展的过程中，政府为满足国家发展需要，在大学模式之外开始陆续建立与民用和军工领域相关的高等专业应用型学校。③ 从此，法国逐渐形成既设有开展普通教育的大学，也设有培养行业精英"大学校"的"双轨制"教育体系。而在 20 世纪初，政府为加强国家的科研发展，又在大学体系外建立了以法国国家科学研究中心（CNRS）为核心的各类科研机构，这直接导致法国高校与科研机构的分离。在"双重割裂"的高等教育与科研体系下，法国高等教育于 1968 年出现大震荡，大学随后被分解重组；在随后现代大学组织碎片化的发展中，政府通过推行分权改革也开始下放大学管理权；而在高等教育国际化的冲击下，大学和政府逐渐意识到法国大学发展的弊端和改善高等教育与科研状况的必要性。因此，大学合并重组在高等教育内外环境的裹挟下酝酿、迸发。

---

① 王晓辉：《双重集权体制下的法国大学自治》，载《比较教育研究》，2009（09）。

② 1174 年，教皇塞勒斯坦三世赋予大学司法特权。1208 年，英诺森三世要求地方教会无偿颁发授课许可证，并将所授课程分为神学、艺术、法学和医学四大类。1215 年，罗马教皇特使罗伯尔·德·库尔松（Robert de Courçon）最先为巴黎大学颁布了大学章程以明确其特权。1231 年 4 月 13 日，教皇格里高利九世通过"知识之父"谕旨（Parent Scientiarum）反对巴黎主教干预大学事务，并将能够颁发授课许可证的学校都设为大学，从而确立了巴黎大学的法律地位。穷苦家庭出身的罗伯尔·德·索邦（Robert de Sorbon）在成为国王路易九世的亲信后，于 1257 年获得国王支持，建立了一所专门用于接收穷苦家庭的学生，以供其复习和住宿的场所，并向他们教授神学和道德。教授人文科学和哲学的大学便由此发端，该大学以其创建者罗伯尔·德·索邦的名字命名，即索邦大学。详见：Pierre Balme, Jean-Richard Cytermann & Michel Dellacasagrande. L'université Francaise：une Nouvelle Autonomie, un Nouveau Management［M］. Presses universitaires de Grenoble, 2012. 20 – 24.

③ 如政府于 1743 年建立路桥学校、1749 年建立工程学校、1762—1766 年建立兽医学校和 1983 年的矿业学校等。

一、教研体制"双重割裂"的隐患

（一）精英教育与大众教育的分离

18 世纪末，法国大革命爆发，新兴资产阶级开始扫除旧制，揭开了法国现代文明的序幕。资产阶级的国民公会于 1793 年颁布《公共教育组织法》（或称"达鲁法案"），并以"大学被贵族习气所玷污"为由取缔了法国所有传统大学行会，保留各类应用型学校。① 之后，政府继续兴建工程师等专门学校用以培养国家"技师"，涵盖政治、军事、农业、师范、商业和经济管理等各方面，形成独具法国特色的"大学校"系统。由此，法国高等教育进入大学与"大学校"并存的"双轨制"时代。

"大学校"是政府把握国家命脉，培养国家精英人才，服务于未来国家战略发展和人才建设的重镇。政府希望通过强化其实力以满足自己对国家控制与治理的需求。所以一直以来，大学校受到政府更多的经费投注，而大学则被边缘化。法国推行的全国竞考是从中国的科举考试借鉴而来，即通过一系列国家性考试选拔未来国家所需的人才。包括法兰西共和国建立之后成立的各种行政学院、政治学院，其成立目的都是出于此。【M1 Jorge】

诚如法国高等教育部官员在接受访谈时所指出的，在"大学校"如火如荼的兴建与发展过程中，大学却沦为拿破仑执掌下的"帝国大学"的学院。"帝国大学"在学区内单独设立神学、医学、法学、理学、文学五大学院，每一类学院都在中央层次有其分委会。所以学院虽直接由"帝国大学"统一管理，但其教学和行政管理方式完全不同。一直到 19 世纪末，法国均以学院为核心展开"大学教育"，但"相较于大学校，

---

① 这些学校包括路桥学校和工程学校，它们之后统归为中央公共工程学校，即 1794 年成立的综合理工学校（École polytechnique）的前身。

学院并未受到国家的特别重视"（【M1 Jorge】）。① 贺国庆等人在追溯拿破仑时期的法国"大学"改革时指出，取缔 22 所传统大学并建立若干功利主义色彩浓厚的高等专科学校，以服务于帝国的军事、经济和政治发展，切实满足了国家利益的需要。这种改革短期内确有成效，但彻底抛弃大学传统也为法国高等教育的衰落埋下了伏笔。②

如今，在大众与精英分野的高等教育"双轨制"下，资源分配不均致使法国大学在人才培养方面难以发挥实力。法国公立大学由于不收学费并主要接受政府拨款，因此经费资源贫乏；而"大学校"学费高昂，且受到政府和企业相对更多的资助，因此教育资源充足。同时大学招生不设选拔制度，生源参差不齐，学生留级现象严重，毕业生就业困难，教学质量堪忧。这些因素更使得大学在人才培养方面无法与教育资源充足、招生严苛、生源优质、声誉斐然的精英"大学校"相抗衡，③ 且社会固化问题严重。

---

① 1870 年法兰西第三共和国建立。新政府开始反思战争并投入到对德国的研究中。在此期间政府重建教育部，并掀起了一次大学改革的浪潮，即法国高等教育借鉴柏林大学的发展模式，从以颁发文凭为目标转变为知识生产与传播的研究机构。法国在 1896 年 7 月 10 日颁布《国立大学组织法》，宣布每个学区内的五大学院组成一所大学，并给予大学法人资格；同时将学院委员会更名为由学区长、学院院长、学院其他代表和校外代表组成的大学委员会（Conseil d'université）。但事实上，这场创建"真正"大学的运动并未使法国大学出现翻天覆地的变化。因为它仅是将五个学院集合在一起，大学委员会并无实权，大学一级的行政和学术权力均十分有限。学院原来就享受的特权也并未受到"侵害"，它们依旧保持着各自的特色和组织形式，且其运转继续独立于大学校长的领导。反而国家垄断大学头衔促使中央集权的大学系统和管理出现分化，而且与"大学校"系统产生了密不透风的隔阂（Séparation étanche）。史学家安托尼·普罗斯特（Antoine Prost）指出，"在过去的组织机构中，大学只是学院的叠加，真正的权力握在学院院长的手中。在院长之下，各学科、系、所或其他组织形式毫无真正的权力，也没有任何预算可供管理。院长之上，学区长作为国家官员主持大学委员会，但只发挥大学代表的标志性作用"。"大学"的学院分散在各地且延续着各自为政的传统。因此，学者缪斯兰将大学发展的这一阶段称为"学院共和国"时期。她认为在这个阶段，法国拥有的只不过是"一幅大学的空壳"。可详见：George Weisz. Le Corps Professoral de l'enseignement Supérieur et l'idéologie de la Réforme Universitaire en France, 1860 – 1885. Revue Francaises de Sociologie, 1977, (2): 55. Piobetta J B. Les institutions universitaires en France [M]. Presses universitaires de France, 1961. Forest Frédéric (dir.), Les universités en France. Fonctionnement et enjeux [M]. PURH, 2012.

② 贺国庆，何振海：《传统与变革的冲突与融合——西方大学改革二百年》，载《高等教育研究》，2013（04）。

③ 张梦琦：《法国高等院校组织变革的动因、路径与制度设计——以"大学与机构共同体"为例》，载《高教探索》，2017（2）。

（二）高等教育机构与科研机构的分离

由于15—16世纪法国大学出现观念保守与发展滞后等问题，弗朗索瓦一世（François I）在大学系统外（甚至可以说为了反对大学）于1530年建立了法兰西学院和枫丹白露皇家图书馆，通过译介拉丁语、希腊语等著作推动人文思潮在法国的传播。他还创建了国王花园（Le Jardin du Roi），即后来的自然历史博物馆（集教育与科研于一身的大机构），为法国自然科学的发展奠定了基础。这些做法非但没有刺激法国大学做出变革，反而在16—18世纪的启蒙时代，大学与以理性哲学和科学精神为基础的思想运动产生了严重脱节。特别是在"帝国大学"时代，政府对研究和创新等活动并不关心，对个人的首创实践和知识分子的社会交往更是置之不理。拿破仑的中央集权与国家"大学"模式很快出现弊端：如教学设计单一且过于精细，知识被严重分化，科研创新功能丧失等。[1] 同时，"大学校"以培养社会精英为己任，也并不重视科研工作。

在科研方面，17世纪的"柯尔培尔主义"（Colbertisme，也称重商主义）对法国科学研究系统产生了较大影响。科学研究领域的"柯尔培尔主义"强调集权管理，重视国家与政府的作用。[2] 同时，在尼古拉·德·孔多赛（Nicolas de Condorcet）和约翰·亨利·纽曼（John Henry Newman）教学与科研分离的理念下，法国最终选择了与德国洪堡大学教学与科研一体迥异的路线，即在大学与私人机构之外建立大型公共科研机构。法兰西第三共和国总统于1939年颁布法令，成立国家科学研究中心（CNRS）。作为在二战中诞生的公共机构，国家科学研究中心汇集了所有国家机构（无论任何学科专业，也无论是基础型研究还是应用型研究），并从国家层面协调全国科研工作。[3] 在科研的集权管理下，法国政府农业领域设立了农业科学研究院（INRA），卫生领域创立国家卫生及医学研究院（INSERM），核能与军事领域建立原子能总署（CEA）

---

① Pierre Balme, Jean-Richard Cytermann & Michel Dellacasagrande, L'université Francaise: une Nouvelle Autonomie, un Nouveau Management, Presses universitaires de Grenoble, 2012, p. 27 – 28.

② Jean-Alain Héraud, La Recherche en France[EB /OL], http://www. evoreg. eu/docs/files/shno/Note6. pdf. , 2016 – 12 – 01.

③ Un peu d'histoire du CNRS, http://www. cnrs. fr/fr/organisme/histoire. htm, 2017 – 03 – 10.

等机构。①

随着第五共和国的建立，大学及其他高等教育机构逐步开展科研活动。法国还从 1966 年起支持国家科研中心进行结构改革，即创建联合单位，在大学内部设立实验室。科研人员的管理和经费均由国家科研中心负担。② 目前，很多以国家科研中心为首的科研机构的实验室均设在大学，并借助大学的科研设备和博士生推动研究工作。但这些合作并不能掩饰法国所形成的大学、"大学校"和科研机构三足鼎立、各行其道的高等教育与科研体系。大学虽开展一定的科研工作，但研究经费不足、研究团队人心涣散、优质生源短缺等问题使得大学难以为其科研发展提供高质量的后备学术人才，继而影响了大学的科研氛围。从 20 世纪末起，大学与科研机构的协同合作并不能使大学独享科研成果。加之科研机构碍于人、物和财力不足，无法完全满足大学发展科研所需，故二者合作的整体效能也十分有限。因此，大学的科研实力依旧比较落后，甚至在某种程度上缺乏人才培养与科学研究及其成果转化之间的天然链条。因此，法国大学的知识创新与科技发展创新之路严重受挫。③ 80 年代以来，随着国际化和国际竞争的加剧，法国这一公共科研系统的弊端暴露得更为明显。尽管法国不断促进教研协同创新改革，但其成效显现的过程通常较为缓慢。④

二、大学组织管理碎片化的遗产

从 19 世纪末至 20 世纪初的法国高等教育与科研发展过程中，政府也逐渐意识到需要将教学与科研进行融合，并倡导大学进行自治。但根深蒂固的中央集权管理和长久以来形成的学院权力难以消弭，任何改革似乎都显得疲软。直到 1968 年法国爆发震惊世界的"五月风暴"。这场

---

① 王晓辉：《法国高校协同创新政策与实践》，载《清华大学教育研究》，2014（04）。

② Un peu d'histoire du CNRS, http://www.cnrs.fr/fr/organisme/histoire.htm., 2017-03-10.

③ 张梦琦：《法国高等院校组织变革的动因、路径与制度设计——以"大学与机构共同体"为例》，载《高教探索》，2017（2）。

④ 王晓辉：《法国高校协同创新政策与实践》，载《清华大学教育研究》，2014（04）。

"大地震"直接导致总统戴高乐下台，也彻底撼动了法国的高等教育。从此，法国大学走上了碎片化的发展道路。

20 世纪 60 年代以来，随着教育民主化运动的发展和由"婴儿潮"导致的适龄大学生人数的激增①，法国政府一方面创建新大学②，加强校企联系，以适应社会经济发展的需要；另一方面扩大对青年教师的招聘。但僵化的管理体制并未得到改善。从大学角度出发，其教学方式以讲座制为核心展开，由于学生人数和知识量的增加，讲座也相应增多，它们不仅肢解了学院和大学，也使学科四分五裂；③ 教授权威独大，年轻教师或低职称教师没有机会发挥作用；教学内容受资深教授审定，忽视学生兴趣与就业市场需求；学院机构相互独立，管理人员数量有限无法适应学生人数增多所引发的新需要。④ 从整个高等教育体系讲，政府对高等教育的财政投入有限，大学资源短缺；精英与民主并重的改革政策和时任教育部部长米歇尔·富歇（Michel Fouchet）推出的三阶段培养模式使大学生产生危机意识；保守的教育制度和持续走低的毕业率和就

①　1900 年法国大学生人数约 2.9 万，1930 年约为 7.8 万人，1950 年约为 13.7 万人，1968 年飙升至 58.7 万人，而在 1985 年，法国大学生人数已近 100 万。1900—1945 年间法国大学的学生数增长了 3 倍，在 1945—1970 年间大学生人数增长了 7 倍。可分别详见：邢克超：《战后法国教育研究》，南昌：江西教育出版社，1993，第 177 页。Antoine Prost. Education, Education, Société et Politiques. Une Histoire de l'enseignement en France（de 1945 à Nos Jours），Paris：Éd. du Seuil，1997，p. 139.

②　新大学主要指为生产、应用研究和服务类等行业培养职业技术人才的大学技术学院（IUT）。大学技术学院是法国开展短期高等教育的主要学校，全法现共有 114 所。IUT 与法国大学内其他学院类似，属于综合性大学的一部分，但只负责高等教育第一阶段职业方向的培养工作，而且 IUT 在录取和教学安排以及学制上（高中会考后只需接受 2 年高等教育）有其独特性。

③　［美］伯顿·克拉克：《高等教育系统——学术组织的跨国研究》，杭州：杭州大学出版社，1994，第 209 页。

④　陈学飞，王晓辉等：《美国、德国、法国、日本当代高等教育思想研究》，上海：上海教育出版社，1998，第 205－206 页。

业率，都使得大学生对当局产生不满。① 当不满终于达到顶峰，大规模学生运动便爆发了：1968 年 3 月 22 日巴黎西北郊的楠泰尔文学院（Université Paris Nanterre，后亦称巴黎第十大学）② 的学生首当其冲，5月 12 日学生运动占领索邦大学，之后危机蔓延至整个大学界。

"五月风暴"后，政府的高教整顿改革呼之欲出。转变管理体制、扩大大学自主权成为改革的鹄的，并一直贯穿至今。1968 年 11 月 12日，在教育部部长埃德加·富尔（Edgar Faure）的主持下，法国出台《高等教育方向指导法》（或称《富尔法案》），并确立了大学"自治、参与和多学科"的三大发展原则。"自治"原则就是允许大学决定自己的行为，即决定各学科教学活动及教学方法、科研项目、行政事务与财务管理。"参与"原则不仅允许学校的所有成员可以通过其代表对大学工作提出意见，而且还规定必须有校外各界代表的介入，以使大学与社会保持联系。③ 这一规定促使以学院为核心的大学组织形式有所松动，也使大学的管理权逐渐转移到了代表委员会的手中。"多学科"原则指在每个学区内可以建立一所或多所大学，每一所大学内部集中多种学科，打破单科学院间的藩篱、加强彼此联系，同时学校可拥有一个占优势的专业领域。这一原则也是法国大学进行重建的主要依据：在 1969—1970 年间，法国的 23 所大学被纷纷解散，并将相近学科整合在同一个教育与研究单位（UER）④ 中，而教育与研究单位再被划分为较大"整

---

① 这种危机意识和不满情绪也来自法国当时的政治社会背景和思想文化革新，之后又不断扩大、升华，甚至发展为一个社会问题。由于 20 世纪 60 年代，法国的工业化迅速发展，与此同时，法国的国家角色在社会发展中却一直暧昧不清。正如夸特罗其等人在《法国 1968：终结的开始》一书中所指出的：国家机器成为矛盾的综合体，既中央集权，又结构涣散；既现代，又老旧；既伟大，又渺小；既自由，又权威……（而）学生运动成功地将政治上的抗争与文化上的反叛结合为一种社会的运动。米歇尔·罗伊（Michel Lowy）在其著作《五月风暴的遗产》中也指出，"五月风暴"爆发的一个主要原因就是来自那些对未来充满了幻想的青年学生"反对旧有秩序、资本主义制度、资产阶级社会的野蛮等级、宗法家庭、殖民和帝国主义战争的强烈愤怒。这种怒气伴随着对于权威、官僚机构和政党的深深不信任"。可分别详见：［意］夸特罗其，［英］奈仁著；赵刚译. 法国 1968：终结的开始［M］. 北京：生活·读书·新知三联书店，2001. 14－15.［法］米歇尔·罗伊著；郑亚捷译. 五月风暴的遗产［J］. 国外理论动态，2009（Vol 3）. 70－71.

② 该校为分流索邦大学学生人数于 1964 年而建，主要继承索邦大学的文学和人文科学学院、法律与经济学院。

③ 王晓辉：《法国大学治理模式探析》，载《比较教育研究》，2014（7）。

④ 20 世纪 80 年代，政府在《萨瓦里法》中将教育与研究单位更名为教学与研究单位（UFR）。

体"以汇集不同领域的知识，促进科研互补。在此基础上法国重新组建了 67 所新大学。新的 UER 可以包括几个科系，也可以作为单独的科系存在。它们有的以全新格局取代传统学院，有的不过是用新名字将学院改头换面。① 如王晓辉曾指出，改革虽打破了原来各学院之间的封闭状态，但学科间的对立仍然存在。② 邢克超则认为 1968 年的这场大学组织变革不过是"从学院到学院联邦"的转变。③ 此外，法国每所大学的学科定位与 1968—1971 年大学的分化—重构（scission-recomposition）改革密切相关。多学科大学因此数量众多，且一些大学围绕二元结构设立学科，如科学与健康、科学与文学、医学与法律、法律与文学。④ 也有十几所大学的学科设立范围达三到四种，但与真正的综合性大学相比，法国的大学学科设计依然十分局限，大学也并不一定是"跨学科"的。因此多学科原则的划分——重构方式，往往也导致那些对经济发展更有利的学科进行抱团。

　　总体上，《富尔法案》打破了法国大学中教授一统天下的治理结构，甚至可以说，从这一阶段开始法国才建立起真正的现代大学。⑤ 但不可否认的是，改革肢解了大学学科的完整性，致使法国出现多所大学，更使法国开始以学科碎片化的方式管理大学。大学由 UER 组成，并成为 UER 的共同服务机构。虽然它们在一定程度上打破了传统大学存在的学科障碍，开拓了新的研究领域，促进多学科教师—科研人员团队的形成，但只形成多学科结构并不意味着多学科结构可与多学科教学、科研形成完美融合。反而大学解构造成"机构规模小、类型多样、重复设置的特征，成为引发高等教育质量问题的祸根"⑥。

----

① ［美］伯顿·克拉克：《高等教育系统——学术组织的跨国研究》，杭州：杭州大学出版社，1994，第 210 页。

② 王晓辉：《步履蹒跚　依然优秀——巴黎索邦大学创建 800 年之思考》，载《比较教育研究》，2004（08）。

③ 邢克超：《大学发展的一个新阶段——法国高等教育管理十年改革简析》，载《比较教育研究》，2001（07）。

④ Les Etablissements d'enseignement Supérieur, Structure et Fonctionnement, http://www. univ-paris-diderot. fr/DGRH/publication%20brochure. pdf. , 2016 − 05 − 10.

⑤ Christine Musselin, La Longue Marche des Universités Francaises, Presses Universitaires de France, 2001, p. 55.

⑥ 高迎爽：《法国高等教育质量保障体系研究：基于政府层面的分析》，北京：中国社会科学出版社，2014，第 68 页。

三、地方分权改革制度化的延伸

随着 20 世纪 70 年代石油危机的爆发，法国同其他西方国家一样，出现通货膨胀、经济滞胀和公共服务效率不高等问题。但法国政府必须迎接国家现代化、地方民主化、公共行政管理高效率的发展需求，以缓解经济危机和社会不满。社会党出身的总统弗朗索瓦·密特朗在经济上重视加强国家对经济生活的干预，改革经济结构、主张企业国有化、积极扩大就业、增加社会福利等；在政治上，推行以地方分权（décentralisation）为中心的体制改革，充分发挥地方民主，提高行政效率，以逐步改变法国传统的中央集权体制，并在 1982—1985 年推出了声势浩大的分权改革。①

地方分权是与公共服务集权管理相对的概念，其意是指政府"有针对性地向各地方进行分权，在市镇、省、大区和国家之间建立新的职能分配"②。1982 年，法国政府颁布《关于市镇、省、大区权力与自由法》（Loi relative aux droits et liberts des communes, des dpartements et des rgions，又称《德菲尔法》），开启了中央集权向地方分权和国土整治规划（aménagement du territoire）。改革旨在促进法国人口合理分布和地区经济均衡发展，调动落后地区的积极性，促进落后地区经济发展，扭转经济僵局。之后几年中，政府相继出台新的权限分配法，地方政府则在本地区经济发展、社会服务、医疗卫生和文化教育等领域扮演越来越重要的角色。

在教育方面，密特朗也意识到，"高等教育作为一种公益服务应当为地区发展和国土整治规划做出贡献"③。于是，政府在增加科研经费，倡导发展高精尖技术的同时，开始减少对大学事无巨细的控制，特别通过高校经费合同制改革落实分权管理的目标。进入 20 世纪 90 年代，随着高等教育大众化的"持续发酵"，左右共治时期的政府继续推动高等

① 上官莉娜，李黎：《法国中央与地方的分权模式及其路径依赖》，载《法国研究》，2010（04）。

② Jakcy Simon, Catherine Szymankiewicz, etc., Organisation et Gestion de l'éducation Nationale, Paris：Berger Levrault, 2014, p. 249.

③ ［法］雅基·西蒙，热拉尔·勒萨热：《法国国民教育的组织与管理》，北京：教育科学出版社，2007，第 192 页。

教育的地方分权，即在临近法国大型城市的中型城市内设立大学的分站点（antennes universitaires），专门接收大学一年级新生，以减轻大城市中大学的学生人口压力。① 同时，政府推出"法国大学现代化计划"（Plans de modernisation des universités Françises），一方面在地方增建校园场地，另一方面为巴黎及其近郊的大学改善硬件设施和公共服务。

（一）合同制管理的建立

1984 年法国政府出台《高等教育法》（Loi de l'enseignement supérieur 或称《萨瓦里法》），推动培训的职业化、加强各层次教学与科研的紧密联系、促进继续教育融入普通大学教育、鼓励大学各项活动嵌入地方发展和推进大学与国家建立合同化关系。② 《萨瓦里法》赋予大学在财务方面更多的自主权，即大学不仅通过中央政府，也可以通过地方行政区域团体（Collectivités locales）和企业获得经费；大学可根据大学生的注册人数、大学的建筑面积和各学科的师生比例等标准支配国家拨给的经费和设备。同时，该法要求大学需通过与国家签署为期四年的学校发展合同（Contrat d'établissement）获得拨款资助。法律规定，大学应本着信守合同的原则，确定自己的教学、科研和文献资源管理政策，并且可把其纳入大学与国家签订的多年合同中。合同中应规定大学承担的义务和国家为此提供的经费与人员编制。③ 1989 年，四年合同扩展到大学的教学、学生生活、国际合作、校园资产管理等各个领域。法国通过合同协商的方式调整了政府对大学的管理模式，大学也通过与政府开展平等对话而强化了其机构身份，特别是校长作为大学组织的总代表在与国家进行沟通时强化了其自身权威，从而削弱了长期以来法国大学内部学院与教授的垄断地位。

盖伊·尼夫（Guy Neave）认为，1984 年《萨瓦里法》不仅解决了院校中外部人员的介入程度，教师与学生间的权力平衡等问题，同时把院校内的管理和权力放在了将高等教育的驱动力与依靠市场相结合的轨道上。④ 从此，法国高等教育的发展逐步向市场转变。

---

① Jaques Minot, Histoire des Universités Francaises, Paris, PUF, 1991, p. 107.

② Jaques Minot, Histoire des Universités Francaises, Paris, PUF, 1991, p. 80.

③ LOI n°84-52 du 26 janvier 1984 sur l'enseignement supérieur, https://www. legifrance. gouv. fr/ affichTexte. do? cidTexte = JORFTEXT000000692733,2016－06－30.

④ ［荷兰］弗兰斯·F. 范富格特：《国际高等教育政策比较研究》，杭州：浙江教育出版社，2001，第151页。

（二）大学现代化计划的系列性举措

在推动法国大学的现代化发展过程中，政府首先将增建高校和扩大校园基础设施建设作为 2000 年之前的高等教育发展目标，并于 1990 年推出了"2000 年大学"计划（Plan U2000）。"U2000"计划是中央政府联合地方政府与企业，以经费资助方式对法国大学进行地方整治的一项重要举措。起初，政府承诺将对高等教育未来五年（1991—1995 年）的发展投入共计 320 亿法郎资金。1994 年，在"国家—地区规划合同"（Contrat de plan État-région）框架（1994—1999 年）下，政府又追加到400 亿法郎（原计划的实际投入为 166 亿法郎，国家—地区规划合同中对计划的投入经费达 237 亿法郎），[①] 并新建了总面积达 350 万平方米的新校园。其中包括 8 所新大学[②]，在 150 个中等城市发展了 24 所大学技术学院和 196 个大学技术学院的下属系所，以及 7 个欧洲大学集群（Pôles universitaires européens）[③]。

---

① Dupont J. Léonce. Rapport d'tinformation n° 213（2002 - 2003）- Voyage au bout de l'timmobilier universitaire, http://www. senat. fr/rap/r02 - 213/r02 - 213. html., 2016 - 12 - 23.

② 法兰西岛共四所：巴黎西北郊瓦尔德瓦兹省塞吉—蓬多瓦兹大学（前身属于巴黎第十大学）；巴黎南郊的埃松省埃夫里—瓦尔德艾松大学（前身属于巴黎第十一大学）；巴黎东南郊的马恩—拉瓦莱大学（前身属于巴黎第七大学）；巴黎西南郊伊夫林省圣康丁昂伊夫利纳—凡尔赛大学（前身属于巴黎第十大学）。还有法国北方的阿尔图瓦大学、滨海大学；大西洋沿岸的拉罗谢尔大学、南布列塔尼大学。

③ 截至 2006 年，欧洲大学集群先后共建有 11 所，分布在斯特拉斯堡（集群包括斯堡市的三所大学，1991 年建）、格勒诺布尔（包括格市三所大学、格勒诺布尔综合理工学院、国家信息与自动化研究所等，1992 年建）、南锡—梅斯（包括南锡市两所大学、梅斯大学、洛林综合理工学院等，1993 年建）、蒙彼利埃（蒙彼利埃市三所大学、尼姆大学等，1994 年建）、图卢兹（图卢兹市的三所大学、图卢兹综合理工学院等，1995 年建）、里昂（里昂市三所大学、里昂高等师范学校、两所中央理工学校等，1995 年建）、波尔多（波尔多市四所大学、波尔多综合理工学院等，1997 年建）、冈城（包括卡昂大学、勒阿弗尔大学、鲁昂大学和冈城国立高等工程师学校等，1998 年建）、巴黎南郊（巴黎第十一大学、凡尔赛大学、巴黎中央理工学校等，1999 年建）、雷恩（雷恩市的两所大学和雷恩应用科学学院等，2001 年建）和里尔（里尔市三所大学、瓦朗西纳大学、阿图瓦大学和与国家科研机构有合作关系的里尔市"大学校"等，2002 年建）。高等教育部决定建立欧洲大学集群的最初目的是强化企业政策的落实，以充分挖掘法国的教育与创新潜力。同时认为欧洲大学集群能够加强法国在欧洲高等教育与科研中的地位并使法国各地的校园进一步被大众所熟知。详见：Mise en Place des Pôles Universitaires et Européens, http：//www. senat. fr/questions/base/1994/qSEQ941108722. html., 2016 - 12 - 20.

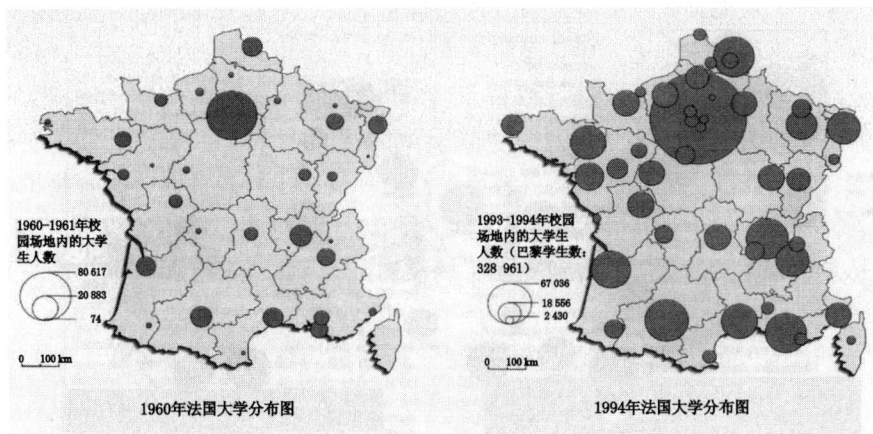

图 3 - 1　1960 年与 1994 年法国本土大学分布对比图

资料来源：Brocard M., Herin R. Joly J. (dir), Formation et Recherche -Atlas de France, Volume 4, Paris: la document francaise. 1995, p. 68.

　　伴随"U2000"计划的落实，"大学分布图"这一概念进入公众视野。图 3 - 1 反映了法国 1960 年和 1994 年法国本土大学的布局变化。从中可以发现，随着学生人数的增长，法国新增的大学主要分布在巴黎市的外围，即法兰西岛地区；法国以西北地区（以布列塔尼为核心）的大学生密度明显增多，则反映出该区域的大学数量也有增加。米里亚姆·巴伦等人将巴黎的大学分布变化情况称之为从巨物到巨型地区（指法兰西岛）的结构化/组织化（du monstre à la structuration d'une 《Méga - région》）；而将西北地区高校的聚集喻为地方领土整治的试验田（laboratoire de l'aménagement du territoire）。[①]

　　其次，雅克·勒内·希拉克当选法国总统后继续推动地方分权，扩大高校的办学自主权。1998 年年底，时任教育部部长克劳德·阿莱格尔（Claude Allègre）宣布在"U2000"计划基础上推出"第三千年大学"计划（Plan U3M），旨在加强高等教育、科学研究和企业发展之关系，继续调整大学区域布局和修缮教学硬件设备。同样，在"国家—地区规划合同"框架（2000—2006 年）下，政府与地方继续合作，共同投入

---

　　① Myriam Baron & Loïc Vadelorge, "Les Universités Parisiennes dans la Tourmente des Regroupements," Métropolitiques, 2015, p. 1 - 6.

近 450 亿法郎。其经费投入以改善大学生生活，组建大学网络并向国际开放，平衡地方领土，建立面向企业的技术平台为原则。[①] "U3M" 计划还建议将校际的不动产进行 "重组"。即通过将全国各高等学校按八大省区划分为 "省区大学集群"（Pôles universitaires provinciaux），制定新的大学分布图。这是法国高等教育史上第一次提出对各类高等教育机构进行整合。但由于省区大学集群将可能依附于地方政府团体的权威，容易导致大学间的竞争，遭到大学生的反对。[②] 因此，重组最后也并未被提上具体日程。

总体来看，"U2000" 和 "U3M" 计划成为强化大学自主权、鼓励地方政府参与高等教育发展、大学逐步走向开放性和国际化的重要改革。两项计划第一满足了地方经济发展的需求，也拉开了法国大学校园兴建的序幕；第二实现了政策协商从中央走向地方，强化了通过合同契约与多方行动者合作推动改革的高等教育发展方向；[③] 第三结束了大学游离于城市之外的 "漠然状态"，重塑了法国大学与地区的关系和大学与地方进行平等对话的平台；第四打破了国家对大学进行单向度的资助体系，使大学经费来源更加多元化，更构建了政府—大学—社会多方参与的大学治理框架；第五推动了法国大学开始寻找与市场及社会的有效对接，并 "在类似市场的环境中试图确定自身位置以适应环境"[④]；第六更促进了大学分布图的出现和政府希望避免大学继续向碎片化发展的意图。

四、欧洲一体化与高等教育国际化的冲击

在世纪之交，高等教育作为知识经济时代下，社会发展所不可忽视

---

① Nouveau Plan de Développement des Universités U3M 11e Législature, https：//www. senat. fr/ questions/base/1998/qSEQ980306802. html, 2016 - 10 - 19.

② Pions et Anti-Attali au Rectorat, http：//www. ladepeche. fr/article/1998/11/20/210582-pions-et-anti-attali-au-rectorat. html, 2016 - 10 - 19.

③ Aust, Jérôme, "Le Sacre des Présidents d'tuniversité. Une Analyse de l'tapplication des Plans Uniersité 2000 et Université du Troisième Millénaire en Rhône-Alpes," Sociologie du travail, 2007 (49), p. 220 - 236.

④ ［英］玛丽·亨克尔，布瑞达·里特：《国家、高等教育与市场》，北京：教育科学出版社，2005，第 20 页。

的重要引擎之一，在提供人力资源与知识创新方面发挥着积极作用。法国也亟待回应高等教育国际化、民主化和现代化的发展需求，以及全球高等教育市场的激烈竞争。正如阿莱格尔所强调的，法国要迎接 21 世纪灰色物质时代欧洲发展一体化、国际交流世界化和科技加速发展带来的挑战和压力，高等教育无疑是关键环节。

一方面，法国随着欧盟的建立和地区化建设的推进，积极策划和参与欧洲高等教育一体化建设。1998 年，法国著名政治、经济学家雅克·阿达力（Jacques Attali）在阿莱格尔的委托下，成立高等教育改革委员会，并出台调查报告《为了高等教育的欧洲模型》（Pour un module européen d'tenseignement supérieur）。该报告建议通过推广对精英和大众两个高等教育系统都具有约束力的分级式大学学制及学位体系，将法国各类高等教育机构颁发的文凭划分为三类：学生获得高中会考文凭后，经过 3 年学习，可发放关乎就业的学士文凭，使他们走上职业生涯；经过 5 年学习，可向两系统内学生发放同样的硕士文凭，以逐渐消除高校中"精英倾向"与"大众倾向"间的差异；经过 8 年学习，可通过不同类型高校的"联邦制"和一体化的博士生培养，向学生颁发博士文凭。[①]由此，可将以往截然分开的两条职业道路——在高校工作或从事科研（针对大学毕业生）与在国家高层管理部门工作（针对"大学校"毕业生）互相打通，增加灵活性。[②]

2002 年希拉克连任法国总统。这一时期，法国受国际宏观经济疲软的影响，其经济增长开始明显放慢，但国有企业实现了私有化；欧洲地区继续深入一体化建设，并开始使用欧元，但随着欧盟成员国的增加，法国在其中的影响力下降。然而总统希拉克的连任为高等教育的政策保持连续性发展提供了有利环境。法国早前推出的学制改革思路被欧洲教育部部长会议接纳，并成为"博洛尼亚进程"中的重要发展项目。法国也于 2002 年开始全面推动"博洛尼亚进程"改革，继续深化统一学制改革（3—5—8 学制改革，或 LMD 改革）和建构学分互认体系，促进欧洲内部的人员和学术交流等，从而推进欧洲高等教育区的建立。上述改

---

① Jaques Attali. Pour un Modèle Européen d'enseignement Supérieur, http://www.daniel-huilier.fr/Administration/Textes_Officiels/Rapport_Attali_1998. pdf,2016 – 10 – 04.

② 于尔根·施瑞尔，赵雅晶：《"博洛尼亚进程"：新欧洲的"神话"？》，载《北京大学教育评论》，2007，第 5 卷，第 2 期。

革有效打破了法国划分过细的学科设置，使大学课程得以重新梳理、整合，增强了不同高校间的联系，同时减少了欧洲境内学生与学者开展学术流动的障碍，使法国继续向欧洲化，乃至国际化迈进。

另一方面，在全球化和国际竞争的冲击下，法国传统的高等教育与科研模式直面根基松动的危险。受世界经济全球化和市场自由化的推动，高等教育资源得以在国际间加速流动。各国需充分利用国内和国际教育市场，优化配置本国的教育资源，培养具有国际竞争力的高素质人才，以抢占世界高等教育的制高点。但因受语言的限制，法国大学丰富而灿烂的人文社会科学研究在全球得不到迅速扩展和承认，大学对国际学生和世界尖端人才的吸引力有限；因受集权管理的束缚，法国的大学市场缺乏自由竞争的活力，大学更难以在双重割裂的教育制度中培养出具有全球意识的优秀人才。在此背景下，法国不得不转变高等教育的目的和功能以应对全球化的冲击。

从 20 世纪末开始，高等教育的质量和大学声誉问题开始受到国际社会的关注。2003 年，上海交通大学对世界大学进行的学术排名震动全球高等教育界。① 世界大学学术排名（ARWU），这一衡量世界最优高等教育学府的"雷达"几乎让法国包括大学在内的所有高等院校"蒙羞"。② 法国在大学评比中表现不佳，③ 更促使法国人开始检视高等教育中存在的问题：当面对以优秀人才和高新技术为主的高等教育国际竞争时，法国的人才培养模式和科技创新能力并未显示出巨大优势。同时，法国大学的国际声誉有限，在对国际人才的吸引力、科研竞争的实力方

---

① 此后，世界其他国家的相关机构以此为标杆相继推出世界大学排行榜。除上海交通大学世界一流大学研究中心研究发布的世界大学学术排名外，世界大学主要排名机构及榜单还有：如泰晤士报高等教育（Times Higher Education）发布的全球大学声誉排行榜，教育组织 Quacquarelli Symonds（QS）所发表的年度世界大学排名，西班牙国家研究委员会网络计量研究室 Webometrics 世界大学排名，荷兰莱顿大学研究发布的世界大学排名和全球高校网（4 ICU）发布的世界大学排名等。各大排名机构的排名标准和方法各不相同各有侧重。

② Anne Mascret. Enseignement Supérieur et Recherche en France：une Ambition d'texcellence，Paris：La Documentation Francaise，2015，p.8.

③ 法国大学中排名最靠前的巴黎第六大学仅排在第 65 位，之后分别是巴黎第十一大学（第 72 名）、巴黎高等师范学校（前 151 名）和斯特拉斯堡大学（前 151 名）。所以跻身前 100名的大学只有两所。详见：Academic Ranking of World Universities 2003［EB/OL］. http://www. shanghairanking. com/ARWU2003. html［2016 - 12 - 20］.

面更逊于美、英等高等教育强国。① 上海交大的排名基于 6 项指标，主要以科学研究为依据，② 学生就业及其毕业后的工资都不被考虑在内，这对法国大学非常不利。"双轨制"的教育系统，被国家科研机构所分化了的科研力量，大学规模小、学科分散的碎片化发展并未成为法国的竞争砝码，反而"阻碍"了法国高等教育和科研实力的彰显。

此外，伴随新公共管理思想在法国公共教育管理中的不断深入，绩效评估与市场竞争机制也进一步影响法国高等教育，并成为政府提高科研效益和高等教育国际竞争力的重要工具性措施。③ 2004 年，法国经济分析委员会（Conseil d'analyse économique，CAE）发布《教育与增长》（Éducation et Croissance）报告，并指出在促进宏观经济和制度增长手段中，经济发展水平很大程度上有赖于教育制度，法国需要从"补偿型经济"体制向"创新型经济"体制迈进。该报告建议法国大学模式必须优先加强"教学、科研和价值化"三者间的联系，同时给予大学更多自治权，使其可自行制定发展计划，紧密推进科学研究和实践应用方面的联系。④ 同时，公共行动的地方领土化，欧洲地区一体化和高等教育国际化的大变革等多重因素最终促使法国政府将对自身高教体制的反思付诸具体的改革。

第二节　大学合并重组的群像图景

法国于 2006 年颁布《研究规划法》（Loi de programme pour la recherche），并开始推动全国性的高等教育与科研机构整合。从高等教育与科研集群（PRES）的建立，到大学自治改革的确立；从大学合并的出现，再到大学与机构共同体（ComUE）和高校联合会（Association à un EPSCP）合法地位的确立，这项轰轰烈烈的院校组织变革运动已历经

---

① 张梦琦：《法国高等院校组织变革的动因、路径与制度设计——以"大学与机构共同体"为例》，载《高教探索》，2017（2）。

② 部分标准包括：学校毕业生及研究人员中获得诺贝尔奖和菲尔兹奖的数量，在所属学科中科研成果被引用率最高的研究人员数量，在《自然》和《科学》期刊中发表的文章数量等。

③ 高迎爽：《从集中到卓越：法国高等教育集群组织研究》，载《清华大学教育研究》，2012（01）。

④ Philippe Aghion，et Elie Cohen，"Éducation et Croissance，" http://www.cae-eco.fr/IMG/pdf/046.pdf，2016－12－30.

十多年的发展。其中，总统弗朗索瓦·奥朗德上台后为强化高等院校重组改革、加强大学同行共治（Collégialité）的传统，于 2013 年出台《高等教育与研究法》（Loi relative à l'tenseignement superieur et la recherche）以推动自 2006 年《研究规划法》以来的大学自治改革，以及高等教育和研究机构的整合，从而形成了以大学合并重组为核心的院校布局图景。①

一、院校重组的产生与发展

（一）院校重组的兴建阶段

2006 年 4 月出台的《研究规划法》，作为总统希拉克在执政尾声的科研改革政策，主张通过建立高等教育和研究集群、先进专题研究网络（RTRA）和健康专题研究中心（CTRS）②，重组公共科研，促进法国不同高等教育机构和研究机构之间的交流与资源共享，以及"学校—实验室—企业"的一体化发展。其中，高等教育和研究集群（下简称"集群"）是将同一区域内的大学、"大学校"和科研机构进行整合，各院校在集群框架下开展教学和科研合作。

集群隶属于法国教育部，并接受有关校园基础设施建设和科研合作发展拨款（具体情况详见本目第二点）。它是具有国家公立科学合作机构（EPICS）性质的实体单位，建立的目的在于集中教育资源，扩大学校规模，通过发展教学与科研合作活动，从而发挥各院校协同作用、产

---

① 由于本书是以法国的大学视角出发，因此对"大学校"、科研机构在参与院校合并重组中的情况不过多着墨。

② RTRA 和 CTRS 均属于科学合作基金会（La foundation de coopération scientifique，FCS）性质的"研究型校园"（Campus de recherche）。RTRA 负责组织并领导按某一方面或多个研究领域建立起的各种科研"卓越"计划；CTRS 则旨在推动医疗合作事宜，促进医院和大学间的互动，并共同决定与健康医疗领域相关的科研"卓越"计划。这些计划均由法国或欧洲境内多所公、私立学校或科研机构共同探讨与合作实施。其他企业、地方行政团体和协会也可参与研究网络的联合活动。研究网络设立的目的虽各不相同，但都将各科研单位并与大学中的博士学校（École doctorale）建立了联系。两类机构在一定程度上建立起了不同类型院校间的专项科研合作。其中，2006—2007 年法国共建立 13 个专题研究网络，共投资 2.552 亿欧元。不过 2010 年法国审计法院公布调研报告，认为 RTRA 除国家和创始机构的资助外，并没有获得更多的私人捐赠。特别是 2007 年政府颁布《大学自由与责任法》，并开始推出博士合同和未来投资计划后，RTRA 并未像预想的那样在提升法国科研水平和推动其成果转化方面取得明显效果。之后政府也没有就 RTRA 和 CTRS 项目提出进一步规划。

生动力效应、满足地方（发展）需要、推动公共利益并使法国各类院校更具能见度。① 在新任总统尼古拉·萨科齐的积极主张下，集群得到迅速发展。从 2006 年至 2013 年，法国共批准建立了 27 个集群（名单详见附录 3）。② 有一些集群是从部分欧洲大学集群直接发展而来，也有一些是在 2007 年以后得以兴建。

　　法国地方院校组建的集群主要依照地缘临近原则而设。如里昂（联合）大学包括里昂市的三所公立大学、里昂高等师范学院和里昂综合理工学院。但大巴黎地区的集群设立情况相对复杂。巴黎市郊的南巴黎大学和东巴黎大学是被政府首批确定而建的集群；巴黎市的三大集群（巴黎西岱联合大学、索邦联合大学、高等研究—索邦—艺术与工艺大学集群）则根据法国国家科研中心主任伯纳德·拉鲁杜鲁（Bernard Larrouturou）的《巴黎高等教育发展报告》建议得以确立；③ 巴黎市内的"大机构"类学校因其治理方式类似且声誉良好，便较为顺利地形成了巴黎科学与文学—拉丁区集群；西大巴黎（地区）大学则集结了其临近的大学和"大学校"。最后巴黎第八大学因"五月风暴"中"极左"思想盛行，学校内部治理分散而被"孤立"；巴黎第十大学因学校规模大引发周边"小"大学担心，加之作为"五月风暴的肇事者"，其"名声欠佳"受到部分学校的排斥，最后也错过了与邻近学校商讨建集群的最佳时期。④ 因此，这两所被"遗落"的大学建立了集群关系。

　　在管理上，政府在以法令形式确定每个集群身份的同时，也按照各地集群的自身要求，对其行政组织方式做了基本规定。即设集群校长，建立具有决策性质的行政委员会和辅助型的战略指导委员会（或战略、

---

① LOI n° 2006 – 450 du 18 avril 2006 de programme pour la recherche, https://www. legifrance. gouv. fr/affichTexte. do? cidTexte = JORFTEXT000000426953&categorieLien = id, 2016 – 02 – 20.

② Liste des Pôles de Recherche et d'tenseignement Supérieur, https://fr. wikipedia. org/wiki/P% C3% B4le _ de _ recherche _ et _ d% 27enseignement _ sup% C3% A9rieur#Place _ dans _ les _ r. C3. A9formes_de_l. E2. 80. 99enseignement _ sup. C3. A9rieur_intervenues_entre_2006_et_2012, 2016 – 04 – 01.

③ Bernard Larrouturou. Rapport Final Février 2010 – pour Renover l'enseignement Supérieur Parisien, http://media. enseignementsup – recherche. gouv. fr/file/2009/48/5/arapportlarrouturou _ 121485. pdf, 2016 – 04 – 01.

④ Olivier Monod. "PRES Franciliens: entre Petits Arrangements et Grands Desseins, Universités Orphelines de PRES: les Manoeuvres en Cours," http://www. letudiant. fr/educpros/enquetes/pres-franciliens-entre-petits-arrangements-et-grands-desseins/universites-orphelines-de-pres-les-manoeuvres-en-cours. html, 2016 – 12 – 23.

学术与教学委员会），或建立执行办公室等部门。集群校长通过公开招聘并由行政委员会投票决定。一些集群不允许成员学校校长参选，有些集群则专门从成员学校校长中遴选。集群校长任期1—3年不等，有些可连任，有些则不可，具体由集群的内部章程决定。而校长最终需由教育部正式任命。① 在管理结构上，集群通过一个组织与独立的大学和"大学校"建立起地区性联系。成员学校通过一种战略合作伙伴关系，在集中配置优势资源的过程中提升地区高等教育与科研质量。这对于改变法国公立大学小而散、高等院校之间互相割裂的格局，实现教学与科研资源的优化整合与共享，以及提高各个高等教育机构在国际上的竞争力发挥了杠杆作用。②

集群之路的开启对此后十年法国大学的组织变革产生了重要影响。它不仅成为法国高等教育公共行动融合的发生地，且越来越多的院校机构都参与其中进行决策讨论，便促成多领导（决策）中心主义在法国的形成和发展。③

（二）院校重组的激励阶段："卓越"措施的推动

经合组织（OECD）曾在2007年发布的《法国经济研究报告》中指出，法国高等教育在推动国家治理和加强竞争力方面的作用有限，对经济创新能力的影响不足。④ 萨科齐政府显然已深刻认识到这一点，在他上任后便承诺为高等教育与科研领域投资900万欧元，增强其发展动力。2009年12月，政府又向高等教育与培训领域拨付110亿欧元的公债投资计划，分别用于2008年启动的大学"校园计划（Opération Campus）"、校园修整和萨克雷高科集群等发展计划。

大学"校园计划"旨在从硬件方面支持高等院校和研究机构形成大型教学研究基地，建立具有国际水准的卓越校园，使其成为法国的对外

① 这部分内容主要参考了波尔多大学集群、南巴黎大学集群和巴黎西岱大学集群等几个机构的成立法令。

② 高迎爽：《从集中到卓越：法国高等教育集群组织研究》，载《清华大学教育研究》，2012（01）。

③ Jérôme Aust, Crespy C & Manifet C, et al, "Rapprocher, Intégrer, Différencier. Éléments sur la Mise en Place des Pôes de Recherche et d'tenseignement Supérieur, "Délégation interministérielle à l'aménagement et à la compétitivité des territoires, 2008.

④ Pierre Balme, Jean-Richard Cytermann & Michel Dellacasagrande, L'université Francaise：une Nouvelle Autonomie, un Nouveau Management, Presses universitaires de Grenoble, 2012, p. 33.

橱窗和增强法国大学吸引力的法宝。同时利用改善大学教学与生活条件的机会，进一步改组或重建各类院校。① 该计划的实施预算高达 50 亿欧元（若加上前期调研、评估、启动等项目支出共计 75 亿欧元），首先用于对竞标成功的 12 个高等教育与科研集群②开展大学校园设施改造。即通过为学生、教师—研究人员修建或翻新校舍，提升其教学、科研环境，以增强对国际学生和研究人员的吸引力。③ 此后又确定对 5 个潜力型校园和 4 个创新型校园给予资助。

2010 年，法国政府推出大型国家工程——"未来投资"项目（Investissements d'avenir），以提升法国在高等教育和职业培训、科学研究、工业与中小型企业四个领域中的创新实力、生产效率和企业竞争力。政府专门设立投资委员会负责管理项目投资经费与运作方式。2010—2014 年"未来投资"一阶段项目对高等教育与科研的资助高达 210.9 亿欧元。④ 在整合区域优势资源的理念下，法国政府针对区域高等教育与经济协同发展的科研集群而专门设立大学"卓越计划"（Initiative d'excellence）。该计划作为"未来投资"项目的重要举措之一，在 2010 年一期工程的非固定资产投入高达 63.50 亿欧元，2013 年二期工程的非固定资产投入预算为 40.15 亿欧元。⑤ 此外，政府还相继推出"地方—经济—科学—创新计划（I－SITE）""卓越实验室计划（LABEX）""卓越设备计划（EQUIPEX）"等分属"未来投资"项目的高等教育系列资

① 高迎爽：《从集中到卓越：法国高等教育集群组织研究》，载《清华大学教育研究》，2012（01）。

② 第一波入选该计划的集群或高校有：波尔多大学集群、里昂大学集群、斯特拉斯堡大学、蒙彼利埃南法兰西大学集群、格勒诺布尔部分大学与"大学校"，以及图卢兹大学集群；第二波入选的有：艾克斯—马赛大学集群、巴黎北部的孔多赛校园、巴黎南部的萨克雷校园和巴黎市内若干高校，后又加入里尔部分大学和"大学校"以及洛林校园中的南锡—梅斯大学集群。选拔主要以七方面为标准，即计划的科学与教学目标、不动产状况及其修缮能力、校园生活发展、大学在地区社会经济组织中的融入情况及其活跃地方的能力、环境维度、对残障人士的接受能力和新技术整合能力。

③ Investissements d'avenir: Présentation des Actions, http://www. enseignementsup-recherche. gouv. fr/cid51363/investissements-d-avenir-operation-campus. html, 2016 － 02 － 23.

④ Le Programme d'Investissements d'Avenir: Une démarche exceptionnelle, des dérives à corrige, https://www. ccomptes. fr/content/download/87825/2099203/version/1/file/20151202 － rapport-programme-investissements-avenir. pdf, 2016 － 12 － 23.

⑤ 22 milliards d'euros pour l'enseignement Supérieur et la Recherche, http://cache. media. enseignementsup-recherche. gouv. fr/file/Investissements_d_avenir/21/4/diagramme_160214. pdf, 2016 － 12 － 24.

助计划。大学需要利用所在集群的成员身份，与其他高校或科研机构合作申请项目资金，才能够竞标上述一系列经费支持项目。政府邀请欧洲大学协会主席让－马克·拉普（Jean-Marc Rapp）领导的国际评审团，以第三方身份对参与招标的集群进行评审和遴选。评审标准主要参考各申请计划书中所涉及的院校发展战略指标（科研、教育、开放性及合作性），项目管理、控制与实施标准；项目目标与整体发展的协调性、项目的卓越性（科研质量、对周边区域的影响力等集群院校各阶段教学培训质量、整体竞争力与参与性）、项目治理与变革规划，以及项目执行力的可信度等方面。① 为更有效地实施"未来投资"项目，政府设立未来投资总署（Commissariat général à l'investissement）对各项科研计划的操作行动和落实情况进行监督追踪，② 但包括未来投资总署在内的任何政府部门均不参与决议大学"卓越计划"的评选工作。

尽管 2008 年金融危机席卷全球，随后的欧洲债务危机也给多数欧洲国家带来重创，但法国政府对高等教育的投入每年保持 10 亿欧元的增长额（2009—2011 年），对科研投入每年保持 8 亿欧元的增长额。萨科齐政府任期内推出的"校园计划"和大学"卓越计划"以改善校园条件和科研水平为宗旨，借助集群的整合效应，引导法国各类院校的现代化转型③，带动科研项目和尖端学科的协同合作，从而推进法国高等教育与科研的硬件和软件总体水平向世界一流迈进。

（三）院校重组的全面整合阶段

政府在颁布《高等教育与研究法》后，要求由大学与机构共同体取代高等教育与研究集群，且共同体的组织性质从"公立科学合作机构"转变为"公立科学、文化与职业机构"。同时，政府将院校组建大学与机构共同体（下简称'共同体'）或同具有科学、文化和职业性质的公立机构组成联合会（下简称'联合会'）作为区域内高校或科研机构开展教育合作与整合的法定形式。法律同时规定，除法兰西岛以及巴黎、凡尔赛和克雷特伊三个学区内部的多所学校要确保地区协调以外，外省

---

① 张惠，刘宝存：《法国创建世界一流大学的政策及其特征》，载《高等教育研究》，2015（04）。

② Le Commissariat Général à l'Investissement, http://www. gouvernement. fr/le-commissariat-general-a-l-investissement, 2016 – 02 – 23.

③ 这些计划和 20 世纪末的"U2000""U3M"大学计划一样，均属于"法国大学现代化"整体规划的重要组成部分。

学校可按照学区层级或跨学区进行重组。[①] 地区高等教育和科研机构依据地缘相近原则自行开展协商，在和谈一致的基础上，将院校重组的形式（共同体或联合会）上报教育部，最后教育部以法令形式予以确定。（院校重组整合图详见附录4）

共同体的选定主要基于前期高等教育与科研集群的组合模式，但其成员构成比择优而建的集群构成更为多样。共同体成员主要由地方院校自主参与、讨论协商而成，如既包含为加强紧密关系而合并的或正在合并的大学，也有地区中的一些小型大学，还有根据学科相似性在共同体内部又继续"抱团"组合的联合会和依附于共同体的联合学校或机构（établissements associés）。政府不仅要求隶属于法国教育部的院校机构协同合作，而且要求隶属于国家其他部委的院校机构和推动高教与科研公共服务使命的私立院校也需参与其中。总体上，与集群强调一定范围内（基本上以法国几大主要城市为核心）的优势资源整合相比，共同体更突出对地方高校（如涵盖某一地区的所有高校甚至跨地区高校）的全面整合，以及地方对促进高校与科研机构相互协调、共同发展的作用。

按照《高等教育与研究法》的规定，共同体形成了集"决策—咨询—执行"于一体的治理结构。每个共同体均需设立行政委员会、学术委员会和成员委员会三个部门。行政委员会为决策主体，负责决定共同体的运作方式和发展政策，协调成员高校的教学供给、科研与转型战略和财政预算，组织其针对各项合作计划展开讨论。行政委员会的构成主要由为成员院校代表、共同体中任职的其他人员、资深专业技术人员和企业与地方团体代表构成，学区长、高校会计人员和服务总干事等人也会受邀为共同体提供咨询意见。学术委员会在共同体的教学与科研事务中发挥咨询作用，对公共项目和拟定高校与国家的发展合同等事宜提出意见，并协助行政委员会制定有效的发展政策。学术委员会由教师—科研人员代表、成员内的学生代表和外部人员等构成。成员委员会由共同体各成员机构选派一名代表（一般为各校校长）组成，主要参与行政委员会和学术委员会的决策研究与政策实施工作，并作为行政委员会的咨询机构，在决定项目计划、签订多年期场地合同等方面发挥作用。同

---

① Les Regroupements Universitaires et Scientifiques, une Coordination Territoriale pour un Projet Partagé, http://www. enseignementsup-recherche. gouv. fr/cid94756/les-regroupements-universitaires-et-scientifiques-une-coordination-territoriale-pour-un-projet-partage. html, 2016 – 12 – 24.

时，共同体可以自主制定内部章程，将组织的治理结构及各参与者的职责进行细化。共同体的主席为公开招聘，由行政委员会投票决定，并在行政委员会决定的行动方针下领导共同体运作，其职责主要包括收集委员会意见，组织并协助委员会进行成员选举，主持行政委员会会议，确定预算、审核拨款，保证收支平衡，每年向成员委员会提交行动和管理总结等。此外，共同体可根据自身发展需要设定总服务处、财务处、"卓越计划"项目管理处、人力资源管理处等具体操作执行部门。

联合会是地区多所公、私立学校或研究机构挂靠于一所大学作为（附属）联合机构所形成的高校组合模式。联合会的确立程序与共同体类似，选择联合会形式进行重组的多为最早一批自行合并成功的大学，及其所在地区周边的院校（如斯特拉斯堡、马赛）。与共同体相比，联合会的组织模式更加灵活。总体上，这类组织群是以某所"大"大学为核心，其他院校以联合机构的身份聚集在"大"大学周围。"大"大学作为地区高等教育发展计划的负责承担人，代表联合会主要同政府开展沟通对话，并带领着周边院校开展地方高等教育的协同发展。因此其他院校只作为地区共同发展项目的参与者，并不起主导作用。尽管联合会成员也需共同商讨合作计划、与教育部签订多年期场地合同，但由于联合会没有法律所规定的统一的治理模式，因此，联合会对成员院校的合作束缚也相对更少。

回顾 2006 年至今的法国大学组织变革，从开展大学自治改革到相继建立集群、共同体和联合会，法国在新公共管理理念的影响下，逐步形成高等教育中央集权向地方分权发展、以契约带动教育（资源）的合理规划，以及凭借竞争与跨学科合作促进法国科研蓬勃发展的轨道。政府借此机会，通过压缩活动空间、创新服务供给方法，以更低的经费、更高的效率实现公共目标；大学以此为契机，逐步调整和完善组织内、外部的治理模式。这一动态过程也是法国政府和大学不断适应高等教育内在发展需要和外在社会需求的结果。

二、合并的兴起及大学治理的新形态

法国于 2001 年曾召开大学校长联席会议（CPU），有学者在会上总结了法国大学内部管理体制存在的显著问题：第一，法国大学校长的执行力有限，相比注重落实大学发展计划，他们似乎更热衷于制定政策计划；第二，大学教育经费分配方式不合理，还未引入根据绩效评估以分配教育资源等的理念和实践；第三，缺乏人力资源管理的自主权，不能满足大学学科发展的实际需求；第四，政府关注计划的可操作性但却忽视了对计划落实结果的评估。这些问题都与大学自治权的有限性相关。[①]因此，2007 年代表传统右翼势力的萨科齐在当选新一届总统后，力主通过大学自治改革重振法国在欧洲乃至全球的竞争力，以及文化繁荣与高新科技发展力。他认为法国必须建立高水平学校、扩大社会流动，通过竞争激发高等教育活力，才可重建法国大学的"世界典范"形象。因此，萨科齐上任后提出到 2012 年法国要实现 2 所高校跻身世界前 20 名，10 所高校进入世界前 100 名的发展目标，并许诺将法国的科研经费增加 3%。为此，政府首先颁布《大学自由与责任法》（Loi relative aux libertés et responsabilités des universités，或称《贝克莱斯法》），对法国大学的内部治理模式进行改革，赋予大学更多自治权，提高大学的社会责任意识。

在此基础上，一些法国大学自发决定在同地区内开展大学合并。在历经近 40 年的碎片化发展后，法国大学开始重新探寻其原初的组织形态。

（一）自治下的大学合并及其兴起

法国于 2007 年推出《大学自由与责任法》，其主要目标之一是加强大学内部集权化的决策，并对大学的公共服务使命、治理模式、新职责和机制安排等做出具体规定。其中，"改变校长遴选程序、缩减行政委员会成员人数、调整成员构成比例、扩大外部人员参与大学决策等措施"成为加强校长的职能权力，赋予行政委员会更多权力，提高法国大学的治理效率的关键。[②]《大学自由与责任法》的主要目标之二为赋予大学在预算和人力资源管理方面更多的权利与责任，即原来由国家负责拨付的资源均在学校与国家签订的四年合同中展开探讨，大学根据合同的

① CPU, Les Actes du Colloque Annuel de la Conférence, Autonomie des Universités, http://www.cpu.fr/wp-content/uploads/2013/03/Actes_ColloqueCPU20011.pdf, 2016 - 06 - 03.

② LOI n° 2007 - 1199 du 10 août 2007 relative aux libertés et responsabilités des universités, https://www.legifrance.gouv.fr/affichTexte.do? cidTexte = JORFTEXT000000824315&categorieLien = id, 2017 - 01 - 10.

预算为大学职员发放工资。为进一步落实自治原则，国家教育行政管理与科研总督导处在对法国各大学的申请进行审查后，从 2009 年 1 月 1 日起陆续批准 20 所公立大学实施"自治"，即落实自我管理预算、工资总额、人力资源、专业设置及资讯系统的权限。《大学自由与责任法》的主要目标之三是强化大学的外部自治权，削弱国家对大学的集权管理。除强调学校合同在引领大学发展的主导和强制性作用外，国家开始允许大学设立（合作）基金会，同企业建立合作关系，以便寻求国家之外的其他发展资金；国家还把大学校园不动产所有权转交给大学，并由大学自行规划与管理。这为法国大学随后开展校园改造，推出"校园计划"提供了法理依据。

此次大学自治改革强化了大学的权力，却弱化了传统的学院权力（也即教授治校的权力）。同时由于学校与学院之间的分歧逐步扩大，院系参与决策的权利受到削弱，导致决策在下放、执行的过程中遇到困难甚至抵制，从而威胁大学的内部治理效率。[1] 尽管内部自治改革阻力重重，但该法使得校长和行政委员会成为大学治理的核心力量，更开启了法国综合大学真正独立自主发展的时代。除权力关系产生变化外，大学的内部学术结构也发生了变化。《大学自由与责任法》允许大学可根据自己的发展战略、科研委员会（现为学术委员会）的建议，通过行政委员会的审议后自主设立或取消教学与科研单位。

在大学自治权深化的过程中，法国诞生了自 1968 年以来的第一所合并大学。2009 年，斯特拉斯堡市的三所大学在共同协商与筹备下顺利合并为一所新大学。该校的合并完全由地方教育行动者（主要为大学校长）推动，在几乎没有政府直接支持的情况下最终实现融合。在成立之际，新大学也率先获得国家所赋予的大学自治权。

继斯特拉斯堡大学合并成功后，诸多大学也借助向国际一流大学迈进的机会先后展开自主合并：洛林地区（2011 年）、埃克斯—马赛地区（2012 年）的所有大学先后完成合并；波尔多（2014 年）、蒙彼利埃（2015 年）的部分大学也实现了合并。这些随后合并的大学均是在集群的建立和大学"校园计划"的背景下产生。随着大学合并的兴起，政府在 2013 年《高等教育与研究法》也明确指出大学合并可作为大学参与

---

① Stéphanie Mignot-Gérard, "Who Are the Actors in the Government of French Universities? The Paradoxal Victory of Deliberative Leadership," Higher Education, 2003, p.71 – 89.

院校重组的三种形式之一。截至 2017 年 1 月，在共同体和联合会的组织群中，巴黎第四大学和第六大学、克莱蒙费朗的三所大学、里昂的两所大学、图卢兹的三所大学、里尔的三所大学、雷恩的三所大学均正在筹备合并工作。还有一些院校也表达了进一步加强校际联系的意愿，目前正在协商中。总之，所有大学的合并均主要依靠各大学的自身意愿展开，确定合并决策后，大学需告知高等教育部，大学合并成功后由教育部颁布法令赋予其合法身份。

（二）大学治理的新形态

政府在通过《高等教育与研究法》承认大学合并这一院校整合的途径时，也进一步修正了《大学自由与责任法》所提出的大学内部基本治理结构。因此，目前所有合并或非合并的大学均按照当前法律对其内部结构进行了调整。法律框架下的大学治理结构包括①：决策机构——校长及其领导团队和两大校委会（行政委员会和学术委员会），执行机构——行政服务部门（总服务处、财务处等），学术机构——教学与科研单位三部分。同时，大学可根据自身情况调整内部学术结构，并真正拥有能力和手段去决定自己的发展走向。伴随一些大学的合并和机构重组，法国大学的组织内部结构安排更显多样化。需强调的是，这一时期的大学自治改革和内部学术结构变化并非一步到位，它们是在法律的要求下逐步、分批推进的。②

1. 决策机构与校领导团队

大学的决策机构与校领导团队为大学的政治决策主体，机构功能与人员的职责具体如下：

（1）行政委员会。行政委员会为大学的核心决策机构，一般由 24 人至 36 人构成。其中教师及研究人员占 8—16 人，校外人士占 8 人，学生代表占 4—6 人，行政与服务（工程、技术）人员占 4—6 人。校外人士中至少有一位企业代表和一位地方政府官员，以确保大学与社会的紧密联系。行政委员会负责决议学校政策，有权允许签订学校合同，对预

---

① 本部分主要参考了《高等教育与研究法》第 L712 - 1、712 - 2、712 - 4 等条款。LOI n° 2013 - 660 du 22 juillet 2013 relative à l'enseignement supérieur et à la recherché, https: //www. legifrance. gouv. fr/affichTexte. do? cidTexte = JORFTEXT000027735009, 2016 - 12 -20.

② 笔者在此对法国大学治理的新形态进行梳理，主要是为读者在理解后文中的大学合并问题时，已对所涉及的大学行动者与大学治理组织结构等情况有一定的了解，从而消除认知上的混乱或不解。

算、决算有投票权；可以批准校长签署的协议，通过大学内部章程；能够在听取校长建议并遵照国家优先发展（项目）的基础上，对人员的职务进行分配；可以授权校长参与一切法律行动；批准校长提交的年度活动报告；通过学术委员会提出的政策总方案等。

（2）学术委员会。学术委员会是负责教学与研究的决策与咨询机构，由科学委员会和学习与大学生活委员会合并组成，重组后包括研究委员会和培训与学生生活委员会两部分。研究委员会由20—40人组成，其中60%—80%为教授或拥有科研指导资格（HDR）的相关人员（至少占1/2）、博士文凭获得者（至少占1/6），以及包括工程、技师在内的其他人员代表（至少占1/12）；10%—15%为接受初级或继续培训的注册博士生；10%—30%为校外代表（可以为外校的教师—研究人员或科研工作者）。培训与学生生活委员会由20—40人构成，其中75%—80%为教师—研究人员、教师和学生（师生人数相同）和接受继续教育的学生；10%—15%为行政、技术人员、工人和其他服务人员；10%—15%为校外人员，其中至少有一名来自高中的代表。学术委员会成员应保证代表学校的所有学科。学术委员会的职责包括：研究委员会为行政委员会提供与科研和技术文献收集、科研经费分配政策等相关事务的咨询；培训与学生生活委员会为行政委员会提供与培养政策、教学、大学生生活等相关事务的咨询。

（3）校领导团队。校长由行政委员会选举产生，候选人不限国籍，也不限合作者或受邀者，校内外符合资历的人士均可参与选举，但竞选校长之前必须先被任命为校务委员会委员。校长任期4年，可连任一届。校长具体负责以下事务：主持行政委员会工作，准备和开展协商决议，准备和实施学校多年合同；法律上可代表大学与第三方签订协议；组织审核大学的收入与支出；决定大学的人事工作；任命评审团成员；维护学校总体秩序和校园卫生、安全等。副校长一般由校长提名推荐或对其候选人进行公开招聘，再经行政/学术委员会，或由其他另设的遴选委员会选举产生，并根据内部章程赋予其相应的职责。某些大学的副校长由行政委员会和学术委员会的负责人兼任，也有一些大学在委员会外单独设立多个副校长职位，分管学校不同领域的发展事宜，如教学、科研、组织战略发展、国际关系与国际合作等。包括副校长在内的校领导核心成员往往根据校长的换届而进行调整和更换。

总体上，负责政治决策的大学校长、负责协商决议的行政委员会与负责决议和咨询事务的学术委员会共同确保大学的决策管理工作。

2. 执行机构

大学的执行机构主要包括总服务处和财务处，它们形成了中央行政管理的主体。各机构的具体职能如下：

（1）总服务处。总服务处是大学的最高行政服务部门，该部门负责除教学、科研和公共服务以外的其他一切学校事务，包括管理人力资源信息、卫生医疗服务、社会文化服务等（行政）事务。总服务处负责人为大学总服务处主任，他由校长推荐，教育部任命，接受校长领导，负责学校的管理工作。总服务处的具体使命包括：在校长的领导下保障学校行政、财政和技术服务的管理、组织和运转工作；负责起草学校政策并确保其落实；设计并推行学校在行政、财务和遗产、人力资源和信息系统等管理领域的成就指标（indicateurs de performance）。总服务处主任辅助校长执行学校各项行政政策并为校长提供咨询，总服务处主任可以参加行政、学术委员会及其他行政机构的会议（但无表决权），统管人事、财政、后勤等行政和技术部门的工作，同时辅助组织协调各部门工作，汇总与学校政策相关的各类法律、技术文件，跟进学校发展计划，调解校内外关系等。

（2）财务处。财务处负责学校公共财务的运转工作，具体工作包括：登记收入（学徒税、学生注册费等）与清算财务支出；掌握学校审计进行年度财务决算；负责保管大学的各类资产和证券。会计总长（Agent comptable，或译财务处处长）为大学的财务处总负责人，具有国家公共会计师性质。根据《教育法典》第953-2条的规定，财务处总长先由校长举荐，再通过负责高等教育事务的部长和负责预算事务的部长共同签署任命。在校长或校领导的决定下，财务处总长可以是学校财政服务的首席执行人，其职责主要为向校长提供学校预算和财务等事宜的咨询，并在校长领导下，负责管理本校的预算和财务及其现代化建设。

需要特别指出的是，服务处主任和会计总长可向行政委员会和学校其他行政机构提供咨询。

3. 学术机构

学术机构为大学开展学术活动的主体，法国大学的内部学术结构围绕教学和科研两方面组成：大学的教学单位（Unité de formation）主要负责培养与管理本科和硕士阶段学生；博士生则按照专业划分由对口的博士学校进行管理培养工作，也由博士学校下设的科研单位（Unité de recherche）负责。除教学与科研单位外，法国大学内部还设有学院（Institut）和学校（École），它们是根据高等教育相关部委的法律政令或大学行政委员会或全国高等教育与科研委员会的建议所设立的教学机构。其中，学院主要为并入大学的专科研究院，包括大学技术学院（IUT）、大学教师培训学院（IUFM）、行政管理学院（IAE）等。学校则指 20 世纪 80 年代在大学中新设立的工程师学校，其目的是满足国家对工程师人才的大量需求。大学里的工程师学校也需通过法国工程师衔委员会授权才可颁发文凭。大学教师培训学院于 2013 年更名为师资与教育高等学校（ESPE），其身份也从学院转为学校。（关于"教学与科研单位"和大学的"学院/学校"的治理情况比较详见附录 5）

三、大学合并重组路径的初现

随着法国政府对地方领土进行重新划定，高等教育部也于 2016 年明确了"构建未来大学的场地政策"，并以从 2014 年 12 月起至 2016 年 3 月，政府通过政令形式分批确定的 20 个共同体和 5 个由具有科学、文化和职业性质的公立机构所组成的联合会为基础，确定了 25 个大学与科学整合机构（Regroupements universitaires et scientifiques），也即场地政策的核心对象。表 3 - 1 列出了高等教育与科研机构整合名单，其中也包括大学的合并重组情况。

由于地域不同，高等教育的发展情况也各异，大学合并重组的存在方式也各有特色。对于所有已完成或正在进行的大学合并来说，合并完全是由大学自主发起的变革；而在大学自我调适和完善大学内部治理结构的过程中，它们也积极参与了政府所要求的院校重组。有的大学选择建立共同体，有的大学则以自身为核心与周边院校共同确立了联合会，并逐渐形成新的场地组织群形态。此外，国家也进一步对学校合同制进行改革，即高等教育部将只同高校的重组机构（共同体/联合会）签署

"多年期场地合同"（Contrat pluriannuel de site）①，而不再与成员院校（包括大学）单独建立契约关系。

表 3 - 1 高等教育与科研机构整合名单（含大学）

重组类别	编号	机构名称	所在地（学）区与确立时间	成员构成、联合学校或机构情况及其他	合并情况
大学与机构共同体	1	诺曼底大学	诺曼底地区	卡昂大学、冈城国立高等工程师学校、鲁昂国立应用科学学院等6所高等教育与科研机构；有联合学校或机构参与（下文一些地方简化为"有"）	
	2	巴黎萨克雷大学	法兰西岛地区凡尔赛学区	巴黎第十一大学、凡尔赛大学、巴黎综合理工学院、卡尚高等师范学校、国立中央科学研究所和国家科研中心等18个高等学院与科研机构；有联合学校（其中，巴黎十一大所具有的科学、文化和职业性质的公立高等教育机构身份被废除）	2014年12月29日
	3	格勒诺布尔—阿尔卑斯大学共同体	奥弗涅—隆—阿尔卑斯格地区勒诺布尔学区	格勒诺布尔综合理工学院、国家科研中心、国家信息与自动化研究所3所高等教育与科研机构；无联合学校或机构参与（下文一些地方简化为"无"）	
	4	巴黎卢米埃大学	法兰西岛地区的北部与西部	巴黎第八大学、巴黎第十大学、国家科研中心3所高等教育与科研机构；有	确定不合并

① 多年期场地合同是根据2013年《高等教育与研究法》，以代替1984年起实施的学校合同所建立的国家和学校新契约关系。即高校以"共同体"或"联合会"成员身份与教育部签订有关使用校园、组织建设和发展的五年期合同，而国家不再与学校进行直接对话。学校在合同期限内分阶段完成重组和各项发展目标，便可获得政府全部的经费资助。多年期场地合同包括公共部分和特别部分。公共部分指同一场地内（即"共同体"/"联合会"）几所高校在教学、科研和成果转化方面所共享的战略规划。特别部分则为成员中单个学校所专门制订的特殊（教研）计划。

（续表）

重组类别	编号	机构名称	所在地（学）区与确立时间	成员构成、联合学校或机构情况及其他	合并情况
大学与机构共同体	5	索邦巴黎西岱大学	法兰西岛地区巴黎学区	巴黎第三大学、巴黎第五大学、巴黎第七大学、巴黎行政学院、公共卫生高等研究院和国家地理研究院等 13 所高等教育与科研机构；有联合学校（巴黎第十三大学）和机构参与	五大和七大于 2019 年合并
	6	朗格多克—鲁西永大学	欧西坦尼亚（比利牛斯—地中海）地区蒙彼利埃学区	蒙彼利埃大学、蒙彼利埃第三大学蒙彼利埃国立高等化学学院、法国发展研究院等 8 所高等教育与科研机构；有	蒙彼利埃大学已合并
	7	里昂大学	奥弗涅—隆—阿尔卑斯格地区里昂学区	里昂第一大学、里昂第二大学、里昂第三大学、里昂高师和国家科研中心等 12 所高等教育与科研机构；无	里昂三大确定不参与合并
	8	蓝色海岸大学	阿尔卑斯—蓝色海岸地区尼斯学区	尼斯大学、尼斯蔚蓝海岸天文台、国家科研中心、欧洲知识经济与管理学院等 13 所高等教育与科研机构；有	
	9	东巴黎大学	法兰西岛地区克雷特伊学区	巴黎第十二大学、马恩—拉瓦雷大学；巴黎高科桥路学院、高等电子工程师学校、法国阿尔夫尔国立兽医学校和国家食品、环境及劳动安全署等 10 所高等教育与科研机构；有	十二大与马恩—拉瓦雷大学合并悬置
	10	巴黎—塞纳大学	法兰西岛地区巴黎学区	巴黎赛尔齐—蓬多瓦兹大学、高等经济商业学院、国际农业发展工程师学校等 13 所高等教育与研究机构；有	

时间栏：
5、6 为 2014 年 12 月 30 日；
7 为 2015 年 2 月 5 日；
8 为 2015 年 2 月 27 日；
9、10 为 2015 年 2 月 11 日

（续表）

重组类别	编号	机构名称	所在地（学）区与确立时间	成员构成、联合学校或机构情况及其他	合并情况
大学与机构共同体	11	阿基坦大学与机构共同体	新阿基坦地区波尔多学区	波尔多大学、波尔多第三大学、波尔多政治学院、理工学院、农业科学院等6所高等教育与科研机构；无	波尔多大学已合并
	12	勃艮第一弗朗什一孔泰大学	勃艮第一弗朗什一孔泰地区贝桑松和第戎学区	2015年3月11日	勃艮第大学、弗朗什—孔泰大学、贝桑松高等机械微技术学院和第戎高等农学院等6所高等教育与科研机构；无	
	13	巴黎科学与文学研究型大学	法兰西岛地区巴黎学区	2015年4月10日	巴黎高等师范学校、法兰西学院、巴黎高等物理化工学院、高等社会科学学院、国立美院等16个高等学院与科研机构（其中5个成员组成艺术研究联合会）	
	14	香槟阿登大学	大东部地区兰斯学区	2015年5月19日	兰斯大学、特鲁瓦技术大学、国立高等工艺学校香槟沙隆校区、兰斯高等艺术与设计学院等7所高等教育机构；无	
	15	索邦大学	法兰西岛地区巴黎学区	2015年6月10日	巴黎第四大学、巴黎第六大学、欧洲工商管理学院、巴黎自然历史博物馆、国家卫生及医学研究中心、国家研究发展署等9所高等教育与科研机构；有	四大、六大于2018年1月合并
	16	图卢兹南部比利牛斯联合大学	欧西坦尼亚（比利牛斯—地中海）地区图卢兹学区		图卢兹第一大学、图卢兹第二大学、图卢兹第三大学等7所高等教育与科研机构；无	图卢兹一、二、三大准备合并

（续表）

重组类别	编号	机构名称	所在地（学）区与确立时间		成员构成、联合学校或机构情况及其他	合并情况
大学与机构共同体	17	莱昂纳多·达芬奇联合大学	新阿基坦地区利摩日/普瓦提埃学区	2015年7月13日	拉罗谢尔大学、利摩日大学、普瓦提埃大学和国立高等机械航空技术学校等7所高等教育与科研机构；无	
	18	法国北部里尔大学与机构共同体	上法兰西地区里尔学区	2015年8月26日	里尔第一大学、里尔第二大学、里尔第三大学、里尔中央理工学院和国家科研中心等8所高等教育与科研机构；无	里尔一、二、三大准备合并
	19	高等研究—索邦—工艺大学	法兰西岛地区巴黎学区		巴黎第一大学、国立工艺学院、国家行政学院、国立人口研究所等11所高等教育与科研机构；无	
	20	布列塔尼大学—卢瓦河大学	布列塔尼地区	2016年1月6日	雷恩第一大学、雷恩第二大学、南特大学、昂热大学、雷恩高师、海洋开发研究院等26所高等教育与科研机构；无	雷恩一、二大准备合并
大学与机构共同体	A	阿尔萨斯联合会	大东部地区斯特拉斯堡学区		斯特拉斯堡大学、上阿尔萨斯大学、斯特拉斯堡国家应用科学研究院、斯特拉斯堡国家与大学图书馆、斯特拉斯堡国家水与环境工程学院、斯特拉斯堡国家高等建筑学校（原为欧洲大学集群）	斯特拉斯堡大学已合并
	B	埃克斯—马赛联合会	阿尔卑斯—蓝色海岸地区埃克斯—马赛学区		埃克斯—马赛大学、阿维尼翁大学、土伦大学、马赛行政学院和马赛中央理工学校（原为高等教育与科研集群）	马赛大学已合并

（续表）

重组类别	编号	机构名称	所在地（学）区与确立时间	成员构成、联合学校或机构情况及其他	合并情况
大学与机构共同体	C	奥弗涅联合会	奥弗涅—隆—阿尔卑斯格地区克莱蒙费朗学区	克莱蒙费朗大学、克莱蒙奥弗涅大学、克莱蒙费朗国立高等建筑学校与克莱蒙国立高等机械和微技术学院（原为高等教育与科研集群）	克莱蒙费朗大学准备合并
	D	洛林联合会	大东部地区南锡梅斯学区	洛林大学、梅斯国立工程师学校（原为高等教育与科研集群）	洛林大学已合并
	E	皮卡迪联合会	上法兰西地区亚眠学区	皮卡迪儒勒—凡尔纳大学、贡比涅技术大学、高级机械工程师学校、国立克莱蒙费朗高等化学学院、国立克莱蒙费朗农艺工程师学院和拉塞尔博韦中央理工研究院	

注：表中的字母和数字编号与附录 4 法国高等教育与科研机构整合图一一对应。

资料来源：Établissements d'enseignement Supérieur et de Recherche［EB/OL］.［2016 – 03 – 28］. http://www. enseignementsup-recherche. gouv. fr/cid108811/une-politique-de-sites-pour-construire-l-universite-de-demain. html.（笔者在参考高等教育部网站公布的名单基础上，绘制了此表）

　　在法定的开展合并、参与共同体或联合会建立的院校整合方式中，所有院校均在不断探寻最适宜的整合发展道路。有些大学在建立共同体或联合会前就已完成合并，有些则在共同体或者早前的高等教育与科研集群中孕育了大学合并，有些大学合并目前还在筹备阶段，也有一些大学不赞成合并而只同意作为成员或联合机构参与了组织群的建立。大学合并的时间先后不同，也影响着大学参与组建组织群的方式，以及参与组织群合作的互动关系。尽管合并重组的选择多样，但有一点肯定的是：法国正在全力推进与高等教育自主化改革相一致的院校组织整合与科研创新改革，同时也在积极扩大高校的国际合作，使院校的教学与研究活动更加集中化、更具开放性，从而提升法国高等教育的国际知名度。

就目前已进行的大学合并重组来看，大体上呈现出两种基本路径形式。一是大学进行合并同时参与了联合会的重组，二是大学进行合并同时参与了共同体的重组。在已成功合并的大学中，波尔多大学和蒙彼利埃大学的合并重组路径属于第一种形式；斯特拉斯堡大学、洛林大学和马赛大学的改革路径属于第二种形式。笔者选取波尔多大学和斯特拉斯堡大学作为案例研究对象正是因为两个案例分别对应了以上两种改革路径（其他关于案例对象的选择及其代表性问题笔者已在研究设计一章中做过介绍，在此不再赘述）。因此，在上述大学合并重组的背景与现实状况下，笔者将从下一章起对大学开展合并与其在成立新大学后，参与组织群建立的两种方式所体现的不同改革路径展开具体探讨。

第四章
合并重组之斯特拉斯堡道路：权力驱动—松散联结

　　自治的大学，当它们决心改革，决定对它们如何组成和如何对内、外部需求做出反应进行探索和试验时，才能成为主动的大学。它们意识到，在这飞速发展的时代，精明的行动方针是走在前面，对它们所面临的需求的冲击，策划驾驭它们而不是随波逐流。[①]

——伯顿·克拉克

　　斯特拉斯堡大学是一所面向世界的开放性大学，以其在科学领域的杰出贡献成为法国乃至整个欧洲一流大学中的佼佼者，在当地经济发展中扮演着非常重要的角色，并在科学变革和解决社会争议中发挥着高水平的智囊团作用。该校在诸多专业领域享有盛名，在校任职的教授及该校培养的学生中有众多诺贝尔奖等世界著名奖项得主和社会精英人物。斯特拉斯堡大学被视为法国现代高等教育改革的先驱：它是法国"五月风暴"后第一所成功合并的大学，是法国最先设立基金会的大学之一，同时还是诸多大学联合会的成员，如欧洲莱茵河上游大学联盟、欧洲研究型大学联盟和 21 世纪学术联盟的成员等。

　　2013 年《高等教育与研究法》颁布后，上阿尔萨斯大学（UHA）、斯特拉斯堡国家应用科学研究院（INSA）、斯特拉斯堡国家与大学图书

[①]　Burton R. Clark, Emerald Group Publishing Limited, Creating entrepreneurial universities: Organizational pathways of transformation, 1998, p. 5.

馆（BNU）、斯特拉斯堡国立水与环境工程学院（ENGEES）、斯特拉斯堡国家高等建筑学校（ENSAS）五个机构纷纷成为斯特拉斯堡大学的联合机构。它们以阿尔萨斯地区机构联合会（Association d'établissements du site alsacien）名义与国家签订五年（阿尔萨斯）场地发展合同。从合并大学的领头羊到组建联合会的核心者，斯特拉斯堡大学在迈向世界一流大学的变革道路上开创了法国大学自主进行组织转型的先河，同时选择了一种灵活、松散的集合模式同周边院校机构建起组织群。笔者将其概括为"自治驱动—松散联结"模式，并通过对斯特拉斯堡大学合并与组建联合会对其变革的原因、过程和当前状态进行深描与解析。

第一节　大学发展变迁及合并决策的形成

一、新大学的前身与现状

在 16 世纪 20 年代宗教改革期间，斯特拉斯堡市接受了马丁·路德的教导，他的追随者让·斯图谟（Jean Sturm）在创建新教徒（protestant）学校（1538 年），即法国第一所文科中学（gymnase）的基础上建立了斯特拉斯堡大学（1569 年）。新教徒学校集中了当时最知名的学者，并且开设了神学、医学和法律专业。1566 年，法兰西语言研究院成立。斯特拉斯堡大学建立不久后，各大专业相继并入。17 世纪末期，这所路德教派的大学一直保持其特权地位。作为当时欧洲文化的堡垒，该校一直沿袭着旧有体制，直到法国大革命时，学校也遇到了存废危机。幸运的是，在该校一名时任制宪会议成员的教师的斡旋下，学校最终避免了被解散的命运。1871 年普法战争爆发，法国战败，向德国割让阿尔萨斯—洛林地区，斯特拉斯堡因此成为德国领地。城市被占后，知识分子和政客希望把大学改为德国大学，并选择南锡作为新大学的校址，留校的主要教师不得不"转战"新城。尽管被德国占领，但客观来讲，大学在这一时期也得到较好的重建和发展。①

同法国高等教育的整体发展情况一致，斯特拉斯堡大学在法兰西第一帝国时以学院的形式重组，后又发展到在大学里以设置院系的形式组

---

① UDS, Université de Strasbourg, https://fr.wikipedia.org/wiki/Université_be_Strasbourg#L. 27universit. C3. A9_au_XIXe. C2. AOsi. C3. A8cle, 2017 – 01 – 30.

织教学。1919 年第一次世界大战后，阿尔萨斯—洛林地区重回法国领土。斯特拉斯堡大学则在回归后担负起了两项重要使命：一是保证法国思想文化在整个欧洲的威望；二是发展成为莱茵河文化交会的中心点。第二次世界大战开始后，斯特拉斯堡被定为法国的主要军事区。直到二战胜利的 1945 年，大学才得以继续发展。[①]

　　1968 年，"五月风暴"爆发，被"南岱尔的狂热分子"点燃的大学生的反抗顷刻间蔓延至外省地区。斯特拉斯堡大学成为受影响的第一批学校。在革命运动首领的带领下，斯特拉斯堡学院于 5 月 11 日也发出"大学自治"的口号。[②] 1971 年，在《高等教育方向指导法》的影响下，斯特拉斯堡大学被拆分为三个独立的大学，即斯特拉斯堡第一大学（ULP，又称路易·巴斯德大学）、斯特拉斯堡第二大学（UMB，又称马克·布洛赫大学）、斯特拉斯堡第三大学（UDS，又称罗伯尔·舒曼大学）[③]。和法国其他城市的大学一样，每所大学有不同的学科侧重：斯堡一大以自然科学学科为特长而建立，如化学、生物科学、医学、物理学、计算机等专业，同时也包括心理学、教育学等一小部分人文社会学科，因此其学生总数和升入大学三年级的学生人数在三所大学中最多；斯堡二大集合了以人文、社会学科为主的专业，如文学、历史、艺术和社会学等专业；斯堡三大则偏向法律和以欧洲问题为主要关注对象的政治科学和经济学、管理学等专业。

　　20 世纪 80 年代，三所新大学成立后逐步走上发展的正轨，也是在同一时期三所大学的学生人数共增至 2.8 万余人（1982—1983 年）。此后，大学同政府签订学校合同，在发展教学与科研的基础上，逐渐扩大其 Esplanade 主校区在城市发展中的影响力。在 20 世纪末至 21 世纪初

---

　　① Georges Bischoff & Richard Kleinschmager, L'université de Strasbourg: Cinq Siècles d'enseignement et de Recherche, Strasbourg: La Nuée bleue, 2010, p. 7 - 8.

　　② Eric Eudes, "Strasbourg: Université Autonome," Extrait de Miroir de l'histoire, 1973. p. 58 - 63.

　　③ 三所大学在 20 世纪 80 年代分别根据三位历史名人及其专长重新为大学命名。三位人物分别是：路易·巴斯德（1822—1895），法国著名微生物学家、化学家，发明的巴氏消毒法对后世影响深远，19 世纪中期，他曾在斯特拉斯堡大学任教。罗贝尔·舒曼（1886—1963），法国前总理、欧洲议会的第一任议长，他提出的"舒曼计划"成为欧洲煤钢联营和防务共同体建立的基础，被誉为"欧洲之父"，曾在斯特拉斯堡大学攻读法学专业，并获博士学位。马克·布洛赫（1886—1944），法国著名历史学家，"年鉴学派"代表，曾在斯特拉斯堡大学担任教授。论文为简便，仍以（斯堡）一、二、三大称之。

期，斯特拉斯堡的大学"场地"提前进入协同开发时代。1991 年，斯特拉斯堡欧洲大学集群①的建立带动了三所大学展开各项共同行动（activités en commun）。② 尽管有学者的研究认为，欧洲大学集群和大学重组并不存在连续性，但大学集群却使这三所身份独立的大学在合作中发现跨校管理服务方面存在的诸多问题。③ 直到 2006 年，酝酿了近十年的合并政策终于迈开了它的步伐。

表 4 - 1　2005—2006 年斯特拉斯堡原三所大学的学生人数统计表

	大学技术学院	大学一年级	大学二年级	大学三年级	工程师学校	总人数
斯堡一大	820	6832	5132	4859	802	18445
斯堡二大	—	6574	3936	1880		12390
斯堡三大	1092	2938	3535	1935	—	9500
总人数	1912	16344	12603	8674	802	40335

资料来源: ESF. Direction de l'évaluation, de la prospective et de la performance. Atlas régional les effectifs d'étudiants 2005—2006 [EB/OL], http://cache. media. enseignementsup-recherche. gouv. fr/file/Atlas_2005—2006/78/0/atlas2006_308780. pdf.

2009 年 1 月 1 日，三所大学重新合并成为今天的斯特拉斯堡大学（下简称斯堡大学）。在同一天，这所新大学也"获得更广阔的责任与职能"，成为 2007 年《大学自由与责任法》颁布后，法国第一批实行自治的大学。虽然斯堡大学合并与大学自治各自独立，"责任与职能"④ 是在大学合并过程中相伴发生的事件，但它意味着学校从此有权掌管大学的整个预算和全体人员的工资。或者我们可以认为，大学的合并行动正是其走向自治的直接表征。

截至 2016 年，斯堡大学在校大学生约 48011 人（其中 19.7% 为留学生），校内教师和科研人员共计 2778 人，图书馆管理员、工程与技术人员、行政人员、服务与医疗卫生人员（BIATSS）共计 2033 人，4856

---

① 第三章中曾对此有过介绍，此处不再赘述。

② Bischoff, Georges & Richard Kleinschmager, L'université de Strasbourg: Cinq Siècles d'enseignement et de Recherche, Strasbourg: La Nuée bleue, 2010, p.135 - 137.

③ Jérôme Aust & Crespy C. , "Napoléon Renversé?" Revue francaise de science politique, 2009 (59), p.915 - 938.

④ 这一说法是法国学界概括自《大学自由与责任法》的第 18 和 19 条：大学在不超过管理上限之下，负责支付大学人员的工资；大学通过分配人员服务及其酬劳的管理方式，强化学校委员会的职能；财务专员拥有审计资格，大学实施内部审计与财务控制。

名外籍职业人员（intervenants professionnels extérieurs）。下设 36 个学院、学校和研究院，72 个纯研究单位（国家科研署下设研究机构、混合研究机构和接待团队）及 10 个博士生院。[①] 其学生所在专业的分布情况如下（图 4－1）。在最新的 2014 年世界大学学术排名 ARWU 中，斯特拉斯堡大学整体排名 95，其中化学专业世界排名 16，生命科学与农学（生命）专业世界排名 49，数学与自然科学（理科）专业位于 51—75 名。

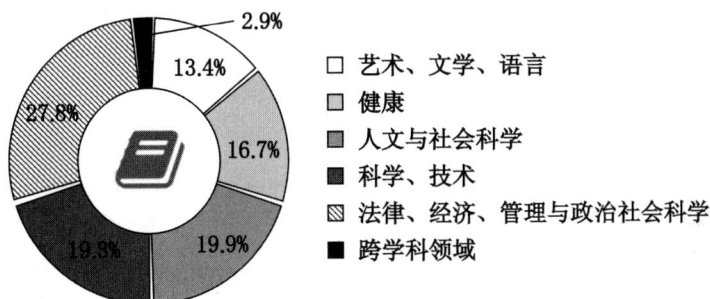

图 4－1 斯特拉斯堡大学大学生专业分布情况

资料来源：UDS, Chiffres actuels［EB/OL］, http://www. unistra. fr/index. php? id = 22446 & L = 3

二、应对依存关系的决策及其正当性

（一）社会情境

三所大学开展合并不是一蹴而就的决定。2001 年，正值庆祝欧洲大学集群成立十周年之际，时任斯堡一大校长梅兰多勒（Mérindol）在二大巴约（Payot）校长和三大麦斯特（Mestre）校长的"担保"[②] 下，在媒体会议上公开表示三所大学希望进行合并的设想。当梅兰多勒宣布这一想法时，在座听众大为惊讶[③]。紧接着，三所大学开始共同思考如何整合教学，同时在博洛尼亚进程的催化下展开更多合并。三所学校首先

---

① UDS, "Chiffres actuels," http://www. unistra. fr/index. php? id = 22446 & L = 3, 2016 - 12 - 06.

② 此处的担保加引号是因为，支持两所学校合并只是当时在任的两位校长的意见。而在下一任校长中，二大和三大的新校长本质上都是反对合并的，只不过他们在后期接受了合并的事实。具体情况下文有涉及。

③ 事先并不知情的学区长和高等教育部长十分震惊。他们认为在彼时宣布要进行大学合并恐将在 2002 年几所大学举行校长换届前夕"恶化"学校内部各群体的利益关系。

建议联合开设一些课程。同年，三位新校长上任后，都赞同在2005—2008年的学校合同中重点关注跨校合作事宜。在对合作的准备工作进行探讨后，三位校长就"在同一所大学工作"的提议上达成了共识，并获得了各校行政委员会的批准。2007年，政府倡议下的高等教育与科研集群在各地区纷纷创立，三所大学则选择放弃"斯特拉斯堡集群"，直接建立一所新大学。尽管，斯特拉斯堡的选择违背了高等教育部将集群作为重组的过渡手段这一设想，但却得到了学校委员会的支持。

行政委员会被成功说服，认为合并应当是我们的选择。三校委员会在2005年秋天起草学校合同时清楚地写入了这一意见："斯特拉斯堡将创建一所唯一代表斯特拉斯堡身份的新大学……"合同由三所大学校长及高等教育总干事（directeur général de l'enseignement supérieur）共同签署。从此，三所大学开始成立工作小组落实合并的具体工作。[①]

——2003—2007年间斯特拉斯堡某位大学校长

2007年1月三所大学的行政委员会共同起草了2009—2012四年学校合同，合并成为合同中的主要行动之一。随着合并的正式启动，2009年1月1日，斯特拉斯堡大学正式宣告成立。

从上文的梳理中我们发现，自2001年起，三所大学合并的势头已然不可阻挡，但这期间也经历过几次反对的浪潮，险些致使合并计划流产。如梅兰多勒校长的一次关于合并设想的演讲曾激起了另外两所学校对合并的抵制，即二大和三大的行政委员会没有受到合并号召的"诱导"，并在之后投选新校长时将多数票投给了反对合并的候选人。再如，若当初人们选择建立斯特拉斯堡集群，合并的脚步或许也不会如此迅速……因此，那些（生死攸关的）关键性时刻和反对声真真切切地存在过，但最终被创建新大学的决定所盖过。

笔者在调研时发现，受访者认为创建新大学的正当理由都很相似，但也有人质疑其是否合理。代表各校主张的几任校长能最终走上"统一之路"并非一帆风顺。

（二）选择合并策略的理由

许多原因导致大学开展合并：大学的国际知名度成为应对竞争的必然选择，特别是受到博洛尼亚进程中学制改革的影响；多学科性的需

---

① Christine Musselin & Dif-Pradalier M., "Quand la Fusion S'impose: la（Re）naissance de l'université de Strasbourg," Revue francaise de sociologie, 2014, p. 285 – 318.

要；为学生和教师提供优质服务从而优化经费的使用。①

这份来自原斯堡三大行政委员会的意见基本概括了学校合并的原因。在斯堡的案例中笔者发现，对合并的支持论据主要围绕大学会更加"国际化"，这一带有迈耶等人观点所说的"世界脚本"而展开。当面对环境的不确定性时，大学采取"扩大规模"这一资源依赖理论认为的最简单的方法来降低对外部环境的依赖性，并使大学在参与国际竞争时拥有更大的主动权（权力）以控制和协调自己的学术行为。

1. 扩大学校规模与推动跨学科集中发展

大学要想在纷繁的高等教育世界中被快速定位，成为一所巨型大学似乎是个先声夺人的好办法。斯特拉斯堡市的几所大学作为欧洲大学集群的主要缔造者，这显然已不满足于在法国和欧洲境内享有知名度，它们要面向国际。

正如90年代曾担任过三大校长的万桑所言："在斯特拉斯堡，我们首先将大学的发展定位在欧洲层面。但我们也觉得斯堡又不应当仅限于这个层次。……相较于推动各部门领域互惠互助，我们当时就有了是否可以把几所大学聚在一起的念头……这样在面对外界时拥有一个重要的砝码，所以考虑统整几所大学也是将视野更多地放在了欧洲和国际层面。"【S8－3 Vincent】

原斯堡一大校长贝赫茨在某次行政委员会中的讲话（2007年）则更具危机意识：有全球发展视野的知名大学，其学生数量往往不少于4万人。我们没理由认为这是一种错误的观念：事实上，法国大学要不得努力去改变自身以达到一种巨型的规模，要不就得面对被隐没的危险。②

的确，以城市的名义组建唯一的大学更容易被外界所理解，且支持者认为，教学和科学的多样化发展将成为斯堡大学融入世界模式的一大优势。而对于大学无法获得国际知名度的担忧是许多受访者都提及的一件事。如大学现任第一副校长就回顾到：

大学的国际知名度是我们能够深切体会到的东西。比如以前我们参加国际会议，常有人会问"您"从哪里来。"我"从加州大学来，从哈佛大学来，从东京大学来……从各个地方来。可讲到我们自己时，我却回答是从路易·巴斯德大学来的。然后就会被问，这个大学在哪里？进

---

① Conseil d'administration,"Document de reunion," 2007－N°2.

② Conseil d'administration,"Document de reunion," 2007－N°2.

而被问，斯特拉斯堡在法国哪里？为什么你们一个小城市会有三四个公立大学？……这里就出现了一种对大学发展价值和代表性的质疑，因为人们很难理解法国大学的现状。这种情况经历得多了，就促使我们产生创建一所斯特拉斯堡大学的想法，用一所大学代表我们的共同身份。这是一个很大的决心，也是一个很好的赌注。所以，整体上，相对于需要更多的资金支持而言，这种国际能见度（辨识度）、知名度对我们更重要。【S2-1 Laurence】

同时，外界对法国大学学科分散、碎片化的组织情况也有不解。而一所大学拥有多种学科，即所谓的综合性大学，往往更具学术吸引力。这一点上，硬学科出身的校领导或学者通常有最直接的感受。不过笔者也发现，相较于更需凭借个人智力（而非团队合作）进行知识生产的人文、社会科学学科对跨学科发展也抱有相当积极的态度。以下分别引用经济学和艺术学出身的两位副校长对此问题的精彩回应。

我希望看到一个多学科的发展图景。可以通过合并建立交叉性的研究院，再将学科知识进行互融，形成科学研究的新轴心线，或许采取一种联合的模式，也能展现大学学科的丰富性和价值性。所以把这些资源混合在一起能够看到一种稳定的组织结构，而不是那种过于丰富多样、差异巨大的组织形式。【S5-1 Charlot】

在当今社会，学科分离的逻辑已不适合时代发展的要求。以艺术学为例，它包括电影、音乐、话剧、舞蹈、绘画、雕塑艺术诸多领域，而数字化的发展完全推动了艺术展现形式的变革和专业的融合。……随着现代社会的进步，学科的概念被逐渐弱化，大学成为各种学科融合交叉的重要阵地。……人文社会科学、法学和自然科学同样，都在向一个方向发展，且势头越来越强劲。比如在音乐理论研究中，我们经常会用很多数学概念、原理解释问题。我们希望将这两个学科进行专业融合从而推动音乐学的发展时，二者分散于两所学校必然会带来很多不便。所以合并是让每个学科敞开大门迎接其他学科的一个好机会。【S6-2 Schneider】

2. 提升大学排名与丰富学生培养

笔者从受访者的回答中也感受到国际评估环境对大学选择合并产生了一种外部压力。自2003年起出现的世界大学排名引起了斯堡各校领导的普遍关注，它甚至成为一些受访者认同大学合并的"导火线"。

2003 年，大学排名突然走进人们视野，引起我们对各种评估标准的关注，同时对我们改革教学和科研工作起到催化剂的作用。首当其冲便是需要不断地发表论文，展示我们的各项科研成果。当然，那个时候这种氛围还不很明显。但这种评估方式或者评估主义确实影响了我们对合并可能带来的效益的认识。【S16 - 1 Katherine】

一些学生也看到，在日益激烈的人才竞争市场上，文凭成为大学生进入职场的通行证。大学生拥有含金量高的文凭在一定程度上满足了社会对人才能力的期待。同时，学生们在学习和生活中的多样化需求也可以在一所资源更丰富的大学中获得。

一名来自斯堡一大的学生在 2007 年的学校会议上曾公开表示支持合并：（因为）一所大学可以让我们获得像英美大学模式那种符合就业市场的跨学科文凭。一所大学同样也使我们更团结，因为学生们可以享受同样的学习设备和环境。①

大学工会的总负责人艾瑞克在被问及工会对大学合并的态度时，特别提到了 CEDD 工会里大学生成员的意见：我们咨询过工会成员的意见……其中大学生对合并尤其支持。因为对他们来说，"大"大学颁发的文凭肯定要比某所"小"大学颁发的文凭含金量更高。尽管学生们在整个合并进程中的参与度不高，但他们却是合并的主要支持者。【S12 - 1 Eric】

此外，将学科融合在一起，不仅为学生搭建起更加丰富的学业经历，更使学科免受不同学校壁垒的阻碍，方便学生获取知识，也更易于开展教学与创新研究。

3．避免行政服务的割裂

与我们通常看到的企业合并和一些国家的大学合并不同，增加预算所得和等级性拨款并非斯堡合并的出发点。但有受访者却提到合并可以让斯堡大学借助统一行动去表达大学需求，更不必动辄就要三位校长及其各自的同事与地方或国外合作伙伴进行会晤。虽然这种观点并非出于对经济利益的考虑，却暗含了一套现代管理学的逻辑。多位校长和行政管理人员的回答也都印证了这一点。

节省资源并不是我们的初衷，我们其实希望看到的是一个强有力的

---

① Conseil d'administration, "Document de reunion," 2007 - N°2.

治理权力的出现。但合并在某种程度上确实可以节约成本。【S1 - 2 Michel】

合并并不是一个需要耗费钱财的工程。相反地，合并可以节约资金和成本，这是一个节约的过程。而我们更希望看到，合并可以使大家避免资源重复利用，事实上，一个行政管理部门就可以兼顾大家的需求，这样成本就降低了。【S5 - 1 Charlot】

因为多年的学生就业指导服务工作经验告诉我，根据专业把学生分隔在不同的学校中并不明智。特别是当我们自己的学生跑过来咨询和二大主要专业不太相关的问题时，我们不得不让他们去咨询一大或者三大的就业指导服务处。这样确实麻烦。所以如果三所大学将服务系统整合在一起会最大程度上为学生提供便利。【S9 - 2 Anna】

事实上，受访者们的回答也有力地回应了当时的改革背景。2007年，法国政府颁布《大学自由与责任法》希望强化未来大学的治理权力，并根据大学被"扩大的责任与能力"（passage aux RCE）重建集合性的中央服务系统。政府对高等教育的"重新洗牌"，为斯堡大学的合并提供了突破口，即大学能够以管理化的方式发展。且自《大学自由与责任法》颁布后，校领导们就将如何把法律与合并进行对接作为大学行动优先考虑的重点之一，[①] 如此，在大学层面建立统一的中央行政服务系统自然顺理成章。

（二）行动策略：主动依赖与被动依赖

在陈述完合并的缘由后，我们也不应忽视那些反对声。笔者在总结受访者回答的基础上发现，三所大学在某些方面对合并持有一样的反对意见，又在同一方面中存在两种极端认识。如大家认为几所大学的管理传统和文化方式不同，合并必然产生文化上的碰撞与不适。再如斯堡一大的受访者担心与名声相对较弱的人文社科类大学合并会冲淡其自身优势和学科知名度；而在另两所大学中，那些本身学科声誉并不突出的专业或者学院却害怕"未来加入的"优势学院对它们产生碾压，新大学也将更有可能支持优势学科的发展。但总体上，二大和三大的担忧更多。

这些担忧并未因大学最终决定合并而很早就被遮盖。事实上，不同大学的校长们对合并认知也存在不同。而且在长达十余年（1997——

---

① Christine Musselin & Dif - Pradalier M., "Quand la Fusion S'impose: la (Re) naissance de l'université de Strasbourg," Revue francaise de sociologie, 2014, p. 285 - 318.

2008）关于大学是否合并与如何合并的探讨中，校长们也不是因为相同的信念或原因才决定合并的。所以有必要理解他们如何从反对合并转向同意。再者，从 2001 年到最终合并成功的 2009 年，斯特拉斯堡的每所大学都经历了三位不同的校长。校长之间如何相互协商，并推动合并向前发展也值得探究。

1. 主动依赖

在斯堡一大的三届校长中，每位都是硬学科出身，且每一任都在积极推动合并计划。21 世纪初，二大的第二任校长虽未公开反对合并，但也没有将支持合并列入自己的校长发展计划中。三大的第二任校长在当选后，便公开宣告反对合并。因此一度只有一大的校长是正面支持合并的。不过很久以来，斯堡大学的校长们就有每周共进一次午餐的习惯。地方教育官员也开创并保持着与三所大学校长同时会晤的（特殊）习惯，这是从 1981 年就形成的惯例。在法国，地方教育官员鲜有同各大学校长单独会面的情况。因此如果要在地方教育官员面前体现大学实力，三位校长通常需对共同处境保持一致认同。尤其在对外涉及（建立）唯一一所大学时，几位校长很少出现意见不合。其实三所大学在其他方面的合作也十分频繁，如准备和协商国家—地区合同、与国外大学进行合作、创建人类科学院（Maison des sciences de l'homme）等。所以在处理各项事宜中，校长们就如他们的前任校长以往那样，在言语上仍需保持一致。①

2002 年，法国开始进行 3—5—8 学制改革。三所大学随即决定共同商讨接下来的学制改革和如何扩大跨校合作的范围。于是大家在落实各项合作发展中，促使另外两位校长意识到与一大进一步合作的可能性。

印象中，三所大学为一起讨论接下来的四年发展合同，几位副校长专门组建了跨学校团队。前几次他们每月召开一次会议，每次 2 小时，之后几位校长再单独开 2 小时会。后来我们把几个学校的总秘书、行政主任等都聚在一起。最后大家每月至少有一天是全天一起讨论工作。……在签署合同那段时间，大家在一起工作的机会更多了。慢慢地，大家可能逐渐意识到之前许多工作上的障碍就是由于学校分离的状态所造成的。起码，我们行政人员的这种感受挺强烈。【S10－2 Bella】

---

① Christine Musselin & Dif-Pradalier M., "Quand la Fusion S'impose：la（Re）naissance de l'université de Strasbourg," Revue francaise de sociologie, 2014, p.285－318.

2003 年秋天，斯堡一大曾组织了一次由三所学校所有岗位负责人（包括学院院长、实验室主任、委员会成员等）参加的大会。会上，为加强跨校合作，一大提出要在有限的时间内尽快建立统一的大学。可斯堡三大的参会成员专门纠正了"合并（fusion）"一词，认为用"整合（regroupement）"更恰当。因为当时在二大和三大人的观念中，"合并"这一说法很快会使人联想到被吞并。[①]

后来两所大学能重返合并之路并非出于信念，而是理智上的赞同。首先跨越障碍的是二大。对于以人文科学专业为主导的二大来说，建立一所学科完整的大学是使人文科学"幸存"的方法：因为这些专业只有真正受到被称为"科研"的那些专业的保护才站得住脚。原二大副校长施耐德对此做过详细解释：

在法国，除国家科学研究中心（CNRS）中有一部分人从事人文类研究，几乎所有机构都在搞自然和应用类科学。因此人文科学的重镇几乎都在大学。然而合并包括后来要建立的集群，都强调学科融合。这种情况下，人文科学必然会有一种危机感。在这么多几乎都在搞自然和应用类科学的机构中，"该怎么生存"就成了人文专业关心的头等大事。……说实话，我们几位同事当时很羡慕一大对待人文社会科学类专业（心理学、教育学、地理与领土治理等）的态度。……我当时虽然觉得未来几年二大会受到威胁，但是或许您知道，大学的校长们可以自主决定一两项奖学金的去处。在二大我们有两类文凭，也只有两所博士学校，校长在分配（奖学金）时当然二者都要兼顾。这种解决办法很简单，但就像社会对贫困者的资助一样（人人均得）。而在一大，一个校长管理 12 大类文凭，他们的做法就是把奖学金经费都拨给人文社科类专业，因为与以人文社科为主的二大相比，一大的同类专业从起点看就更处于弱势（相较于硬学科），所以得到重点支持也理所当然。【S6－2 Schneider】

事实证明，副校长的这种逆向思维确实符合学校的经费分配逻辑。二大从 2005—2008 年的合同中所得的额外经费确实增加了。由于从合同方案中获利，二大的领导班子因此对合并更加信赖了。

---

① Conseil d'administration, "Document de reunion," 2007 – N°4.

2. 被动依赖

随着二大的"归队"，斯堡三大校长及其团队便面临两难的抉择。若坚持不合并，他们就会"被孤立"起来；若重回合并之路，则违背了校长竞选时的计划，恐将在学校内部引发抵制。但显然，选择合并更为明智。实际上，三大在组织大家就合并问题进行公开讨论时，多数人表现得并不积极。"我们感觉大家对合并表现出更多的是无所谓而非反对"，这也从侧面反映出大学的合并已成为无法抗拒的事实。

一大校长贝赫茨等人一直在推动这个事情，后来高等教育部也给了一些压力。在这样的背景之下，我们（三大）校长就没有办法脱身了。……老实讲，如果一开始就让大家投票决定，结果无疑是否定的。所以，我们要向大家慢慢讲清合并的优点，而不是直接点出其存在的弊端，我们还倾听各种反对声并且会把它们考虑在内，然后去修正计划中的一些问题……这样，那些异议对我们来说也是有益的。【S3 - 3 Frédérique】

之后，三所大学的校长及其领导班子终于重新凝结在一起。合并一旦决定，校领导们就在各校学院内部进行"游说"工作，以便让大家都赞成这一决定。

合并已经是一项不可回避的政治性和经济性决策。因为当时高等教育机构相互靠近在法国已经成为趋势（指政府推动的集群）。如果说还会有反对的话，他们应该也只认为合并是牵一发动全身的事，做起来很累人。……谁都可以料想到这个过程将很复杂，可又不得不去做。就像当时成立欧盟一样，尽管仍有人不同意，但决定不可逆，欧盟一定会成立，不管您是否愿意，都必须参与到这个游戏当中。而且进入或者离开均要遵守这场游戏的规则。【S11 - 3 Calin】

尽管大学校长们对合并"理性神话"的归附并非一蹴而就，理由也不尽相同。但最终，三所大学从 2007 年正式开展合并工作。需要注意的是，笔者对合并正当性的论述并不一定都是这场合并的改革初衷。如果要进行区分，在国际化背景下，作为理性和效率的解决方法首先以一种确定的合法性形式展现在全球面前。这种外部环境压力确实促使斯特拉斯堡几所大学的校领导着手考虑合并，之后以校长为核心的行动者对合并的反思、适应，甚至反复协商、修缮和再决策才使合并的"理性神话"得以循环流传，并最终确定合并这一改革目标。

第二节 大学的合并："无过程"的设计

与探讨是否合并的漫长决策过程相比，斯特拉斯堡大学的建立则迅速很多。"过程迅速"反映了合并参与人员高效的行动力，且有一些积极因素我们不应忽视：首先，学科设置减弱了合并的阻力。由于每个学科基本上都是完整、独立地设置于不同的大学中，两所大学均设立同一学科的情况极少。因此，学院整合中常有的权力冲突情况并未出现。其次，合并只将三所大学的行政服务系统进行了全面整编，由于合并前三校的部分行政服务部门已积累了较丰富的合作经验，因此合作氛围相对融洽。最后，从时间和空间看，合并进程的时间把握恰当，避免消磨参与人员的热情和干劲；在地缘方面，各校校区位置临近，为沟通联络提供了便捷。

在落实合并的这一年多时间里，教师和学生并未察觉到教学、学习和科研环境出现过多变化。当受访者被问及对合并过程（processus）的认识和感受时，笔者竟多次听到类似"我们不存在合并的过程这种说法，只有合并前与合并后的区别"的回答。那么斯堡大学究竟是如何合并的？笔者在此借助罗斯通·格林伍迪（Royston Greenwood）等人所建议的，通过观察行动者经想象、建构和协商去衔接起的组织中不同的组件，并将其融入一座建筑的组织设计方式[1]来探寻新大学组织的诞生。

斯特拉斯堡大学合并进程简介

2007年6月斯堡一大的最后一任校长阿兰·贝赫茨（Alain Beretz）上任后，便立刻号召其他两位校长探讨具体的合并事项。三校立刻成立合并工作小组，并设立委员会办公室协助推动三所大学中央（行政）服务系统的重组和新大学治理原则的确立。此外，学校还从外部专门聘请了一支专业的合并管理团队——引航委员会（le comité de pilotage，对应英文中的 steering committee），负责所有的合并咨询和统筹工作。随着各主题工作小组（总共有60多个不同类别的工作小组）的建成，合并的参与者与协商规模逐步扩大。

从2007年12月开始，合并工作小组推出合并时事通讯（Lettre d'information）——《明天，斯特拉斯堡大学》，以简报呈现对合并各阶段

---

[1] Royston Greenwood & Danny Miller,"Tackling Design Anew: Getting Back to the Heart of Organizational Theory,"The Academy of Management Perspectives, 2010, p.78 – 88.

的具体进程和工作重点（截至 2008 年 12 月，共出版 8 期）。同时工作小组还建立"明天，斯特拉斯堡大学"网站（http：//demain. unistra. fr），用法、德、英三种文字及时更新合并会议的投票情况、实施方案、执行结果、主要参与者及合并新闻等内容。正如时任三所大学的校长们在《明天，斯特拉斯堡大学》第一期的开篇所希望的那样，"借助这份时事通讯公报，希望能定期告知大家我们已经取得的进步以及随合并方案推进的各项新活动，因为获得信息是您参与合并的先决条件……我们信任您"。

2008 年 8 月 18 日政府通过的第 2008 - 787 条法令（décret n°2008 - 787 du 18 août 2008）赋予斯特拉斯堡大学合法地位，学校成为具有科学、文化和职业性质的公立机构。同年 12 月，行政委员会选定一大校长阿兰·贝赫茨作为新斯特拉斯堡大学的第一任校长。2009 年 1 月 1 日，斯特拉斯堡大学成为法国史上第一个合并成功的大学，同时也成为法国第一批实行自治的大学。

资料来源：Alain B. , Bernard M. et Benoit-Rohmer F. , éditorial-Demain l'Universite de Strasbourg Lettre d'information n°01. （内部资料）

一、组织设计者的领导权威与现实困境

如果说斯堡大学合并的想法源自学校领导人对重建大学图景的真知灼见，那么要搭建这幢大楼仅依靠变革合法化这一"全球脚本"的传播者必不能成，还需要"组织的设计者"对合并进行规划，以带动策略的制定，决定（合并）与否以及如何实现。[①] 在新斯堡大学的建立中，校长及其领导班子无疑是总设计师。在他们的带领下，专业的设计团队——引航委员会发挥统筹指导作用。设计者们通过各自的设想、经验和实际体会提出具体的方案与解决办法，为合并首先竖起一套坚固的"脚手架"（【SB Diane】）。

（一）权威、目标与人文关怀

要开展合并，组织设计者首先需有稳健的变革策略，而策略是在明确的目标与信念的孕育下得以产生的。当受访者被问及合并成功的因素

[①]　Royston Greenwood & Danny Miller,"Tackling Design Anew：Getting Back to the Heart of Organizational Theory,"The Academy of Management Perspectives, 2010, p. 78 - 88.

时，提及最多的便是权威领导下清晰的行动目标，而贝赫茨校长则为他们口中的核心人物。

我认为合并首先要有一个清晰的计划和一个"领头羊"，由他告诉我们他将带领我们去哪里，应该往哪个方向走，然后把大家都召集在一个计划方案当中。如果不是这样，合并可能没有这么容易成功。这也是我在领导文化社会活动时所采取的一种管理的方式，就是要设定一个清晰目标，与大家分享。……我认为领导一个团队最重要的管理智慧，是要有方案性、战略性的可被落实的规划，否则做不成事情。而且这一点在贝赫茨校长身上体现得非常明显，他非常明白要怎么做，而且航向（cap）清晰，能让大家都朝着这个航向前进。【S6-2 Schneider】

我们在起草《斯特拉斯堡大学学校计划（2009—2012年）》（详见附录6）时，花费了大量的时间去厘清各项目标和项目计划……每位校领导和他们的团队都有丰富的治校经验。贝赫茨是其中最具权威性的领导人，我们之所以可以在较短的时间内制定出一份规划，他起到了核心作用，这一点非常明确。大学和其他机构是一样的，如果没有一个核心的领导人，即使有更多的自治和民主，那也行不通。【S1-2 Michel】

整合三个行政服务管理系统既包括将教学、科研活动和国际合作事务统一在一面旗帜下，也涉及将学校的财务、人力资源、不动产、文献资料、信息技术和风险预防管理进行统筹与重新配置。其中牵涉的人员多达400人。在校长们看来，整合必须最大程度上保留所有职位，同时又让每个人找到与其能力相应的职务。

我们领导团队在制定计划、考虑如何分配资源时，会特别注意尽量关心每个人的利益。比如在整合教学行政系统时，我们从来没有限定哪个学科更优于其他学科，更没有出现要维护哪个学科就去"打压"另一个学科的情况。总之我们的出发点就是让每个人都能有所获得。再比如科研行政系统这块，以前二大或三大的人文社科类实验室，从未设立过秘书岗。但现在每个实验室都有相关服务人员。所以我们在筹划新的行政服务管理系统时，始终秉持一种人文的关怀。【S4-1 Dreysse】

我们需要先给（参与合并的各类人员）一个推动力（驱动），之后要懂得倾听每个人（的需要），然后再去提出解决办法，以使大多数人都满意。【S2-Laurence】

我们并没有发生像公司合并一样的那种"恐怖"裁员，一些同事离开原来的岗位或是因为合并后其他部门缺少工作人员，所以被调岗重新任职。随着新大学的建立，一切都要重整，岗位变化是正常现象。同事之间可能也没有过多地讨论以后要在哪个部门，负责什么岗位。事实上，我们没有选择权和决定权，但我知道自己的饭碗肯定不会丢。【S10 - 2 Bella】

正如上述两位校长和这位行政人员所说的，这种坚持以人为本的合并理念很大程度上降低了行政人员对合并的不安全感。

（二）需要突破的现实困难

要将三所大学的所有行政服务管理人员置于同一平台，设计者面临的首要难题是将不同组织文化下的各类行政管理职能进行重置，并需要保持"表面上"的均衡以避免权力冲突。这一环节需根据各类职能，统一行政管理领域不同方面的服务活动。如统一预算、财政、会计领域的职能涉及同时整合中央（校级）和学院层面的财政服务系统，新的财政职务将囊括预算、开支、收入、市场等全方面活动。① 但整合职能并非机械的并置，也不是将各项工作进行简单的对接。曾参与行政系统整合的斯堡大学现任校长米歇尔等人回顾了当时面临的难题。

在行政服务系统的合并中，三所学校的不同管理文化和需求确实产生了碰撞。三所大学在财务管理、预算管理等方面的运营模式各不相同，行政人员处理这类事务的逻辑也存在差异。所以就需要我们花时间去先让大家相互了解，并试图寻找一种方式能够让大家都相对适应和满意。特别是当您要把不同的行政人员或者行政部门整合在一起，再去选定一个管理主任引导这些行政事务。这个过程比我们前期设想的还要难。【S1 - 2 Michel】

比如面对三个部门的人力资源整合，主导合并的贝赫茨校长在做决策时必须得顾及三个学校的人力资源管理方式，及相关人员的利益。所以，要将一个复杂的机构或领域进行整合所遇到的问题也会更多。比如他原本可以选择一个来自一大、非常擅长行政管理工作的人员担任某个岗位，但是为了顾及其他两所大学的"情绪"和他们的利益，就不得不折中选择一个二大或者三大的同事来胜任这个岗位。可能这个人的经验或能力并不如一大那位同事。而在信息和学生就业与方向指导部门整合

---

① UDS,"Reconfiguration du dispositif administratif-Demain l'Universite de Strasbourg,"Lettre d'information, 2008. N°1.

时，几个主任中间出现了真正的"战争"。因为在整合过程中他们不仅存在岗位的安置问题，三个部门的发展视野也存在很大差异，对信息与方向指导活动内容的看法也有很大分歧。可以说三者在活动的哲学层面就大有不同。所以最后直到三个部门合并六个月以后，才从外部选聘了一位负责人。因为三个部门的情况太复杂了，大家始终无法达成一致。总体上，有些部门的运行情况对大学来说更加敏感，而且需要从政策层面上引导，所以它们在新大学中形成新的组织也更加困难。在权力的斗争过程中肯定有一些人因为没有获得所期待的职位，最终选择离开大学，有些人则选择留了下来。【S12-1 Eric】

其次，不同大学的行政服务管理方式与其学院权力相关。由于各学院在原学校中的传统权威不同，这为调整学院层级的行政管理系统带来不便。

三所学校（行政服务管理系统）存在差异的地方主要是，三大内部共包括三个主要专业，其中法学院规模最大，因此权威相较于其他学院更强势。但是在一大，硬学科类的学院有很多，例如医学院、化学学院、物理学院、技术学院等，这些学院同大学的关系则相对均衡。所以一大没有一个学院可以强势到独享"特权"，什么都由它说了算。而二大虽主要以文学、艺术、语言等人文学科为主，但它的行政服务管理系统很集权。因此我们必须先了解每所大学的行政管理特色，才能把大家凝聚在一起。【S1-2 Michel】

在整合教学行政管理时，我们设立专门的工作小组分别代表每所大学，每所大学的工作小组又分化出负责不同事项的工作人员。我负责和另外两所大学的教学副校长协调教学合并事宜。但由于三所大学的学科设置差异太大，培养方式不同，尽管我们不需要合并学院，但要统一教学管理事务，我们总需要提出一致的规章条例。这个过程就需要三位副校长花费大量时间和工作小组进行协商。【S3-3 Frédérique】

此外，通常为"理想派"的校领导们在进行组织设计时需根据引航委员会的专业建议不断调整预期设想。同时在工作初期，学校没有多余经费专门用于合并，这为合并目标的落实产生了一定阻碍。引航委员会协调人戴安娜曾在描述她在斯堡合并工作中的感受时，从侧面谈及此事。

在斯特拉斯堡，我虽为引航委员会的总协调人，但感觉自己掌握的权力还是有限，不能很好地实施我的管理理念。表现在（她用画图说明），校长们希望斯特拉斯堡大学合并后成为 A 的样子，而我根据经验告诉他们咱只能做成 A－（减）的样子，但最终结果却是 A－－（减减）的样子。在这过程中，我只能尽自己的最大能力去说服校长，让一个个小目标更灵活可控一些，但我的自主权却很弱。所以，在斯特拉斯堡时，我虽有变革的雄心，但阻碍的力量也的确不小。特别是，引航委员会没有更多的资金去达成我们的设想。但校长们对此也无能为力。【SB Diane】

尽管可以借助某套规划方法，但大学合并不是件容易的事。校长们虽然有了明确的目标，然而其关键在于细化每个阶段要做什么。且在设计方案时，设计者们不得不去考虑每种计划的实践效果。所以这里还涉及如何让项目负责人更好地对合并的总策略进行协调性工作。为此，在合并时，斯堡任命了一位专门人士管理方案模式（modes de projets），以保证每所学校的诸多参与人员能够顺利开展各项工作。

二、明确分工与反复协商

笔者在向受访者询问斯堡大学如何合并时，发现所有合并参与者都很看重过程中的分工与协商。

分工主要涉及校领导和一线工作小组之间、工作小组与学院之间两个层面。这其中，工作小组作为"中介人"一方面要把握组织设计者们的意图，另一方面需转变一线行政人员以往的工作模式，使其统一在新的行政管理系统中。

三个学校都有自己的行政服务体系和行政服务主任。他们建立了很多工作小组，让大家找到一个最佳的解决办法，能够最大限度地安置每一个行政岗位。为使大家能够顺利地融合在一起，我们校领导每次开会都会召集各小组负责人，会议结束前叮嘱好每位的职责。一些工作小组处理的事务并非没有丝毫联系，比如本科生和硕士生的教学行政管理工作。所以我们需要厘清各部门的工作重点，让大家避免产生太混乱的感觉。但好在行政管理整体的结构框架是国家通过法律已经制定好的，每一个大学的行政部门构成、委员会的创建等细节大体上差别不多，所以大家可以相互理解。那具体就是我们如何使大家明确自己的工作，并且

为协商与和谈找到一个共赢的点。【S2－1 Laurence】

处理国际关系事务合并的行政人员安娜给出了一个具体的例子：

原来三所大学发展国际关系的形式不相同。一大通常有一个总体计划，至于如何与国外机构建立联系是由学院具体推动的，经费也是直接拨给学院。但二大和三大是以学校作为谈判的整体单位与其他院校发展国际合作。由于不同的办事方式，在整合的时候会出现究竟由谁负责什么的问题。我作为处理国际关系的总行政负责人，在小组讨论时必须在原有方式中，引导出一条清晰的路线。比如让习惯于以学院为单位发展国际关系的行政人员知道，他们要转变思路，适应以校为统一身份的国际关系发展的新模式，之后他们将要在学院层面传达我们所确定的行事方法。【S9－2 Anna】

在具体的操作层面，合并参与者特别强调过程中浓厚的协商氛围。使笔者惊讶的是，许多受访者都对协商谈判的过程表现出极大的肯定，合并似乎立刻变得轻而易举了。比如：

——问：在协商中，你们也会有妥协吗？

——答：当然，但重要的是去找到一种能让大多数人满意的解决办法。而且大家往往都能够找到比较合适的办法。负责这一层面的工作小组，他们的工作进展也很顺利。

——问：在教学方面合并时是否遇到一些困难？

——答：没什么太大的困难，因为我们中间有比较充分的交流，您有想法可以提出来，大家都尽量去理解；然后每个人的工作进展情况也会与他人进行及时沟通，怎么组织，怎么运作，在相互了解的基础上去找解决办法。

协商真的如此轻松、简单吗？当笔者带着这种怀疑继续深挖时发现，协商和谈不只是一种融合的手段，它还是一种技艺，甚至是参与者们，特别是校长和各小组负责人所秉持的一种对待合并的态度。

比如在国际关系这个领域，大家都有一套与外校的合作协定，有一套自己推选学生进行跨国流动学习的方案。而我们在协商中就是让三方都充分解释他们在国际关系方面的运作模式，然后一起分析利弊吸取各家经验教训，最后决定一套可能最优的方案。有的时候我们进展得比较慢，因为大家需要反复讨论寻找共识，不断改进，再朝着一个统一的方向发展。在具体步骤方面，先对所有的合作项目进行情况诊断（Etats des lieux），把所有合并协议集中在一起甄别，之后再理顺合作协议的整体思路。在这个过程中需要时间不断地验证，如果不合适，我们再适当进行调整。【S9-2 Anna】

我们出现困难的起点就是在于不能相互认识、相互理解。但当您理解了别人，大家就能很好地找到解决办法。【S8-3 Vincent】

协商和谈最关键的是懂得倾听，要站在别人的立场想问题，或者把别人的想法也加以考虑。在这个基础上确定一个最终立场去说服大家。比如我知道合并将给我们带来什么样的好处，而我可以用这种利益、好处、优势来说服一些持反对意见的人。……一种共同体的意识对推动整个团体的繁荣，促进团队以更加平等的身份开展合作太重要了。所以，在和大家讨论时，我不会直接说出我的想法，强调应该这样做或者那样做，而是首先询问大家这个事情我们该怎么办。我要听你们的意见，然后我们互相讨论可能的结果。这是一种对话。而在最后，所有的人都经过深思熟虑再去做决定，我们则会按照大多数人的意见往下走。【S2-1 Laurence】

而对于行政人员来说，他们更倾向于按照上级的指示工作，因此在协商中更多地扮演接受和顺从的角色。

（在整合中，）我们主要就是把校领导提出的政策要求付诸实践。在听取上层意见之后，我们按工作小组的指令行事。同时需要了解与我们一同工作的其他人员，然后去看如何在把握指令的基础上组织好我们所负责的服务管理系统。这个过程要把大家的工作理顺，使大家可以统一、集体地行事。【S9-2 Anna】

最后，在几位校长的回答中，笔者渐渐感受到了协商和谈背后的行为逻辑，即法国大学一直强调的"共治"状态和追求集体共识的文化逻辑。两位校长曾坦言：

在决策的过程中，我们面临的最大难题就是到底该用哪种手段，采取哪种措施让大多数人都能获得利益，都能满意。做好这个决策是最难的。所以，去倾听大家和反复协商这个过程，并非是难以逾越的。而我们又必须经过这种方式来集合包括各位校长在内的所有人的想法，集合最大多数工作人员的意愿。最终我们的合并才能够符合大多数人的利益与价值观。对，是价值观。【S2-1 Laurence】

在合并过程当中，我们经常会开一些信息分享会、管理方法会，不只限于几个大学的校长和我们的工作小组，许多学院的院长也参与进来。这样做是希望大家忽略身份，畅所欲言，为将来能够更好地在一起工作铺路。所以我认为，所谓变革是一种文化上的变革。【S1 - 2 Michel】

三、被巴斯德化的新大学

科学家路易·巴斯德绝不会想到，有一天他发明的巴氏消毒法会成为一个让人"谈虎色变"的名词。而在斯堡大学合并时，它确实成为反对者最担忧的问题："我们会不会被路易·巴斯德大学吞并？""我们要被巴斯德消毒法灭菌（pasteurisés）啦！"

对于合并的设计者来说，新大学必定是一所"可控"的大学（université gouvernée），能够全权代表原来三所大学。因此，强有力的治理模式首先成为大家参考的大学范例。三所大学中，斯堡一大便有这样的传统，而另两所大学的治理情况则在高等教育研究与教学评估署（AERES）的报告中受到过诟病。[①] 不过法国大学界长久以来并未对将教育管理权集中于大学层面和大学由此形成一支强有力的领导团队表示深信无疑，这与早前"学院共和国"时期遗留下来的学院权力"独大"不无关系。但事实上，在讨论合并细节时，设计者和各工作小组往往在分享各自学校治理情况的基础上，选择认为更可行的方案。是否"巴斯德化"（pasteurisation）在协商交流的过程中似乎并没有成为大家所关注的重点。

决定合并之后，我们（二大）主要担忧工作岗位的变化，包括新工作的职责内容和大学未来的发展形势及其环境变化，特别是二大的继续教育学院会不会被一大的继续教育学院牵着鼻子走，等等。但很快地，我们在组建的继续培训工作小组中发现，一大在继续教育领域的发展模式非常成熟。因为它们专业多，又有医学院等与社会事业、企业单位密切相关的机构，所以在人才培养和社会联络等具体运行方面有很多值得我们借鉴的地方。这样我们逐渐接受了一大同事的工作经验。确实是这样，我们后来形成的继续教育学院与原来一大的发展模式更接近，我们

---

① Christine Musselin & Dif-Pradalier M. , "Quand la Fusion S'impose: la (Re) naissance de l'université de Strasbourg," Revue francaise de sociologie, 2014, p.285 - 318.

行政人员的工作方式也都进行了重新调适。【S10-2 Bella】

　　我认为在建立新大学中采用的是一种新的治理模式。在合并初期，有一些人认为我们会被巴斯德化。因为一大在三所大学中的规模最大，参与合并的人员也最多，二大和三大自然害怕被其左右。而事实上，在宏观运行层面，新大学的中央服务管理部门开创了一种新的运营模式。因为新大学的规模更大，以至于我们无法原封不动地去抄袭原来某一所大学的治理模式，哪怕是保留原来工作单位的各种工作习惯也很难。因为整个中央行政管理部门都发生了巨大改变，特别在行政管理部门的领导层，我们设立了一位总服务处主任，还有服务处主任助理，同时还形成了完善的官僚层级和组织架构，这在原来的三所大学中都是没有过的经历。所以我认为当前大学的（行政）治理模式是一种重新设想过的新模式。且同事之间的关系也有新变化。在合并中，我们还邀请了一个外部办公室（引航委员会）来进行制度设计，所以，整体上我认为这是一个创新的过程。【S12-1 Eric】

　　另一方面，斯堡一大的学科优势明显，在合并商讨的初期便使以人文社科类专业为主的二大和三大产生无法与硬学科"相抗衡"的担忧。菲佛等人也曾通过研究发现，大学院系的势力越大，所分配到的预算资金比例越高，其衡量指标往往反映在公认的影响和在各类委员会中的代表等标准上。① 对此，贝赫茨校长在接受《世界报》的一次访谈中强调，"未来新斯特拉斯堡大学中有30%的大学生为非硬学科类专业，那些认为我们的硬学科将称霸新大学的观念是没有根据的"。② 而大学设计者在开展合并的讨论时也一直注意避免"巴斯德化"的发生。这点我们可以从受访者对合并至今的大学学科发展情况的认识中窥探一二。

　　我们在申请项目招标时，除了集中选择最佳项目予以资助，还注意在诸如人文社会领域、生命健康领域和其他硬学科等领域之间做好平衡。每个领域都有一部分经费，但在各领域内部我们会选择最优计划方案。在政治决策上我们秉持公平性（équité），而不是均等性（égalité），

---

　　① Gerald R. Salancik & Jeffrey Pfeffer，"The Bases and Use of Power in Organizational Decision Making：The Case of a University，"Administrative Science Quarterly，1974，p. 453-473.

　　② Rollot C.. Naissance de la plus Grande Université de France-Le Monde，http://www. lemonde. fr/societe/article/2008/09/30/strasbourg-naissance-de-la-plus-grande-universite-de-france_1101265_3224. html，2017-01-23.

因为在自然科学领域需要更多的硬件设备、实验器材，它们耗资巨大，所以在这一点上，它和人文社会科学领域的花费就不是均等的。总体上，我们根据学科的各自需要进行对应分配。所以，没有任何人是被遗弃的，所有领域都可以参与竞争，所有领域都能获得一定的资助。我们会依情况而定，在计划、需求和实践理念之间找到均衡。我们尊重每个人的要求，重视每个项目的价值，这也极大地帮助我们认清学校发展的整体精神。【S3 - 3 Frédérique】

总结另一些受访者的回答，我们可以发现巴斯德化的痕迹确实在合并中是逐渐消减的。

可想在以前的三所大学里，有一所学校的规模很大，整个发展势头更强盛一些，自然而然，校长就会从这所大学被推选出来，所以原来的校长他任了两届。但有意思的是，我们在合并了八年之后，是一个来自人文社科出身的教授成为校长。所以从组织文化角度发现，我们的大学已经成熟了很多。甚至可以说，新大学已经形成了文化共识和共同信念，或者说一种信任的文化氛围已经形成。【S1 - 2 Michel】

客观讲，在组织变革的初期，一些传统学科占优势的大学所拥有的实力，优于人文社科类的大学。但值得肯定的是，经过几年的磨合之后，您会发现大家在团结一致的基础上，最后掌握权力的或者被大家能够视为最佳校长的人选和他的学科出身已毫无关系了。而这正是委员会的决定。当学校发展日渐成熟，由一位人文社会科学出身的校长来主持大局也无妨。【S7 - 3 Poitier】

尽管有不少人对斯特拉斯堡大学合并过程的迅速和高效感到欣慰，但笔者在收集资料时发现，在 2008 年的一些媒体报道中，也有不少人埋怨合并太匆忙。如一些行政人员和大学生感慨自己像合并中的"强行军"。一位来自原三大的科研人员表示："我们没有时间进行真正的交流，咨询议会好像只成了一个批准机构。但我们还有很多问题悬在心里。"① 事实上，斯堡大学走的是一条先合并后治理的道路，诸多不确定性因素和问题都伴随新大学的建成及其在巩固新身份的过程中受到关注，并在后期才得以解决。就像校长贝赫茨曾对志忑中的"低语"所回

---

① Descamps E. , Université de Strasbourg: Comment la Fusion S'est Préparée, http://www.letu-diant.fr/educpros/actualite/universite-de-strasbourg-comment-la-fusion-s-est-preparee.html, 2017 - 01 - 31.

应的那样："在我们还没有团结起来（放手去做）的时候，怎么会想着一切都已尘埃落定？新大学的建立是一个起点，并非大学的终结。"①

第三节 新大学的治理：从集权走向自由

2009 年 1 月 1 日，随着斯特拉斯堡大学正式成立，学校开始步入正轨。在确立统一身份的基础上，大学随即需要进一步巩固权威，并推动教学与科研的整合。2016 年 9 月，连任第二届校长的贝赫茨任期（2008—2013 年第一届，2013—2016 年第二届）还未满，便被高等教育部升任为法国教研部研究与创新司司长。斯堡大学第一副校长米歇尔（Michel）接任临时校长一职并于 2016 年 12 月当选斯堡大学第三届校长。成立近 8 年的斯堡大学历经两届发展逐步走向成熟。在此过程中，斯特拉斯堡大学成为法国未来投资计划子项目，大学"卓越计划"的首批受助者。大学在资金相对充裕的情况下，带领全校师生开创了一条集权与自由并存的治理模式。

一、新大学权威的确立

"（任何组织都不会）自愿地把保持自己生存的基础只建立在物质和情感动机的感召之上。所有系统都会力图建立和培育对其'正当性'的信仰。"韦伯的这番话说明，没有组织会只满足于权力结构的建构，它们还会创造权威结构。多数社会科学家将权威界定为具备正当性的权力。② 权威也成为斯堡大学建立后，校领导们在新组织系统中所确立的一种对于行动的可接受性、恰当性与合宜性的普遍认定。

（一）中央集权下的行政科层

对于刚成立的斯堡大学来说，中央集权成为强化大学统一身份和权威的不二法门。许多受访者也承认了加强集权管理的重要性。

在合并初期领导团队刚形成时，校领导在政策领导方面需要有很强

---

① Rollot C., Naissance de la plus Grande Université de France-LE MONDE, http://www. lemonde. fr/societe/article/2008/09/30/strasbourg-naissance-de-la-plus-grande-universite-de-france_1101265_3224. html, 2017 – 01 – 23.

② Galbraith J. K., The industrial state, London：Hamish Hamilton, 1967. 转引自：[美] W. 理查德·斯科特, 杰拉尔德·F. 戴维斯：《组织理论：理性、自然和开放系统的视角》，北京：中国人民大学出版社，2011，第 235 页。

的权威性，而且他们会代表学校和各层级政府部门协商，为学校争取更多利益和资源。原来的几个学校并为一所学校必然需要一个强有力的代表。……原来一个部门管理几百个学生，现在是上千人，所以我们肯定要转变管理方式，要有效地使所有人能够负该负之责，享应得之利。如何将这些人组织调动起来考验着我们合并的智慧。合并之后一些大学采取的中央集权模式少一些，比如波尔多的权力相对分散。而我们大学的集权色彩更浓厚。这样，大家的归属感更强，需要办事时会首先想到学校，而不是学院。【S5 - 1 Charlot】

一些教师和科研人员会担心大学合并后，自己不能像以前一样随心所欲地做决定，而必须遵循中央集权管理制度来行使自己的权力。他们的担心确实并非空穴来风。但是，为了能够完善新大学的各种机能，我们绝对有必要建立强有力的中央集权制度，从而能够更好地为师生群体、工作人员传播一种共同的身份理念，更有效地组织大学活动。这是非常重要的一点。【S2 - 1 Laurence】

在新大学建立的初期当然需要中央集权。因为我们要形成一个真正的统一的治理结构，特别是行政管理这一块。【S1 - 2 Michel】

如果已经确定中央集权在大学治理中的基础性地位，大学又该如何加强中央集权？在管理方面，科层结构的行政权力在一定程度上可以保证学校规章制度的完善和大学目标的实现。正如在韦伯所塑造的理想（科层/官僚）模型中，组织成员的职位分类分层，便于工作的专业和规范化；权力阶层中形成的上下级关系便于实施命令和确定负责制；订立的制度规章又便于推动组织中权力阶层的运作。随着三所大学行政服务系统的合并，新大学行政（科层）结构也应运而生。

1. 行政科层的形成

在新大学的行政科层结构随行政系统的形成相继确定。在大学的行政管理中，我们发现（如图4 - 2），大学以校长为领导核心，各行政服务管理机构在学校总服务处（主任）的领导下建立了明确的等级关系和相应的职能划分。

合并初期，大学一共有38个学院，在行政操作层面肯定会出现不协调的情况。之前，在处理问题的过程中总会有人提出反对意见，而且实际解决的办法又多又杂。但是发展到现在，我们处理行政问题的方式统一了，办事的观念和方法都有所简化。最好的是教师们所了解的规章制度是一致的，如何组织材料，如何申请，如何得到批准，如何行动等等都很清楚。所以，在一套规则下，大家都一样，不会出现混乱和障碍，他们也会找到自由。比如在学校层面对发展国际关系进行统一的管理，这种集权化的办事方式更能让大家明确规则和操作程序。【S10-2 Bella】

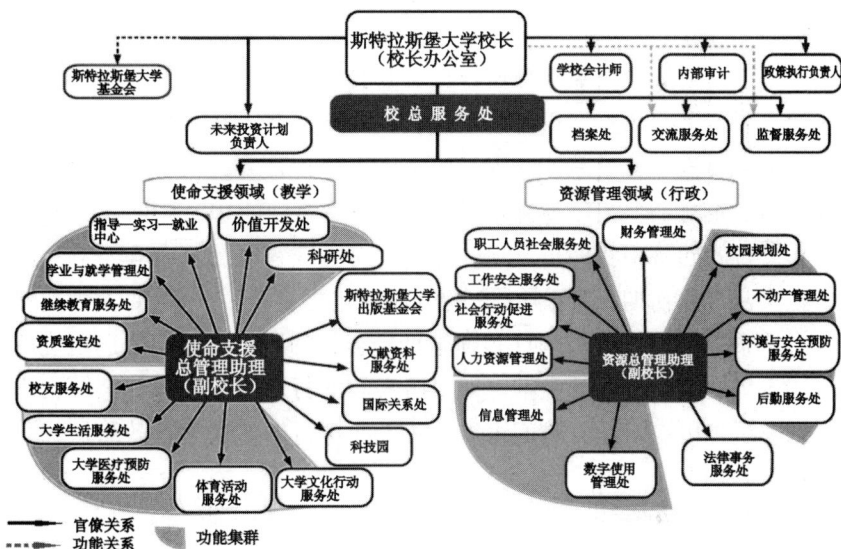

图4-2　斯特拉斯堡大学组织结构图

资料来源：UDS. L'organigramme de l'Université de Strasbourg[EB/OL].[2016-12-20]. https://www.unistra.fr/fileadmin/upload/unistra/universite/fonctionnement/organigrammes/Organigramme_Unistra_Web.pdf.

在形成中央集权的氛围，大家都理解并接受这所新的、唯一的大学后，我们可以选定代表，在各机构部门灵活展开内部管理。但我们绝不能忽视的是，首先应该有一个明确的执行目标和执行程序，即我们的价值在哪里，我们想要往哪个方向走，我们应该怎么做。每个人心中都一定要有这样的观念，在获得这种意识、达成理解共识之后。每个人在相似的思维方式下，再通过统一的大学身份去做接下来要做的事情。而这个过程就需要行政层级推动实践。【S2-1 Laurence】

科层制在学校层面建立理性关系的同时，也渗透在学院层面。但总体上，学校还是希望给予学院一定的自主权，如负责国家关系事务的行政人员贝拉曾对笔者讲道：

我们所有的行政人员都无权干涉各学院的工作，只负责处理相关材料。每个学院都只由院长做决策，同时指派一名教师—科研人员以学院名义和我们行政人员沟通。我们通过规章制度判断学院发展国际关系的程序是否合理，但最终由院长操作。一旦建立和发展国际关系的文化在整个大学内形成时，我认为学校可以把权力继续下放给学院，让它们自主推进国际合作。所以，几年之后学院应该拥有更多的自治权。……这不是一个科层或者官僚等级的问题，而是我们要对每一个项目负责，通过核实合作的每个步骤，通过签字确认，从而保证各环节都不会出现纰漏。中央行政服务部门需要把事情的来龙去脉讲清楚，以便大家都能照章办事，但是有一些人不愿意按照这样的程序走。【S10-2 Bella】

在贝拉的回答中我们也发现，有些人对行政科层管理存在不满。的确，在决定合并初期，"未来大学的管理一定更复杂""'大'大学运作起来太笨重"等观念便成为许多师生抵制合并的理由。他们普遍担忧的是科层等级对大学管理的桎梏，即阻碍大学的行政管理效率，束缚大学的学术发展自由。对此，我们可以从两方面探讨斯堡大学行政科层的集权作用与影响。

2. 行政科层的影响

从管理的角度讲，行政科层结构对管理效率有一体两面的影响。首先，在融入新大学时，来自三所大学，习惯于不同组织文化的工作人员在一起共事多少带有原来大学的行事风格，但是随着合作的深入，新的工作方式也在逐渐形成，产生新的沟通文化。此时，在一套完整的行政科层制度下，学校得以有效运转。

在新大学里，每个人的工作都更加细化、专业化，比如以前一个行政人员可能负责发票、报账、宣传、通知等全部事宜，现在可能只需要专门负责发票和报账。规模越大、专业分工越细，意味着要有更多的行政人员负责同一领域不同方面，且更为具体的工作。同时在不熟悉的工作领域，可以向上汇报，获得准确的信息。久而久之，每个人都熟稔自己的职责，办起事来自然也会迅速很多。所以客观来讲，等级对于组织来说是一种高效的运作方式。【S9-2 Anna】

而且，行政人员也清楚自己的定位，即为学校的学术发展、人才培养和社会服务工作提供相应的服务与保障。安娜继续解释她认为的行政工作的本质：

学院或教师主导教学、科研及发展国际关系，行政人员需要明确职责，为他们做好服务工作，如准备材料、文件以及具体操作工作，避免教学、科研等工作在行政方面出现差错。我们不应介入他们的正常工作或阻碍工作的运行，在各种各样的方案中变成一种阻碍或凌驾于各种计划之上。我们不会给整个中央行政管理体系造成不便或麻烦。【S9－2 Anna】

而另一方面，由于学校规模扩大，公共服务体系中的行政管理工作则更繁重，不断叠加的中间层级在一定程度上又为师生的工作与学习生活等带来不便。

……在合并过程中，我们（学院）丧失了一部分自主权，受到的中央集权管理太多了。比如在学生管理方面，学生要获得校园卡，必须在学校集中办理。这样学生们就需要等很久，办事情的效率变低，周期变长。再比如不动产的问题，如何进行硬件基础设施的改造、供应、技术设备的维修等，在集中管理的模式之下我们必须得等，而且手续办理也更为复杂了。在中央集权化的管理中，通过组织我们能获得资源和好处，个人所得经费也可能有所增加，逻辑上讲这可能是件好事。但从操作管理层面来讲，我们还需要多多改进工作效率。【S14－1 Paul】

这种制度明显地反映在签署文件上，因为需要层层上报，再等批准，就得耗费很长时间。以前我可以自主签署的文件现在不能说了算，这是等级制度产生的影响。但我不能确定这种模式完全是由于官僚等级造成的还是其他。我认为在法国，我们需要形成协商和探讨的共事文化。所以，官僚等级可以存在，但关键是法国人应该学会如何通力合作。在大学里，大家欠缺通过合作去处理事务的能力。而在我们的体系当中更多是以能力说话。所以这不是等级制度的问题，而是我们如何划分等级、如何发挥等级制度的作用，我们的等级制度是否为良性的等级制度。例如我们可以这样评判等级制度的好坏：假设有一个负责人，他象征着这种等级制度某一层级，那么其他人怎么和他进行合作，去推动事情的顺利进行；大家是否能用一种更加平衡的方式共事，从而团结起来共同处理事情。我认为应该改进的是这个方面，但它不仅仅存在于大学中，这是法国的一个通病。【S10－2 Bella】

如果沿着贝拉的回答，再深究行政管理效率低下的原因，我们不难发现：正是科层机构所限定的上下级观念，让行政人员自然形成了"服从"模式，他们要顺从上级的要求和规章程序办事。而事实上，他们"服务"的对象却是不希望被条框束缚的教师—科研人员，并非上级行政人员。"服从"与"服务"对象的不同，产生目标冲突也很难免。

为此，笔者又进一步向受访者询问大学合并究竟提升了工作效率，还是如学校师生们所感叹的那样，工作更烦琐、沉重了。一位院长道出了其中的根本：

这个问题很难回答。我认为两者是兼有的。一方面，合并增加了很多程序化的东西，工作起来更加麻烦；另一方面，大学的管理效率更高在于，合并使教学和科研结构化了。因为当融为一所大学时，我们所有的活动都倾注在其中，不论是招标申请项目，还是获得拨款，大家的目标一致，资源集中，管理起来自然更便捷。可以说中央管理能使事情进展顺畅。因此，在一个巨型大学里，中央服务管理才显得尤为重要。但中央集权的不足是它往往使我们很难确定出一个合适的中间协调人或者对话者。就像在一个大家庭当中，有的时候很难找到那个正好适合您去求助解决自己问题的人。而且这很大程度上取决于您自己的认识。所以这时您可能就需要获得更多信息去找到对的人，而中间出现沟通对象错误、不相符的情况，自然就会耗费更多的时间。但话又说回来，这种情况其实在哪里都存在。比如您去交税，可能先走进一间办公室，别人会说"啊，不是这里，您要去旁边那间办公室"。所以这样看起来，事情也不是太复杂。【S13 –1 Pascal】

综合多位受访者的回答，笔者发现，大家并非十分在意是否受到中央集权的约束，他们更希望在大学内部形成一种沟通文化。无论校领导，还是行政人员、教师—科研人员，甚至学生，大家共同去探讨、去协商、去反思，从而达成一致共识，找到最合适的解决办法。从而接受这样一个事实："科层等级下的程序化是获得行动者拥护的一种方式。"【S11 –3 Calin】

诚然，小到大学，大到社会，我们不可能找到完全摆脱权力关系的组织结构。大学若想建立一个完全没有权力冲突的场域关系，那是一种空想主义的乌托邦。正如受访者所回应的那样，权力关系本身并无好坏，关键在于完善制度和治理结构，以便实现在最低限度的支配下，开展权力游戏。

（二）"未来投资"项目的凝聚作用

斯堡大学成立一年后，法国推出"未来投资"项目，其中以大学"卓越计划"领衔的多项经费资助为正面临财政困难的法国大学打了一剂强心针。从而使大学可以继续发展教学和科研，振兴科技生产力与高新技术创新。斯堡大学成为第一批招标成功并获得计划资助的大学。目前，斯堡大学与国家科研中心和国家卫生及医学研究院合作申请到 1 项大学"卓越计划"①，还获得 16 项卓越实验室计划、11 项卓越设备计划、5 项生物工艺、2 项生物信息、1 项交替培训、1 项卡诺计划等资助。

尽管三所大学合并的目的并非希望获得教育部更多的经费预算，但合并却成为大学获得未来投资系列资助的重要因素之一。

合并使我们可以在招标时提出高质量的项目申请。因为在招标书中我们能够展示新大学的领导方针和治理方案，且合并的成功也证实了我们是有实力通过政治和策略规划去实现预期的计划目标。从而获得了第一批资助。【S7－3 Poiter】

而获得资助项目对斯堡大学产生怎样的影响？每位受访者在被问及这一问题时，都表现出极大的自豪与欣慰，并特别强调：项目资助使大学更加团结，组织更紧密。（由于大学卓越计划的资助额最多，因此笔者主要调研了该项目对大学的影响）

很幸运的是，我们获得了大学卓越计划的资助，这些资助有助于我们进一步提高自己在国家层面、全球层面的声誉，它向大家提供了进一步合作的资金、手段，使我们按照自己设定的方向发展，而且这个资助计划，它不仅仅面向我们的优势学科（化学、生物学），还集合了大学所有的学科领域。因此，在这个层面上，能够让大家更团结，更加能推动合作或者跨学科的发展。……这个过程中，让大家的观念发生了转变：我们的科研活动不只针对某些优势学科，所有的人都不会被遗弃，都不会得不到更多的资源，都有权变得"卓越"。因此，形成了一种凝聚力或者精神状态，这是我们现在就可以看得到的。可以说，这是一个能让我们的新大学稳定发展下去，将全校人员团结在一起的重要动力。

---

① 斯特拉斯堡大学的卓越计划资助额高达 7.5 亿法郎。计划围绕卓越边界（Périmètre d'excellence）展开，经费主要用于五大领域：科研（跨越边界）、教学（推动边界）、学术与经济、科学—文化与社会和大学领航（战胜新边界）。

【S2 - 1 Laurence】

大学卓越计划巩固了我们合并的成果。因为它推动新大学积极创新，其经费资源面向所有人。但一开始，很多人对此并不相信，所以我们当时做了许多解释性的工作。我们最基本的立场是，创新计划可以存在于所有学科中，它不仅停留在已经被我们认可的化学、生命科学等领域（因为这些专业都有获诺贝尔奖的经历）。所以无论是教授、副教授，甚至是学生，都有可能参与项目招标。大学卓越计划于是成为一个联结所有人的纽带。【S7 - 3 Poiter】

按照上述受访者的说法，大学卓越计划成为人人均享的大蛋糕。可事实上，项目招标使法国大学都开始参与竞争，政府进行的则是选拔性经费资助。因此，并非所有学校、所有申请项目都能分得一杯羹。再者，项目招标时，大学为了更好地同法国其他高校开展竞争，学校层面必定推举出最具实力的招标计划。那么学校为了中标，是否会对某些学科的申请项目产生倾斜，从而出现无法公平对待各类计划的现象呢？我们可以分别从几位校长和教师—科研人员的回答中了解情况。

1. 优先与公平并存

我们在收集所有子计划的基础上，尽可能多而优地选择并将其汇总为招标项目申请书，同时注意在几大学科间做好平衡。如人文社科、生命健康和硬学科等领域。所以最后获得资助后，每个领域都能分得一部分经费，之后在各领域内部，我们再具体选择最优方案给予拨款。……在政治决策上我们秉持公平性（équité），即根据各专业所需和必需公平分配获得的总资助。所以不会出现某些领域什么也得不到的情况。具体由学术委员会根据所有与教学和科研相关的项目申报情况，划分经费分配比例，最后由行政委员会拍板决定。当然，不是所有人都能获得项目经费，这里确实存在内部竞争。但我们尊重每个人的要求，重视每个项目的价值。【S3 - 3 Frédérique】

我认为"大学内部会因为申请卓越计划而产生学科间的不平等"是一个误会，而且这种误会很快就消除了。因为硬学科的基本科研经费无疑会高于人文、社科类研究。但正因为这样，我们人文社会科学，包括法律、经济、管理方面的科研项目数量相对更多。所以尽管总体上我们的科研经费无法与硬学科相比，但因为拥有一定量的科研项目，对我们这类学科的研究发展起到了很大的鼓舞作用，对科研水平的提高也大有

裨益。所以可以想象，在经过十年、二十年的发展之后，我们的人文社会学科发展肯定也不会差。【S11 – 3 Calin】

从上述回答中，我们可以总结两点：一方面，学校需通过校内竞争，选择相对更优质的计划进行招标。但在此过程中，每个人均有权申请招标，且学校注重兼顾学科特色。目前，这种竞争模式获得大多数人的认可。正如一位受访者所强调的"我们不能一直都处在一种和谐、无任何竞争可言的环境中"。另一方面，在分配项目资助时，学校在满足各项计划的基本需求后，注重学科的均衡发展。以增加项目数量的方式为人文社科类计划提供更多的资助，以公平而非均等（égalité）的方式，在项目计划、学科需要和项目实践之间找到平衡。

2. 强制与灵活兼顾

毫无疑问，大学卓越计划是一种强制性的合作模式。这确实给我们增加了限制。为获得项目经费，为使项目更具吸引力和关注度，我们必须得和其他人进行合作。而事实上，当我们要与他人合作时，需要在协商讨论过程中决定大家可以共同开发的领域，可这期间必须放弃一些自己的坚持（科研兴趣、对项目的理解等）去迎合整个团队。而这对个人来说，可能就束缚了他希望去探索的领域。但事实上，我们也正是因为这种强制性才不断寻找更多跨学科合作的可能，这在很大程度上帮助学校形成良好的学术氛围。【S16 – 1 Katherine】

我们在申请项目时，学院和科研单位都需要把项目计划申请提交给统一工程中心（pole unique d'ingenierie）。这是一个集权部门，负责统合大学所有的申请招标项目。这个机构的作用非常大，它将我们的合作方案进行了有效的统筹，大家对其工作相当认可。所以从这个意义上讲，我认为申请卓越计划能够帮助中央管理层和学院管理层开展积极对话。【S11 – 3 Calin】

我们在动员师生申请资助项目时当然会引起竞争关系的产生，但我们更愿意把他们导向合作的模式。如申请过程中出现两个相近的科研项目，我们不会马上在其中选择最优，而是先尽量寻找两个项目中可以进行合作的突破点，鼓励他们共同申请科研经费。【S7 – 3 Poiter】

项目招标要求大学内部的教学与科研单位必须通过合作才可以申请，校长最终代表学校向政府提交计划。为避免同专业领域内的恶性竞争，学校鼓励不同的申请项目之间去挖掘更多合作的可能性，从而最大程度上调动申请者的积极性。在协同行动下，人们的大学归属感增强，大学权威进一步得以巩固。

我们可以发现，大学的权威通过校领导的号召力、行政科层的强制力和资金获取途径的凝聚力，即政治、执行和学术三大权力关系逐渐形成，并反映在一系列准则规范中。在这些准则下，权力具备了正当性，而正当性准则的出现促使权力关系变得非个人化，且减少了人际权力的运用。[①] 但事实上，权威和权力的关键已不能单凭行政逻辑程序来推动。校长在确定解决办法之后，必然要罗列一番合乎逻辑的道理（正当性）使决定受到师生的尊重，同时，还要对未获得"利益"者做一番安抚。因此我们似乎更可以说，大学权威是掌握在组织行动者手中的。学校能够进行统一管理正是因为师生愿意服从其决定，并默许国家和学校的各项政策（尽管借助了一种强制手段）。

二、集体行动下教学与科研的自由整合

新斯堡大学成立时，三所大学的 38 个学院、学校、研究院[②]和众多科研单位都未进行重组，师生依旧在原来的学院、实验室里工作和学习，并没有感受到组织合并所带来的变化。不过学校在财政、人力资源和教研行政管理方面的整合为大学进一步完成融合提供了可能。除了通过加强中央集权的手段，合并后的斯堡大学能够健康运行的关键因素之一便是积极吸纳师生参与学校的发展讨论工作。阿什比曾指出，大学的政策并非全都由上级制定再向下推行，特别是学术上的决定，大多都起源于工作台、实验室和午餐漫谈，然后向上、向外渗透。在学院层面，大多数决策也并非由院长一人说了算，且院长和学院教师的论资排辈现象并不明显。调研中笔者发现，斯堡大学的几位院长在描述和教师的关系时，经常使用"同事"一词，且乐于接受教师过问学院事务；无独有偶，教师在描述和院长的关系时，也特别强调院长是"同事"，而不是

---

① ［美］W. 理查德·斯科特，杰拉尔德·F. 戴维斯：《组织理论：理性、自然和开放系统的视角》，北京：中国人民大学出版社，2011，第 235－236 页。

② 除普通学院外，新大学中还包括高等教育与师资学校（ESPE）、斯特拉斯堡管理学校（EM）、斯特拉斯堡政治学院（Science Po Strasbourg）、斯特拉斯堡国家应用科学研究院（IN-SA）和欧洲化学、聚合物与材料学校（ECPM）等多所专业类学院、学校（或"大学校"）。各类机构的特征在第三章中已有介绍，因此不再赘述。

"老板""领导"，因此他们可以对等关系同院长讨论任何教研事务。由此，在集权之下，大学内部的决策权普遍分散在各个教学与科研单位里。为了保持组织的统一，大学必须使这些决策相互协调，使每个成员只感受到最小的限制或压抑，从而自下而上地形成一种和谐探讨的氛围。而教学与科研的进一步融合便在此酝酿、成熟。

重要的是要努力创造一种信任气氛。因为这种气氛可以使大家，特别是教师—科研人员体会到安全感。这一点绝对不能忽略，但同时也很难做到。……虽然我们正往跨学科的方向发展，但依然有很长的路要走。所以就要求我们团结合作，注重团队精神，不能单兵作战。具体来看，人员的参与性对事情的进展和推动作用往往是非常重要的。不论谁，如果只是偏安一隅，躲在角落就生出一些想法、观点或者政策，往往会引来大家的不解。人们可能还要反复问为什么会这样做，到底该怎么做？这种情况通常会阻碍事情的发展，也会产生更多的问题。所以集体意识非常重要。当然，这也存在一种潜在的危机。所有事情如果都经过协商讨论才能做出决定，又很容易把事情搞复杂。但如果我们能够把事情坦诚地摆在桌面上讨论，尽管有时候会搞得大家不知所措，甚至会"混淆视听"。但如果我们能够开诚布公地协商，结果往往不会太差，同时公开透明也会降低风险，问题、矛盾也相对更少。【S7 - 3 Poiter】

相较于新大学的治理，我们现在应该更关心如何形成一种集体信任感，这是我们最需要孕育的一种内部文化。因为对我们来说，重要的不是说我们有多少权力，谁掌握权力，关键是我们能否都朝着同样的一个方向努力。【S13 - 1 Pascal】

诚然，在相互融合、信任的氛围中，人与人之间的紧张关系往往会被冲淡，也避免让我们通过"自以为是"的意图判断（procès d'intention）去下结论，从而更和谐友善地探寻变革的良方。

（一）学院的非强迫性合并

由于原来三所大学的专业设置各有侧重，学校基本保留了原来学术机构的组织形式。但2017年1月斯堡大学成立了新的语言学院，该语言学院是由原应用语言与人文科学学院、语言与外国文化学院和LANSAD语言中心合并建立。同时，大学成立初期，从心理学院分离出的教育科学学院也正在同高等教育与师资学校（下使用法语简称"ESPE"）开展合并的准备工作。学院合并并非校级决定（尽管学校希望简化学术组织数量，也提倡将学院进行整合），而是几个学院之间协商的结果。对此，校长们认为自己的非强制引导策略起了积极效果，合并（准备合并）的学院也对自己的选择和行动感到满意。

一开始学校是希望有一些单位可以进行合并的，这样我们在分配资金时也更方便。所以当时设想，一些科研机构或教师能有可以共同开发的科研项目，那就有了合并的需求或者条件。在教学领域也是这个道理，如果几个学院有了想颁发统一文凭的意愿，那为什么不能把它们放在一个机构里呢。比如医学院和牙外科研究院，两个领域虽不完全相同，但其实在某种程度上是可以共享统一身份的，这便为学院间进行关于合并的探讨埋下伏笔。所以，我们可以发现，有些领域是慢慢相互靠近的。例如语言学院的合并，教育科学学院和 ESPE 的合并。同样在公共行政管理领域，政治学院和法律、政治科学与管理学院进行合并也不是没有可能。【S7 - 3 Poiter】

在校长层面，我们没有具体要求学院之间开展合作，但我们希望融合是不断深入的。这中间，我们更看重大家能够自由表达心声。我们熟知，学院之间合并的推进是需要时间的，让它们自由实现真正的"合作共赢"。所以语言学院的成立是大家不断靠拢聚合的最直接体现。其实这几个机构之前并不在同一所大学内，大家之前并不熟识，但大学合并后他们的沟通交流逐步增加、扩展。所以几个学院的关系也更加亲近了。但如果合并是由校领导主推，或者在大学成立后就立刻开展合并的话，我认为他们的融合效果可能会打折扣，因为在强制要求下很容易出现反对声。因此，我们确实放慢了脚步，让大家在充分讨论的基础上，真正了解他们将获得什么，且不会失去什么，合并似乎也变得"轻而易举"了。【S3 - 3 Frédérique】

从学校层面出发，在明确宏观管理目标与职能管理部门权责关系的基础上，创建行之有效的与权责利相对称的管理运行机制。而这一机制的本质便是将中央集权的行政管理模式变为以学院管理为主体的管理模式。即在放权过程中也赋予学院独立发展的自由，从而真正实现学校发展的最大依托在于学院。斯堡大学的做法便是允许学院自主制定发展目标和进行学科建设。为了解合并学院的具体情况，笔者咨询了来自教育科学学院和 ESPE 的院长与负责教研管理事务的几位教师—科研人员。

教科院院长的观点：将教育科学学院和 ESPE 进行合并是我提出的

设想，学院里的同事们比较支持。很快，我与 ESPE 院长进行商议，他也非常赞同我的想法，于是我们就准备合并工作了。我这样做是从学院的战略发展层面考虑，希望合并后教育科学学院将来能一直发展下去。因为学院规模在大学中还是比较小的，况且教育学专业和许多领域都有联系，教师培训这一块其实属于教育学的一个重要组成部分。……这个想法并非很早前就有，而是在我成为院长、领导学院发展的过程中逐渐形成的。作为一个机构的负责人，我不仅是学院开车的"司机"，更要明白该往哪个方向开。总之，从教育科学学院的独立到现在和 ESPE 联合建立教育科学和终身培训学院，是我们自主决定、不断发展的成果。【S13 – 1 Pascal】

来自 ESPE 教师—科研人员的观点：对我来说，ESPE 与教育科学学院进行合并是符合逻辑的。它比较接近北美教育系统中教育学科的发展情况。比如在加拿大的蒙特利尔大学，它的教育学专业和培养教师都集中在教育科学学院。我们 ESPE 和教育科学学院、心理学院之前就有很多合作。我周围的同事很多来自教育科学学院，而且大家都在一个实验室。所以您可以发现，一起共事的逻辑在我们这里没有任何问题。一旦形成一种凝结的力量，合并自然可行。【S16 – 1 Katherine】

来自教科院教师—科研人员的观点：与 ESPE 开展合并与我们之前从心理学院分离出来是类似的。当时我们一大的教育学系和二大学院下设的另一支教育学专业团队团结在一起，形成了一个新的独立学院。在这个过程中，两所大学的同事们参与度非常高，大家都很积极。此后，教科院成立，学院地位提升且拥有了更多自治权，这也使教育学科在斯堡大学获得更高的能见度。现在我们希望同 ESPE 合并也是由学院委员会最终投票决定的。所以我们所经历的"分分合合"，是学院自己的选择，也是大家民主讨论的结果。尽管合并的结果不一定让所有人都能满意，但合并的阻力并不大。【S15 – 1 Emilie】

可见，从学院角度出发，靠拢合并是在公共探讨与实践中逐渐形成的目标。其中，相互了解、信任，拥有共同的利益和学科文化是前提。在此背景下，尽管没有校领导的强制要求，合并也成为学院与学院间自我协调、自主创新与相互依存的手段。

（二）跨学科研究的推进

斯堡大学涵盖 16 个学科领域，成为集完整、多样和声誉于一体的名副其实的跨学科大学。学校大力倡导不同学科专业在同一组织内部产生协同作用，并赋予科研单位丰富其知识和探索领域的充分自主权。①为此，学校一方面积极调动和营造学科交融的学术气氛；另一方面，各科研单位也以合作项目为契机，进一步加强学科交叉意识。

首先，斯堡大学为打破学科研究的壁垒、建立跨学科交流机制，首创了共治联合会（collégiums，以下简称共治会）。共治会将 38 个教研单位，73 个科研团队联合起来，分为艺术—语言—文学、法律—行政—社会、教育与培训、新闻传媒与政策研究、科学、经济与管理科学、人文与社会科学、工程—技术科学、生命与健康 9 大共治会。它们专门负责协调校领导团队和不同组织机构（学院和实验室等）间的关系。共治会专门为学校的教学、科研项目和相关财政事务提供建议，并致力加强教学与科研的互动关系，促进基于学科互补性的教学创新主题的出现。因此，共治会作为桥梁，为学校发展跨学科氛围创造了可能。②

其实，校领导们一开始并非没有合并教研单位的具体行动，只不过他们选择建立共治会，将不同专业领域的人组成一个团体，相互讨论，促进了解，从而激发其从背后产生合并的意愿。在共治会里，大家的讨论与互动主要集中在科研方面，对申请大学卓越计划也有很大帮助。

【S7 – 3 Poiter】

我认为共治会起到了催化剂作用，促进我们去发现更多原创性的点子。它主要服务于科研领域，成为一种去除学科边界的组织模式。在共治会内部，大家借助项目方案集合科研智慧。所以它是一个供我们展开思考，提供建议的平台，有点儿像智库，但又不是进行决策的机构。

【S6 – 2 Schneider】

共治会不是由国家法律倡导建立的组织，它也没有受学校规章制度的约束。教师—科研人员根据自身专业发展需求，按学科相近或有合作潜力的原则建立共治会，集中开展学术探讨，甚至共同申请科研项目资助。共治会参与人数、组织方式与活动内容均由成员自行决定。可以说，学校赋予了共治会最大的自由度，尽管发展至今，共治会也遇到不

---

① Pluridisciplinaire et Efficiente par Engagement, http://www. unistra. fr/index. php? id = 19529, 2017 – 02 – 10.

② UDS, "Collégiums de Université de Strasbourg," http://www. unistra. fr/index. php? id = 19536, 2016 – 07 – 06.

少发展问题①，但它在大学发展初期确实有力推动了跨学科对话。

其次，学校开展博士学校改革，并积极开展多样的学术活动，为师生、特别是博士生进行跨学科研究提供了展示的平台。2013 年，斯堡大学将各博士学校和博士生的服务管理工作统一在博士学院（collège doctoral）内部，以便让所有博士生享受统一待遇。同时，学校大力倡导跨学科活动，组织"穿越边界"学术主题活动和 8 分钟自由演讲论坛等，让大家充分了解学者大师或青年研究人员是如何找到学科融合点，如何挖掘与其他学科进行交叉的可能性等。专门负责科研发展和博士生培养的副校长佛罗伦丝曾兴奋地向我讲起他们推动跨学科的实践工作。

我们将博士生管理统一于博士学院，就是希望能为学生提供相同的学习、生活资源，以及学术发展机会。在以前，我们的博士生介绍自己时，往往会说我来自这个实验室，那个学院，或者某个博士学校等等，且不同领域的博士生之间交流甚少。而博士学院加强了博士生对学校的认同感，使其明确自我定位，更促进合作伙伴精神的养成。……学校十分支持不同的学院或学科之间开展交流：学法律的人可以和学数学的人进行对话，搞化学的人可以和学音乐的人碰面，社会学的人可以见见搞地理学的人等。所以我们组织了现在已经成为招牌活动的"穿越边界"学科主题展以及一些自由演讲论坛，如邀请化学、生物学、历史学、数学等领域的师生共同做一些简单易懂的展示让广大学生发现更多合作的可能性。这些活动经常吸引不少人前来观摩甚至参与。活动方式很容易被人接受，且容易碰撞出更有趣的知识火花。【S2 - 1 Laurence】

的确，无论是新建博士学院还是推动学术研究活动的开展，大学中的跨学科讨论与合作等非正式程序、规范和惯例也在逐步形成。随着学术管理重心下移到学科，师生自由自主的集体行动也会聚集更多优质的教育与科研资源使跨学科做大做强。

此外，开放的沟通机制有助于师生学科交叉研究文化意识的形成。大学除在内部推动跨学科交流外，积极同国家科研中心、国家卫生及医学研究院等法国顶尖科研机构，以及国外大学的一流研究团队开展学术

---

① 受访者提到，共治会目前在发展中存在的一些弊端主要包括：共治会没有统一的管理（约束）标准，发展参差不齐；该组织在发展后期的协商对话作用逐渐减弱，也没有进一步形成共同发展使命，有些"不伦不类"；一些大型共治会一定程度上影响了其他学术机构的权威，使权力沟通变得复杂，引起校长和学院院长等人的担心。

合作。在走出去、引进来的人才交流与项目合作过程中，学生的跨学科培养与教师—科研人员的研究实践可以保持活力与连续性，长此以往，跨学科的文化信念和价值观定会生根发芽。

我们的学科发展技艺应当是高度化、交集化和立体化的，而探寻学科边界的脚步也不只停留在学校内部。学校希望与外部科研机构和国际名校发展合作关系不只停留在文本协议上，我们更愿意看到大家的实际交流成果。而跨学科思维正是我们深入合作的一扇扇窗口。比如我学法律，就会用到人口统计学；我研究家庭法，那我也会去请教这方面享有盛誉的心理学家去一起探讨研究课题。所以我们鼓励教师—科研人员在拓宽跨学科的渠道，寻找更多可能性，发现更独特的视角，从而使我们的研究更加成熟丰富。【S3－3 Frédérique】

目前，许多同事在一起讨论问题时，我们都有一种开放的、强烈的跨学科感受。这种感受可能对习惯在这种环境中工作的人来说是幼稚的。甚至在我参与行政委员会会议时，都发现我身边的同事不再仅限于原来的教授圈子，除了搞法律、政治、经济的同事，我能遇到从事数学、医学、化学、语言学、艺术学的同事，所处的文化环境也从单一变得丰富，同事的思维逻辑和行事方式也从相近变得多样。虽然委员会的人员构成更加复杂，大家的谈话语境和出发点也各不相同，但对我们来说却是一笔财富，可以真正形成跨学科交流，而且视野也更加开阔了。这可能也在酝酿一种新的学科理念吧。【S11－3 Calin】

回顾斯堡大学建成后的治理之路，在形成规范管理、深入创设教学与科研发展环境中，学校的发展战略与行政管理系统已牢牢掌握在中央层级；但在学院等学术机构层面，院长与普通的教师—科研人员也拥有较大程度的学术自主权与发展主动性。在大学组织成员看来，中央集权的管理与服务机制已经成为规范学校获得实践的校准器，尽管它有时会让学院感到沉重，但却已被视为"正常现象或者是一种理所当然"【S11－3 Calin】。同时，曾经的组织设计者也意识到，大学组织是由行动者形成，因此需要更多地考虑到组织内的行动者。在这里，教师—科研人员和学生的跨学科沟通与合作得到了极大鼓励，且已逐渐常态化的交流机制为师生们提供了行动的"意义框架"。他们在自由的教研活动空间（场域）内形成的角色与信仰，获得的认知与文化又促使其进一步发挥学术热情和首创精神。

第四节　"联合会"中的新大学：松散联结却相互靠拢

1991 年斯特拉斯堡三所大学组建斯特拉斯堡欧洲大学集群后，政府于 2006 年开始在全法建立高等教育与科研集群时，也希望斯特拉斯堡参与其中。但在权衡下，三所大学最终选择直接合并，此举着实震惊了法国高等教育界。2013 年《法国高等教育与研究法》颁布，阿尔萨斯地区的高等院校根据法律建议，选择建立阿尔萨斯高等教育联合会（下简称联合会）。其中斯特拉斯堡大学作为联合会成员中规模最大的大学，与其他 5 所大学共同签订了国家的"多年期场地合同"（2013—2017）。其中上阿尔萨斯大学、斯特拉斯堡国立应用科学学院、斯特拉斯堡国立大学图书馆与斯特拉斯堡大学属于共同签署机构；斯特拉斯堡国立水与环境工程学院、斯特拉斯堡国立高等建筑学院作为斯特拉斯堡大学的联合机构，只签订了部分场地合同。① 联合会模式不同于大学与机构共同体（共同体模式的实践案例将在下章中介绍），除要同国家签订合同外，政府对其在管理方面没有做具体的制度要求。

近年来随着联合会和共同体的成立与发展，两种组织群的治理模式呈现诸多不同。联合会因其灵活且独立的运作方式受到联合机构——成员院校的肯定，也得到共同体成员院校的"青睐"，被认为联合机构之间似乎已找到松散耦合的较佳平衡点。为此，笔者希望通过深入斯特拉斯堡案例，了解联合会的建立情况与制度逻辑，以及斯特拉斯堡大学这一联合会中最大也最为核心的成员如何同组织群中其他院校行动者开展互动（主要集中于斯特拉斯堡大学和上阿尔萨斯大学两所公立大学之间），从而探讨权力驱动下合并的大学与其所属组织群的发展特征。

一、非"共同体"道路的确立

（一）最初的放弃

2006 年 4 月法国《研究规划法》出台，高等教育与科研集群走入人们视线。同年 9 月斯特拉斯堡大学合并准备启动"工程"。尽管政府未强制要求所有地区都建立集群，但斯特拉斯堡还是选择了与法国大多数

---

① UDS," Six Établissements Associés pour une Stratégie Commune," http://www. unistra. fr/index. php? id = contrat-de-site, 2017 – 02 – 10.

地区不同的高等教育组织发展之路。

其实我们当时已经在集群（斯堡欧洲大学集群）形式里了，而且与其他学校均建立起各种合作关系。所以当国家倡导建立集群时，我们决定走得更远，那就是进行大学合并。但在那个时候，合并对政府来说是一种新的变革形式，太新鲜了。【S1－2 Michel】

——问：为什么不参与集群的建设？

——答：我们都早已准备要合并了，所以不愿意马上建立第二种组织架构，而且集群是很受上位约束的一种组织形式。2006 年新学期开始我们陆续展开合并的筹备工作，也确实无暇顾及建不建立集群。【S6－2 Schneider】

2013 年 7 月，政府结合当下法国高等教育与科研机构的发展情况出台《高等教育与研究法》，并要求所有高等院校进行整合。彼时，斯特拉斯堡大学已结束合并近 4 年，且符合法律中需进行"合并"的要求，但依然决定与斯特拉斯堡市内其他机构以及周边城市的高校建立正式关系。于是，联合会模式成为阿尔萨斯地区高等院校机构的首选。

当时我们已经合并成功，所以希望周边的学校能够以联合学校的身份同我们建立合作关系，而且这种组合形式相对而言并不复杂。2007 年国立水与环境工程学院成为一大的联合机构，我们已经有联合机构式的合作关系。这种形式的实践效果也挺好，所以我们和其他几个院校协商后决定建立联合会。【S3－3Frédérique】

当然，建立联合会并非由斯特拉斯堡大学全权决定，阿尔萨斯地区的高等教育社群关系早已形成。除国立水与环境工程学院同原斯堡一大建立联合关系外，斯特拉斯堡国立应用科学学院就位于斯特拉斯堡大学生物学院对面，地理位置临近，且早已与大学开展多项科研合作；国立大学图书馆从历史上就开始与三所斯特拉斯堡大学共享文献资源；而隶属于法国文化与宣传部的斯特拉斯堡国立高等建筑学校为取得博士文凭颁发资格，也在 2012 年挂靠于斯特拉斯堡大学；最后，上阿尔萨斯大学虽不在斯堡城内，但其两大校区分别位于临近斯堡市的南北两小城科尔马和米卢斯，且两校合作关系紧密，有不少共建实验室。事实上，上阿尔萨斯大学还在斯特拉斯堡大学进行合并时也曾考虑过是否加入。尽管该校最后并未参与合并，但在行政委员会的决议下于 2011 年同斯特拉斯堡大学结成对子（partenariat），随着 2013 年新法的出台，该校旋即决定成为斯特拉斯堡大学的联合机构。

不论结对子还是联合其实都是一种合作机制。而我们当初没有选择参与斯特拉斯堡大学合并，建立集群以及后来的共同体，是因为联合的形式可以让我们保持决策的自主性，并且延续专业化、跨边境和创新的发展战略。进入某类大学排名并不是我们上阿尔萨斯大学的发展目标。学校是以人才培养的专业化及其特色，和提供与社会经济紧密相连的教学与科研为基础吸引学生和教师的。我们重视的是能为学生带去什么。上阿尔萨斯大学对外国留学生的吸引力排在全法第八，学生的学业成功率也远高于法国大学的平均水平。这是我们的价值所在。【S17 - UHA Jeanne】

如果说斯特拉斯堡大学放弃建立集群却选择进行合并是打开法国高校组织变革新模式的一次创举，那么建立联合会则符合斯特拉斯堡以及阿尔萨斯地区高等教育发展的实际情况。正如几所院校当时所设想的那样，联合会也可以聚合地区高等教育相关发展战略；吸纳资源以创建共同计划；提升高校教育教学与科研的辨识度与吸引力；在跨境空间中展现应有分量；通过广泛且高质量的科研政策参与地区经济建设与文化发展。[①]

（二）之后的确信

在联合会逐步发展的同时，共同体也在法国各地纷纷建立。受访者在谈及联合会时免不了与其他形式类似的共同体做番比较。但总体上大家都很满意自己的选择，特别是了解共同体所面临的发展问题后，甚至表示出一致的"庆幸"。

我可以给你（笔者）做一个整体比较：我们决定不参与集群建设，并在集群与合并中选择了后者。就目前的结果看，合并要比集群更能有效推动大学发展。而集群的"继任者"——共同体与其"前任"的不同在于，共同体有了一套完整的运行方式与合作模式推动院校联系。在集群中虽然出现过一些沟通不顺畅，但在共同体中，这种沟通不顺畅的情况似乎更多也更复杂。集群时期大家遇到的问题相似，每个集群所反映的院校关系也大体相似。但现在，每个共同体都有自己的发展特色，组织群内部情况多样，促进统一行动也更困难。但我们的联合会没有统一

---

① UDS," Six Établissements Associés pour une Stratégie Commune," https：//www. unistra. fr/ index. php？ id＝contrat-de-site#c97500，2017 - 01 - 10.

的治理方式，虽然与共同体一样，斯特拉斯堡大学需要和其他的联合机构共同与国家签订发展合同，大家有需要一致完成的计划，但我们的合作方式却更灵活。这是一个 good choice!【S3 - 3 Frédérique】

我们建立新大学之后，选择成立联合会，通过协议与周边的院校机构进行联合，形成联合网络关系。相对而言，联合会的形式比共同体随意一些，受到的制度约束也少。【S6 - 2 Schneider】

我们非常幸运的是没有参与到共同体这种形式当中。所以我们的外部治理相对而言也比较简单。可以说我们选择了适合自己的一种组织整合模式。【S1 - 2 Michel】

的确，与共同体相比，联合会组织关系简单，不存在过多的利益纷争。但笔者在访谈中也发现，许多受访者对联合会的发展情况并不熟悉，反而对共同体的认识比较深刻。比如：

从工会的角度来看，建立共同体其实是一个权宜之计。那些组建共同体的院校希望既保留自身的权利，同时也试图发现，许多国家所采取的这种组织模式（建立联合大学）是不是进行大学组织变革的一种明智之举。大家是通过迎合这种改革，希望进一步提升院校的发展水平。但事实上，如果把它看作希望大学重新活跃起来的最后一招，我不认为共同体在国际社会中能从多大程度上提高法国大学的知名度。联合会反而没有那么大的压力，况且我们斯特拉斯堡大学近些年在国际排名中也表现不错。【S12 - 1 Eric】

如果说从他者认识自身是肯定联合会这种组织形式的一种方式，那么联合会究竟在"联结"地方院校方面是怎样推进合作的？它又发挥了何种作用？带着这两个问题，笔者进一步了解了联合会这一组织群的运作方式及其对各联合机构的影响。

二、灵活松散的组织互动

在阿尔萨斯联合会中，各机构希望在共同协商并保持自主性的情况下，以合同为框架开展进一步合作。每个机构都需对各项战略方针进行协调性思考，且各有侧重：斯特拉斯堡大学负责科研领域；上阿尔萨斯大学负责跨边境合作，与社会经济环境的关系，以及实习领域；斯特拉斯堡国立应用科学学院负责工程（学）领域；国立大学图书馆则负责所有的文献资料管理。其中，斯特拉斯堡大学是联合会的领导者。

（一）以场地合同为纽带

斯特拉斯堡原来三所大学的校长本来就常在一起工作，有时甚至米卢斯那边的大学校长也会加入。后来，我们决定在一起讨论四年发展合同。几所大学的副校长还真的组成了跨学校团队。前几次会议是每月召开一次，每次 2 小时，几位校长再单独开两小时，我们还会去米卢斯开会。【S8－3 Vincent】

这是斯特拉斯堡三所大学合并前，几位校长与上阿尔萨斯大学合作关系的写照。尽管那时大学的组织关系没有如今紧密，但从侧面反映出几所地缘位置相近的联合机构在传统上已存在一种集体协商的文化。2013 年在确定联合机构的身份之前，上阿尔萨斯大学便已投入到与斯堡大学共同起草多年期场地合同的行动中，其他院校随之陆续同斯特拉斯堡大学展开联合。

根据场地合同，几个院校的具体合作围绕科研（普及卓越）、教学（提供具有吸引力的共同教学）、文献资源（制定促进卓越教学与科研的文献管理政策）、大学生生活（改善学生住宿条件与生活节奏）和其他支持功能（促进资源互惠，简化机构间的工作手续）5 大工作轴心和行动展开。[①] 通过 5 年努力，联合会希望借助合作进一步提高地方科研水平，以早前欧盟推出的"地平线 2020"创新计划为依托挖掘地方企业的发展潜力，制定清晰合理的阿尔萨斯地区高等教育短期规划图；方便开展大学培训，促进大学生多样化发展及其学业成功；将大学文献资料的管理结构化；更好地向国际展示阿尔萨斯地区的高等院校；通过场地合同，地方行动者在自治得到尊重的前提下建立对未来的共同视野。[②] 正如上阿尔萨斯大学校长所言，合同确实扩大并深入了几个机构之间的合作范围。

在联合会当中，每个机构都是独立的，我们一共有 6 个成员，大概每隔一两个月开一次圆桌会议，商讨最近各机构的发展情况与新计划。但是我们没有统一的办公室、财政预算，也没有具体的组织结构或一个

① UDS,"Des Établissements Associés, Comment?" http://www. unistra. fr/index. php? id = 21243#c97 577, 2017－02－11.

② UDS,"Des Établissements Associés, Pour Quoi Faire?" http://www. unistra. fr/index. php? id =21242, 2017－02－10.

专门机构，负责联络各单位并把我们的合作串联起来。真的就是一个联合状态。而能够看得见的、抓得住的是我们各自的学校合同与国家签订的五年场地合同。【S2 - 1 Laurence】

同政府签订合同后，联合机构的校长们继续通过定期会晤，按照合同要求逐步推进合作计划。在此过程中当面临新的决策时，校长们往往也并不直接在会晤中确定各项政策措施，每项决定都需经成员院校的行政委员会投票通过才能最终达成协议。

联合机构在治理上更加灵活，所花费的成本也低，不受所谓技术专家体制的影响，但在开展合作探讨时偶尔也会觉得比较复杂。好在我们可以借助合作展开充分讨论。但如果还没有具体的合作方案就想通过组织的结构化去推动合作往往是行不通的。【S17 - UHA Jeanne】

受访者普遍谈到，联合会的形式让几个院校的合作更为灵活，主要是因为联合会并没有形成高度正式化的结构，也不受组织制度的约束，合作的开展是带有随意性的。同时，还需要特别指出，斯特拉斯堡大学及其联合机构除共同签订场地合同外，每所学校还分别与国家单独签订学校合同。而在共同体内部，所有成员均需以共同体名义参与场地合同的制订，只是合同中划分了合作的共同部分和各个院校的特别部分。这也在很大程度上给予联合会内各院校更多的自由。此外，法国政府还于近年推出以六年为期限的国家计划合同。2015 年开始，该合同也涉及高等教育研究领域。因此，6 个成员也在这一合作框架下开展更多的合作。

（二）以"无竞争"合作为原则

组建联合会，将其作为"一种外部施加的身份"，让组织群的联合机构之间以"合同"展开合作。从理论上讲，与合作相伴相生的往往还有对资源的争夺——竞争。当笔者问及联合会中是否存在机构间的竞争时，受访者这样回复：

在制订合同时，我们首先要明确国家的整个宏观制度，主要朝着促进地区发展和社会创新等目标，一起商讨具有操作性的合作方向。确定方向后，再不断细化，考虑我们怎么去发展合作，怎么使联系更紧密。所以，这之间不存在竞争关系。因为我们更看重协商和讨论后大家所能达成的一致意见。每个学校都应该明白什么是最重要的，什么问题有待我们去解决。在这样的观念下共同起草合同并向政府提出申请。可以说我们对个体需求（本校）与集体需求（联合会）是在理性思考的基础上

形成的认知。【S2 - 1 Laurence】

笔者也发现，由于联合会之间主要以场地合同维系合作关系，它们并未共同申请类似大学卓越计划这样的巨额资助项目（况且，当时联合会尚未形成）。只有与斯特拉斯堡大学共建实验室的一些联合机构（如国立大学图书馆、上阿尔萨斯大学等）的教师—科研人员参与申请过某些子计划，且合同中一般已注明具体的财政拨款项目，所以再分配资源和经费时，各机构之间并不存在明显的利益冲突。

我们是以单独的学校（斯特拉斯堡大学）名义申请卓越计划的，具体决策、计划都由自己说了算。过程中，上阿尔萨斯大学、国立应用科学学院的校领导们偶尔会参与我们的讨论会，这些学校中的一些科研人员也被邀请作为项目申请成员。总之，我们希望在追求"卓越"的道路上，让所有人都能"卓越"。这也是我们的组织模式不同于共同体的地方。共同体里包括各类型院校。校长在探讨合作，申请大学卓越计划时，一定会首推自己的优势学科或顶尖的研究。或者换种说法，共同体里的院校需要去寻找一种利益的边界，而我们不需要。【S4 - 1 Dreysse】

来自斯特拉斯堡大学的教授卡特琳娜说：我所在的实验室里就有来自上阿尔萨斯大学的同事，我和他们有一些合作联系。[……] 在联合会中，两所学校无论是从学生规模，还是大学文化、运行方式上，都存在很大的不同。进行联合对我们是有意义，可以盘活地区高等教育，但需要巨型大学（斯特拉斯堡大学）带着"小"大学往前走。因为，规模并不大的上阿尔萨斯大学是米卢斯这个城市唯一的公立大学，而米卢斯在整个阿尔萨斯地区中是最穷的。所以学校的发展势必需要借助外力。【S16 - 1 Katherine】

在斯特拉斯堡大学看来，它作为联合会中的"大哥"，与其说同其他联合机构在地方发展中存在冲突或竞争，倒不如说它起到的是带动作用。客观讲，合并后的斯特拉斯堡大学所拥有的资本，以及在斯特拉斯堡市、阿尔萨斯地区，乃至全国所占据的高等教育地位是其他联合机构无可比拟的。在物质基础之上所产生的"权力"不平等，本身便"遏制"了竞争在联合会中的萌芽。且上阿尔萨斯大学的校长在访谈中多次强调，学校的自我定位并非是发展成为一所享誉全球的国际化巨型大学，而是要充分发挥专业化人才培养的实力与吸引力。学校更重视大学能够适应其所在地方的发展背景并且有能力决定自己的发展战略。

地方政府对阿尔萨斯联合会的支持主要以斯特拉斯堡城市为核心。

斯特拉斯堡市作为欧洲的第二首都，受到市政府、下莱茵省乃至阿尔萨斯大区政府的高度关注。政府希望地区高等教育与科研机构在斯特拉斯堡大学的带领下，发挥促进地区经济、社会发展的杠杆作用，特别是在强化继续培训，激活地方企业创新，动员法、德、瑞三角地带欧洲大学校园建设方面应赋予首创精神。

此外，联合会利用多样的方式和机制对来自地区发展的需求做出反应，通过转换自身角色和关系去适应变化的环境。除在阿尔萨斯地区建起高等教育的桥梁外，联合会还不断扩大视野，积极同洛林地区的洛林大学开展多项合作。如目前两地正在争取国家的新一轮地方—经济—科学—创新计划（I－SITE）。

三、从模糊走向清晰的合作

斯特拉斯堡大学在同其他院校进行合作时主要围绕共同关注的战略研究课题展开，包括建立资源共享机制，提升各自在教学与科研方面的国际影响力和吸引力，更重视跨边境级别的相互合作，同时积极参与地方的政治、经济和文化发展。这种灵活独立又不失核心关注点的互动方式使得阿尔萨斯联合会成员院校间的耦合关系似乎找到了较佳的平衡点。那么联合会的合作成效究竟怎样？它在促进各成员的合作发展中扮演怎样的角色？阿尔萨斯联合会建立虽已近 4 年，但笔者从受访者处与所收集到的资料中发现，联合机构间的所取得的实质性进展并不明显。

究其原因，首先，联合会没有针对合作设立评价体系，也无具体的衡量指标，因此对合作的评价只能根据校领导的"个人感受"进行判断。

合作加速了我们的行动实践。上阿尔萨斯大学在内部确定了追踪指标，但联合会中没有具体的评价标准去衡量我们的合作。不过从博士和硕士人数的增加，以及我们积极参与斯特拉斯堡大学获得的大学卓越计划等方面可以说明我们的合作是在步步推进的。【S17－UHA Jeanne】

联合会还在很大程度上改变了几所院校的合作方式。但就具体的教学和科研成就，我没有专门的数据或细节回答您的问题。但比如，上阿尔萨斯大学的学生如果想来斯特拉斯堡大学听课、学习或者收集一些相关资源，是绝对没有问题的。【S3－3 Frédérique】

其次，交流沟通主要由各院校校长出面，会晤与协商情况不对外公开，因此合作对各机构内部人员的影响力较弱。特别是笔者在问及斯特拉斯堡大学副校长关于联合会的合作情况时，他们对具体的合作细节竟然并不知情。如某位副校长如此回答：

　　几所院校的独立性很强，当前的合作更多停留在政治、策略方面，所以主要参与沟通的校长应该对这个问题更清楚。包括如何具体谈论合作事宜并达成共识，你可以请教校长。［……］这些合作还与校长的个人特色相关，往往还要看他如何定位我们的合作关系。比如现在联合会是这样的发展政策，如果换个校长，可能在下一轮 5 年场地合同中，机构的合作方向就会发生改变。【S3 – 3 Frédérique】

　　可见，在联合会的学校互动中校长是核心人物，而校长团队中的其他人员对于联合会的具体合作细节和概念相对模糊。

　　最后，合作实践通常在两个联合机构之间展开，而以联合会为名义开展的行动有限，因此合作文化有待深入。

　　联合会中存在的问题是，组织群"更灵活"意味着我们在一起共谋事业、充分开展合作的情况相对较少。所以，整体上在阿尔萨斯地区我们没有一种很强的组织集权管理的形式或者文化。这与在共同体中存在很强烈的法兰西"价值"不同，即共同体是一步一步走向法国科层制这种传统的行政管理状态。所以每个人会感受到他所处的中心地位和非中心地位，从而逐渐调动起大家的积极性，形成竞争活力。但是在我们的联合会中却没有那么强的竞争意识。正是由于我们这种模式更灵活一些，大家在任何合作领域都达成了一种尽量保持各自学校身份和独立性的共识。【S6 – 2 Schneider】

　　此外也要承认，阿尔萨斯作为受过德国联邦制影响的地区，在其整个高等教育环境中，也不可避免受到历史环境、传统文化和地域因素的影响。但联合会的成员们也逐渐意识到目前组织群中的信息交换是有限的，合并的实际效果也值得考量。如在上阿尔萨斯大学校长的建议下，联合会组建了引导委员会以协调各成员院校及其共同制定的发展方向。同时，随着法国行政区域划分的变动，联合会所涵盖的院校机构是否也有新调整也被提到议事日程上，所以合作仍在不断探索中。斯特拉斯堡校长也特别指出，合作需要继续落实，同时要不断寻找新方法。在确定合作方式的前提下，深化合作已进入联合会院校的新一轮规划（2018年）中，新场地合同里会更明确各自的合作权责。

第五章

合并重组之波尔多道路：制度驱动—紧密耦合

在（组织）理性化的世界中，先是设定各种目标，然后设计出类似于规则的各种原则，以支配组织活动追求其各自目标。这种理性化包括创造那些鉴定手段—结果关系的文化图式，使控制各种行动者及其行动的系统得以标准化。①

——理查德·斯科特和约翰·麦耶

无论是在稳定的还是不稳定的制度背景中，（组织）行动者都并非简单的受其场域的共同意义的控制。……相反，行动者通过运用一定数量的社会技能，来再生产或对抗权力及特权系统。②

——尼尔·弗雷格斯坦（Neil Fligstein）

波尔多大学是一所致力于发挥跨学科研究的国际化研究型大学。从15世纪中叶起，波尔多大学便以人文主义、高要求（exigence）、创造力与多样性的价值理念锻造着大学声誉。大学在倡导学生的自由意志、批判意识和智力开放的同时，教育学生理解世界并给予学生成功融入职业社会的钥匙；通过追求雄心壮志与远大目标，担负学术、公民与社会责

---

① Scott. W. Richard & J. W. Meyer, Institutional environments and organizations: Structural complexity and individualism, Thousand oaks CA: Sage, 1994. p. 3.

② Neil Fligstein, "Social skill and the theory of fields," Sociological theory, 2001, 19(2), p. 105 – 125.

任，推动科学、教学与文化创新，维护智力、制度和个体的独立性，以及秉持对世界和多样性的开放与合作态度引领大学行动。[①] 如社会学、教育学与人类学巨匠埃米尔·迪尔凯姆（Émile Durkheim）曾在该校任教，创建了法国第一个教育学和社会学系。此外，该校在医学、数学、物理、化学、计算机和生物等学科领域享有极高的国际知名度。作为法国顶尖的公立大学，该校曾在 1968 年后分裂为三所大学，并在 1995 年又划分成四所。但在遵循自治的意愿与彰显实力的渴望中，学校于 2014 年 1 月 1 日成功将其中的三所大学并为一所，以全新面貌示人。

在 2006 年《研究规划法》的倡议下，波尔多四所大学连同波尔多政治学院和三所工程师学校共建波尔多高等教育与研究集群；在 2013 年《高等教育与研究法》的要求下集群则转变为大学与机构共同体身份。随着波尔多大学的成立与巩固壮大，原本以该校（三所大学）为核心的共同体，在团结原有成员和加入新成员的同时，也出现组织群落间成员院校关系的重新洗牌。共同体制度化的治理模式似乎逐渐"束缚"了波尔多大学的发展。那么曾依靠集群的聚合力量而完成合并的波尔多大学是如何设计自己的变革之路，又如何在当前的共同体中发展与其他同盟院校的合作？笔者将通过对合并波尔多大学，大学与参与共同体的原因、过程与当前状态进行勾勒，以论证波尔多大学在合并重组中所选择的"制度驱动—紧密耦合"模式。

第一节　大学发展变迁及合并决策的形成

一、新大学的前身与现状

1441 年 6 月 7 日，罗马教皇尤金四世（Eugène IV）在波尔多大主教（archevêque）沛·伯尔兰（Pey Berland）的授权下建立波尔多大学，设立艺术、医学、法学和神学四大学院。百年战争后，波尔多大学摆脱英国统治逐渐受控于法国皇权。16 世纪至 17 世纪末，国家越来越多地干涉到大学的事务中。特别是路易十四于 1679 年 4 月颁布法令，通过规定大学的学制周期与获取文凭的条件，试图统一法国大学教育的面貌。

---

① UDB, "Missions et valeurs," http://www. u-bordeaux. fr/Universite/L-universite-de-Bordeaux/Missions-et-valeurs, 2017 - 01 - 11.

但新大学制度并未在波尔多大学顺利实践，学校一度陷入困境。还未等来发展的机会，法国大革命的爆发使波尔多大学与法国其他大学一样，被大革命者在 1793 年取缔，学校也因此匿迹长达一个多世纪。好在法兰西帝国时期，在拿破仑的指令下，波尔多于 1808 年重建神学、文学与理学三大学院。随着 1896 年 7 月 10 日法令的颁布，波尔多重新找回大学身份，文学、科学、法律、医学和药学五大学院纷纷重聚在"大学"的旗帜下。到法兰西第五共和国建立前，学校也经历了两次世界大战的洗礼与近百年不平静的发展。

20 世纪中叶，波尔多大学约有 8000 名大学生，成为继巴黎大学之后学生最多的大学。法学、医学、文学和理学的学生比例分别为 29%、28%、23% 和 15%。60 年代初期，大学生人数激增至 13000 人，1968 年一度高达 25000 人。教师人数也随之大增。面对高等教育大众化的转型，学校场地已变得狭小紧张，于是大部分学校向城市的西南方扩展：塔朗斯、佩萨克和格拉迪尼昂校区分别以科学（1960 年）、法律（1966—1967 年）和文学（1971 年）学院为主建立起来。几乎在同一时期，"五月风暴"爆发。波尔多大学在《富尔法案》的要求下，也逐步将学院解散并由多个教育与研究单位取代，同时分裂为三所大学：以科学、法律与经济为主的波尔多第一大学（或称波尔多技术科学大学）；由生命科学、人文科学和健康医疗构成的波尔多第二大学（或称波尔多维克多·谢阁兰大学）；由文学、艺术等以人文科学主导的波尔多第三大学（或称波尔多米歇尔·蒙田大学）。1995 年，波尔多第一大学又分裂为两部分，科学与技术学保留在一大；法律、社会与政治科学、经济与管理学则"自立门户"，组建了波尔多第四大学（或称波尔多孟德斯鸠大学）①。

---

① 波尔多第二、三、四大学均根据与波尔多相关的三位历史名人命名，分别是：维克多·谢阁兰（Victor Segalen，1878—1919），法国著名医生、诗人、作家、汉学家、考古学家和民族志学者，于 1898 年考入波尔多海军医学院。米歇尔·蒙田（Michel de Montaigne，1533—1592），法国文艺复兴后期、16 世纪人文主义作家、哲学家和思想家，曾两次担任波尔多市长。查理·路易·孟德斯鸠（Charles de Secondat，Baron de Montesquieu，1689—1755），法国启蒙时期思想家、社会学家、法学家、律师，西方国家学说和法学理论的奠基人，与伏尔泰、卢梭并称"法兰西启蒙运动自由三剑客"，主张三权分立，曾被选为波尔多科学院院士，波尔多议会议长。论文为简便，分别以波一（一大）、波二（二大）、波三（三大）和波四（四大）代称四所大学。

从 1997 年开始，波尔多几所大学随着波尔多欧洲大学集群的建立逐渐相互靠近。2004 年四所学校共同签署"波尔多大学创立章程"并于 2007 年在政府的倡导下建立波尔多（联合）大学高等教育与科研集群（下简称波尔多集群）。波尔多市的其他学校也成为集群成员。波尔多集群的发展定位是"提升波尔多集群在国家、欧洲和国际层面的能见度与吸引力，促进当地大学生学业成功与职业安置"。在集群合作中，创始成员波一与波二两所大学很快便表达了希望在波尔多创建一种新的大学模式。2009 年波尔多不仅成为第一批实行自治的大学，还成功获得大学校园计划的 4.75 亿欧元资助。这一喜讯增强了成员学校在逐渐靠拢的组织形态中萌生"迈向更远的"的政治意愿。2010 年波尔多集群在申请大学卓越计划招标时，将"发挥协同理论、增强组织团结与横向发展"的理念在所呈报的项目计划中进一步具化。就在 2010 年底，波尔多一大、二大、四大联合波尔多政治学院和综合理工学院开启了合并之路，"建立新波尔多大学"几乎成为当时集群的共同口号[①]。经过三年多的精心筹划与准备，2013 年 9 月 3 日波尔多大学重新获得法律身份，大学最终完成从中世纪到 21 世纪的跨越。

截至 2016 年底，波尔多大学共有 53000 多名学生，留学生占 12%；有近 3000 名教师与科研人员，2700 名技术和行政人员。学校设立 4 个主管教学的学院（collèges，其中包括 19 个教学单位、5 个研究院）；3 个主管科研的学系（départements，由 70 个实验室组成，包括混合研究单位、接待团队和横向课题平台等，并同法国国家科研中心、波尔多国立农业科学研究院等开展密切合作）；大学与技术学院、高等教育与师资学校和葡萄酒学院。借助统一大学的新身份和大学卓越计划，波尔多大学积极发展欧洲和全球合作伙伴，并希望以此推动波尔多"场地"高等教育与研究的整体发展，提升其教学与科研价值。

二、合并的制度压力与一波三折的决策

从跨校合作到大学统一，建立新波尔多大学的想法经历了多年酝酿。这段漫长的变革既是波尔多市几所高校在相互靠近和感知共同利益

---

① 当时集群成员在开展是否进行合并的讨论时，波尔多第三大学首先决定不参与合并。

过程中的产物，也是它们多年来围绕法国多项结构性高等教育资助计划形成结盟后的最大成果。波尔多大学在法国开展高等教育与科研机构开展制度化合作的环境下诞生，更是这场改革的印证。2007 年波尔多（联合）大学高等教育与科研集群建立。在集群的合作框架下，波尔多五所成员院校（三所公立大学，两所"大学校"）于 2010 年底宣布开展合并工作并达成正式协议，但由于波尔多行政学院和理工学院中途退出，最终只有三所大学参与完成合并。

（一）制度环境对合并决策的影响

组织理论家认为，要了解大学组织首先需将其放在社会系统中，研究大学是如何被社会环境所塑造的。在环境塑造变革意识的过程中，以制度化形式出现的"理性神话"也或多或少地在波尔多高校行动者的头脑中形成。需要指出，笔者在对数据进行编码、解读和指出相关主题时发现，波尔多案例的受访者对大学合并原因的认识复杂多样，难以通过规制、规范和文化—认知三大制度要素对其进行清晰的区分。因此，笔者选择从制度环境中的"任务环境、一般环境和国际环境"① 对其进行划分。

1. 任务环境

任务环境是组织与之直接发生相互作用，并且对组织实现目标的能力有直接影响的校际、生源、市场和教师等环境因素。早在 1997 年的波尔多，几所学校已通过波尔多欧洲大学集群开展了组织间的对话与重组。大学合并的最积极倡导者——2005 年一大校长阿兰刚一上任，便主动联络二大校长，表示希望消除两所大学之间无谓的竞争关系，开展进一步的跨校合作。尽管两所大学的主要学科方向不同，但都以硬学科见长且在某些领域存在专业重叠（如生物学），因此两校在招生与科研方面或多或少存在"明争暗斗"。一大校长的友善很快得到二大校长的回应，两位校长的共识为校际关系打下了坚实的基础。

在多年之前我们就逐渐意识到大学应该发展跨学科。如果在学科之间不能建立起类似于医学、物理学、法学和人文学这样的跨学科联系，是不能再进一步向前发展的，特别是在科研领域。所以我们需要跨学科发展，一大校长与我的想法不谋而合。【B1 - 2 Lara】

① ［美］理查德・L．达夫特等：《组织理论与设计》，北京：清华大学出版社，2014，第 155 - 157 页。

相比之下，波尔多三大与两校的关系就淡漠许多；而四大从一大分离建校不过十年，还未来得及彻底摆脱一大对其治理文化上的影响，且波尔多一大和二大的伙伴关系也被四大看在了眼里：

一大和二大他们从很多年之前就已经发展起战略合作关系。我们开始共同申请校园计划时，主要是一大二大推动，四大积极参与，而三大的融入感就没有那么强。所以一大和二大最先提出了合并。我认为即使其他学校不参与的话，可能他们两所大学也会合并。因为两所大学在诸多领域都有合作，比如说一大的生物、化学和二大的医学联系比较多，一大的信息科学、信息技术也和二大的数学、数字化发展、健康信息等有非常紧密的合作。【B3 – 4 Lung】

2007 年年初，政府以法令行政正式确定了波尔多大学集群的法律身份，几所院校在官方的制度化要求下进一步开启合作之路。不可否认，法国政府的连续性决策影响了每所大学与其他大学的组织关系，而组织群落的确定成为此后未来大学相互"捆绑"的基础。

其实一开始在建立集群的时候，它背后所隐藏的一种逻辑就是希望能够建立一所完整的统一的大学，而且那个大学是用单数来表示的，没有加 s。所以它并非几所大学的"联合企业"（consortium），而是建立唯一的波尔多大学。那个时候我们就感到联合大学的形式是可以发展下去的，因此 2006 年到 2009 年间，波尔多高等教育研究集群的发展，使我们几所高校走得更近了。【B1 – 2 Lara】

2. 一般环境

一般环境指对大学有间接影响的环境要素，如政府、社会文化和教育资源等。2008 年，经济学家、政治家雅克·阿达力向政府提交了名为《改变法国的三百个决定》的报告。报告中提到应该在法国地方建立十个巨型大学与研究集群。当时的高等教育部长贝克莱斯积极采纳了这条建议，并在集群相继建立的同时，首先推出了基于扩建各地方校园、改善校园环境与硬件设备的校园计划。该计划的评审委员会由 8 位来自法国大学界、研究界和企业界的代表组成，他们以教学与科研的发展前景、不动产使用现状、校园生活发展以及计划与地方的紧密性为标准对项目进行评估。该计划的申请招标工作随即被波尔多集群内的几所大学设定为合作的优先发展事项。

萨科齐时代的校园计划为大学注入了新鲜的血液。政府希望资助十几个校园集群的建设。显然，这个计划需要地方的所有大学一起竞争才可获得。我们几所大学的校长就开始商议怎么做才能够稳拿这部分经费。大家觉得，如果我们以一个共同身份去申请，可能是一个好的办法。【B2 - 1 Alain】

另一个则是 2010 年政府继续整合与优化管理高等教育经费的大学卓越计划。国家同样要求各校通过全力维护集群身份申请该项计划资助，并邀请国际专家组成了招标评审委员。为申请资助，在校园计划时代就曾设想建立一种新的组织模式的波尔多集群校长阿兰，在二大校长拉哈的支持下，明确提出了合并这一解决办法。同时，斯特拉斯堡大学的成功合并更促使二位校长鼓起勇气推动这一设想。

当我们看到这个政策（大学卓越计划）的时候就在想，波尔多有 3 到 4 个"小"大学，还有几所小型的大学校，如果想进全国前十很不好办！巴黎的大学估计会占去半数名额，所以在外省中只剩下五个名额了。我们无论如何都要和里昂、马赛、里尔这样的城市展开竞争。但怎么做才能够保证进入前五名呢？我们必须做出改变。这时就是进行战略决策的时刻，我们必须要采取变革才能进入国际评审的视野。当时，集群正处在完成校园计划的过程中，一所新大学也在酝酿中。于是我们马上想到，合并的时刻到了。【B1 - 2 Lara】

我们在申请大学卓越计划时已经非常明确要开展大学合并了。在几个校长的共同努力和国家科学研究中心等研究机构的帮助下，集群成员一起制定了招标申请书。没有想到的是，我们居然是法国大学里最先获得计划资助的学校之一，另外两个分别是斯特拉斯堡大学和巴黎文学与科学联合大学。招标成功给了我们极大的鼓励。特别是作为招标"王牌"的合并计划使我们更有机会获得资助。而且，我们是同巴黎许多实力雄厚的大学开展竞争的，要说服国际评委会给出高度评价，可不是一件易事！【B2 - 1 Alain】

尽管成功招标离不开大学合并计划，但若将合并作为获得大学卓越计划的决定性因素可能并不恰当。因为国际评委会的评审标准和国家的制度发展层面并没有正式将合并视作发放资助的一项重要指标。同时部分受访者也特别指出，学校合并绝不仅仅是为了得到资助，它更像是激励制度下的一个促进因素，通过此举可以让波尔多的大学向外界展现其战略眼光和团结的力量。正如原二大的副校长所强调的，"国家希望看到学校提出真正的、有利于自身发展的计划，而不是和以前一样设计一块所有人都可以分着吃的大蛋糕。只有证明你比别人在某些领域的理念、战略发展方案是更先进的，那么你才有可能获得这部分钱"。【B6－2 Benoît】

此外，从学校的外部环境看，地方政府和许多地方企业也希望简化沟通成本，建议各校借助波尔多集群的统一身份与其进行协商合作。集中沟通、效率优先的倾向也进一步推动了学校的合作意愿。

3. 国际环境

在迎接高等教育国际化挑战的风潮中，波尔多的几所院校也"整装待发"。尽管波尔多市各大院校在世界大学排名中并不显眼，但组织中的行动者，特别是几所大学的校长早已绷紧神经，将学校参与国际高等教育竞争视为理所当然，并对此充满期待。

在日益激烈的国际竞争中，我们培养的学生也都应该具有全球意识，并符合全球性人才的评判标准。因此，我们要扩大和国外学校进行联合培养学生的幅度。……这背后大学必须要具备一定的实力，才能吸引足够多的外部关注，来帮助大学共同发展。我认为这是一种国际性的外部驱动力。【B4－1 Achille】

国际大学排名在某种程度上影响了国家高等教育的政策制定，以及大学看待外界和自身的手段。虽然它不是影响我们希望合并的基本因素，我们进行改革的最终目的也不是为了国际大学排名。但它或多或少对我们产生了影响，同时促使我们产生可以让国际社会通过排名这种方式了解波尔多大学的念头。【B11－1 Benjamin】

法国大学的世界排名问题并未受到全民的极度关注，这主要与其特殊的高等教育体制有关。但无论怎样，政府显然已受此影响，并希望通过改革展示法国高等教育的实力。"让十到十五所大学可以晋升为国际一流水平。"这样的口号也逐渐内化于波尔多大学改革者的心中，且逐渐生根发芽。一位来自以人文社会科学为主要专业的波尔多四大的行政人员也嗅到了这种气息：

我们开展合并可能根本上并非要和波尔多三大或者波城大学这样的大学真正合作。校长们的关注重点不在于此，而在于更高层次的需求，即应该满足国家战略层面和国际层面的发展需要，拥有更高定位的战略眼光。……胸怀一个更大的发展格局。【B8－4 Sidney】

制度学派认为，组织结构具有惯性，不大容易改变，而改变的原因大多来自组织群范围的环境，以及国家政治上的要求或专业规范的压力等。不可否认，波尔多几所大学的合并正是在上述社会制度环境中逐渐将目标清晰化，同时我们也不能忽视几位校领导在制度环境下的推动力量。

（二）一波三折：大学对制度环境的响应策略

尽管合并理念在集群内部形成，但却没有得到所有成员的响应。一大和二大在集群中属于活跃派，四大虽不是合并的带头人，但也认为合并是个"为什么不"的选择，而三大却表现得十分被动。此外，集群中的波尔多行政学院和波尔多综合理工学校（该校由波尔多市早前的几所工程师学校合并而成）最初也赞同合并。但在凝聚多方力量和确定合并协议的过程中，核心领导人的作用，各方对合并的坚持、妥协甚至反对决定了合并的最后走向。

1. 领导人的魅力与主导作用

校长通常被视为大学管理和组织变革的总建筑师或"列车乘务员"，除领导人的视野、理念等校长必备的个人素质外，校长的引导作用尤为重要。在波尔多的案例中，每位领导的意愿和取向发挥着不同的"影响力"。教育社会学家弗朗索瓦·杜拜（François Dubet）将其称为"校长真正拥有的政治能力"，它甚至构成了合并的一部分。

在某种程度上，校长的视野和权威对大学合并起到决定性作用。在二大，校长通常位高权重，他们在选举时都会获得绝大多数人的支持，就像在中国推选领导人一样。当然这是民主的结果，一般也不会出现工会游行或反对。所以这样的学校往往可以做出具有首创性的事。波一校长的权力相对弱一些，但能力还是很强的，能获得大家的一致支持。这从根本上说明他们可以代表学校。当你回头再看波三的校长，其权威往往极度微弱。比如波三之前所选出的校长，大多时候要受大学生意愿的影响，且校长选举过程经常反复拖沓……最近一次选举，几个候选人一直周旋，导致波三有6个月没有校长管理。所以校长权威从传统上讲就很微弱（"微弱"一词在受访者的回答中被强调了8次），而且这很限制校长的决策。相比主导任何决策，展现他的行动能力（capacite d'action），校长更愿意和他们的"客户们"（师生）团结在一起。……从组织社会学来解释，我认为合并能成功的大部分原因是校长的强势主导。强势意味着拥有能力，而不是独裁。比如波二校长提出要开展合并时，学校没有过多的反对声，学校人员对他十分信任；当波一的校长说要合并的时候，学校虽有一些咕哝声，但大家对其的信任度也不低。波三的校长就不行了，搞不定。因为波三在之前推选校长之时，就前前后后搞了四轮，且指责声不断。在二大，我从来没有看到有人发布诋毁校长的匿名信，也从来没见过有人对校长上任表示"这太难以置信啦"，或者听到过一些流言传闻，从来没有。如果是在波三，所有这些都不是新鲜事。所以我认为这（合并）纯粹或者部分地和校长的政治能力有关。【B13 - 2 François】

　　一大与二大已将合并视为共同发展的一条明路，新推选的二大校长拉哈与一大校长关系融洽，在集群圆桌会议等场合彼此支持。同时二位校长均得到学校行政委员会的积极支持，能够把周边同事团结起来，并朝同一设想前进。四大的校长也赞成合并，其间还经历过一次校长换届，新校长因在竞选中坚持合并计划也获得了学校行政委员会的大多数选票。正是有了几位校长的主动发起或积极响应，合并才能够确定并顺利开展。

　　2. 合并信念的扩散

　　继斯特拉斯堡大学合并后，并非只有波尔多选择合并大学，马赛、洛林以及之后的蒙彼利埃等地纷纷打出合并口号，并相继实现了大学合并。在合并浪潮下，由几位校长发起的波尔多变革最初也曾遭到来自学校内部的犹疑与反对。但学校内部对建立新大学的期待，在经过对环境认知信息的合理同化，与校内人员相互协商和反复考虑之后，逐渐成为"符合实情"的改革需要。诸种合并的目标和理由为大学的合并工作奠定了"群众基础"。

　　首先是跨学科与学科权威的需要。在受访者中，大家普遍强调合并对丰富学科的积极作用。如有教师从智力和知识的角度出发，认为大学必须成为推动知识生产、转化与传播的行动者，多学科对学生知识的获取与能力的获得十分重要；另一方面，受访者认为大学需要成为更加权威和有效的学术共同体，在强强联合或者强弱联合的基础上发挥更多主动性。

　　我们的下一代更需要符合社会发展现实的知识与本事，建立一所具有多学科的教学与科研型大学从本质上造福的是学生。在这样的大学中他们借助丰富的知识形成对世界的合理认识，比如可以交叉运用自己宇宙空间的知识、地理知识、地球知识、生物知识、哲学知识、政治知识，等等，这些知识在社会大环境中都是需要去了解的，之后学生可以把它们内化并能够自信地迎接未来的职业挑战。所以从这一点出发，大学必须有胆识做符合社会需要的事情，以提高大学的创新发展能力。这并不是把大学往市场化方向推，而是通过跨学科交流与对话碰撞出的火花，让我们探索更多满足未来社会需要的有益研究。【B5－2 Pierre】

法国的科研不是只局限在一所大学里开展，它会连带起其他大学和科研机构，比如国家科研中心、国立农业科学院、国家卫生及医学研究院。这些机构都是权力特别集中的地方。如果你是一所强有力的大学，在和他们进行协商合作时，你更容易直接说出自己的要求和想法；但权威比较弱的学校就不一定能直截了当地去要求科研机构怎么做。比如当你所在的学校一共只有两个实验室时，自然很难向别人开口说我要什么或者我想怎样了。【B13－2 François】

其次是效率优先的需要。受访者认为，合并能够建立起地区教学和科研的公共行政管理体系，如此便可简化学校之间的管理成本，将能力资本化。同时集群的合作经验也让一部分参与者感到学校之间存在一定的沟通障碍。因此更坚定了合作的信念。

我认为合并可以实现行政管理方面的优势互补。比如有的学校行政管理能力非常强，在财务管理方面很厉害，对不动产规划有一套高效的管理方式，另外学校的人力资源管理方法得当，或者再有学校在国际交流领域有它自己的雄厚实力。所以把大家各自的优点结合在一起，那新大学的管理和运行能上一个新台阶。【B6－2 Benoît】

我之所以支持合并是因为，在集群活动中逐渐意识到集群这种形式并不能发展得长远。因为在协调行动的基础上，集群的"中央集权"系统更希望我们转移各种能力，但这很难办到。比如当时在讨论是否可以把颁发博士学位的权力转移给集群，很多学校都是不愿意的。而在集群里协商事务，很像在一条船上有五六个人，大家都只想着往自己面朝的方向划行，所以这艘船是走不动的。因此，合并可能就是最好的解决办法。【B4－1 Achille】

3. 最初的反对与意外退出

2010 年初，波尔多集群内部开始统一申请大学卓越计划，并讨论将大学合并作为项目申请的主要内容时，波尔多三大不仅没有积极推动计划申请①，更拒绝参与合并（尽管有一部分教师参与了计划部分子项目的申请工作）。同年，三大组织了全校投票，最终结果也否定了合并的可能性。在一、二、四大的受访者看来，三大没有参与合并不仅为自身发展造成损失，也使希望建构完善学科体系的新大学的发起者感到遗憾。借助访谈，笔者主要从三大的副校长等人那里了解到三大反对合并的原因：

（1）对未来合并大学中人文学科发展情况的担忧

我们之所以没有选择参与合并，首先是害怕合并会削弱学校的一些专业。倒不是说这些专业领域会被淹没，甚至消失，而是可能导致学科地位被削弱，尤其是当我们和科学、医学这类专业进行比较的时候。【B18 – M Lea】

这是由学科本质决定的。在单纯人文科学的世界里，教师—科研人员的思维方式和技术科学、医学等都不太一样，而且从意识形态上一些专业更倾向于左派、倾向于自由、反对资本主义。不过一大和二大也有一小部分人文社会科学类的专业，因为他们已经长时间融入硬学科的发展环境下，比如一大的哲学和医学领域还有一些合作，所以它们在沟通上没有那么明显的鸿沟。【B7 – 4 Claude】

（2）对学校自身发展定位的坚持

合并的一个主要目的是为了提升大学的国际知名度，甚至是大学排名。但是对于文学、艺术学、语言学专业的人来说，国际排名并没有那么重要。设想，一个研究 17 世纪希腊文学的学者，肯定不会急切地希望同中国的各类型大学尽可能多的建立合作关系。这也是学科思维导致的结果。【B3 – 4 Lung】

其实国际排名并不是我们大学的发展使命，而且我们对参与到这样的游戏中并不感兴趣。我们更关注如何培养好学生，让他们在未来职业市场中占有一席之地。【B18 – M Lea】

（3）不愿损失独立大学所拥有的权利与资源

合并是一种不平衡的行动。作为一所大学和作为一所大学的一部分肯定获得的资源不同。首先如果和另外三所大学合并，波三无法获得与

---

① 时任三大校长反对申请大学卓越计划。他认为，资助计划不利于大学发展的公平性，甚至会导致法国大学出现等级分化。

作为一所大学同样数量的教师岗位。因为法国大学的教职工岗位数是由学校层面划定的，显然合并会使我们失去人员招聘的权限。同时进入波尔多大学后，学校财务分配很可能会根据学科的发展实力来排序。医学无疑是第一个优先资助的，接下来是科学，然后是法律、经济管理学，最后才是我们的文学、历史、艺术等专业。所以，我们只能吃到面包屑了。正是在新的组织中将面临学科发展的劣势使我们拒绝迈出合并的脚步［……］三大其实一直在努力发展科研，提高创新能力，而这一切都需要依靠资源、经费。在目前法国高等教育资助有限的情况下，我们只有以大学身份才可以获得更多资源去放手做想做的事情。【B18 – M Lea】

（4）不愿接受合并大学集权管理的束缚

如果成为一所巨型大学，学校中央集权的管理色彩必然更重，官僚气息也一定更浓，广大师生更是远离了权力中心。这样的组织形态，相对而言，增加了我们的沟通成本。而且在学科复杂、人员复杂的新大学里，我们三大同事的生存状态也会变得更复杂。那时，如果我们要做任何决策或者希望获得行动许可时，不得不请求上一级的允许，等待和落实的过程一定耗时费力。这种情况在我们之前合并三个学系时就已经出现了，更何况现在是要把几所大学整合在一起管理，复杂程度更可想而知。这是"大"大学的管理通病。【B18 – M Lea】

尽管三大列举了一系列不合并的"合理"原因，但其他几所学校仍对三大战略上的选择表示遗憾。双方的逻辑出发点也确实相左。如二大杜拜教授认为，在一所大学里只存在"弱"学科是难以进步的。就像足球循环赛一样，即使强弱队比赛，弱队不敌强队，但它们也可以借助强队带动自己的整体名次。学科发展有时候也需要这种带动性。可三大却没有这样的勇气。再如几位校长在后来的合并过程中也积极邀请三大参与讨论，所有会议、活动对三大都是开放的。尽管三大已经非常了解合并的程序和设想，最后还是坚持不参与合并，这对其他学校来说"确实有些不太友善"。

生态论认为，组织具有抵御变化的惯性。惯性力来自内部的沉没成本、利益交织、习惯行为、外部的契约承诺管制约束等。① 尽管波尔多的大学合并很大程度上是对外部制度环境导致持续压力的回应，但三大

---

① ［美］W. 理查德·斯科特，杰拉尔德·F. 戴维斯：《组织理论：理性、自然和开放系统的视角》，北京：中国人民大学出版社，2011，第288页。

显然在衡量合并后对可能产生的学科埋没、地位损失提高了警惕性，更因对政府经费资助的依赖性和追求不被大学卓越计划束缚的"独立性"导致并非波市所有的公立大学都参与了合并。

此外，原本决定参与合并的两所大学校——波尔多政治学院和综合理工学院在合并过程中生变。合并筹备初期，几所学校经协商后认为可以保留两所大学校的"大机构"身份或者将新建的波尔多大学定位成"大机构"身份，但却遭到了新中央政府（奥朗德政府）的反对。因为政府的出发点是希望通过整合高校，简化当前法国高等教育机构的多样化身份。不久后《高等教育与研究法》又明确了合并大学"文化、科学和职业"的身份性质。这一插曲直接引发了两所学校的退出。可见，关键事件，也即政府的态度和硬性的制度要求在法国大学组织变革的过程中具有重要的影响力。

第二节　大学的合并：精心设计与步步推进

2010 年 11 月，波尔多大学以建立一所新大学为契机开始了长达 3 年的合并筹备工作。与斯特拉斯堡大学、马赛大学决定合并后便迅速完成整改，再在成立的新大学中协调、整合各个机构部门不同，波尔多三所大学①则经过充分的讨论协商，从总体规划、实际调研到大学理念设计，最后才落实建立（见图 5 - 1）。

大学合并期间凝结了校长、校内合并专门负责人、行政服务管理人员以及校外技术专家等人的组织智慧、反复磋商与尽力配合。这种先酝酿后操作的渐进式合并在一定程度上避免了组织变革的混乱无序。笔者同样借助格林伍迪的组织分析方式探索波尔多大学这座新大厦的设计与完工过程。

---

① 本书以公立大学为主，因此对合并过程中两所"大学校"参与和退出合并的原因及情况不再多着笔墨。

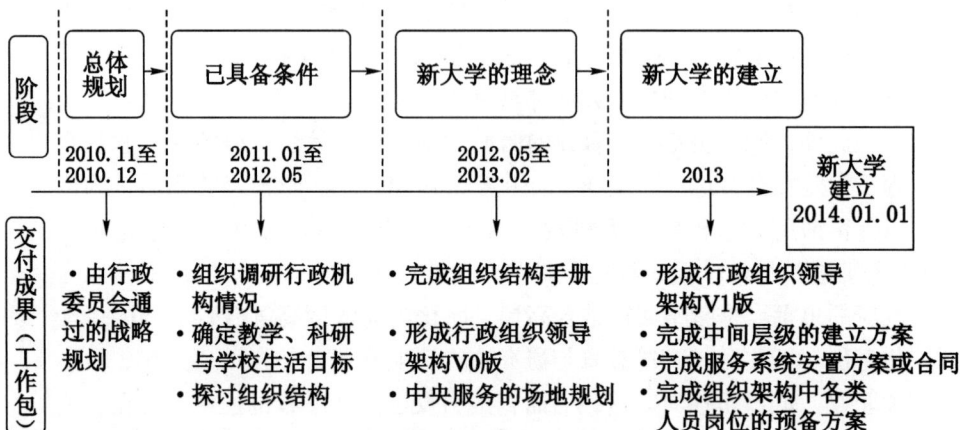

图 5-1 大学合并筹备流程图

资料来源：Anna Goudot，"Organisation du Chantier," Colloque CDUS, 2013.

波尔多大学合并进程简介

在合并前期，学校也从外部聘请了一位专业合并咨询管理人员，由其主持专门的管理团队——引航委员会及其下设的操作管理处（direction opérationnelle）以做好合并的统筹工作。合并首先是进行战略策划，集中商讨在操作层面的工作原则和步骤。为保证具体措施获得绝大多数人的支持，这一阶段的决策都是在各校平行的行政委员会中投票确定的。在第一年至第二年，合并参与者对每所学校的组织情况展开调研，了解不同学校、不同类型组织结构的特点，主要包括行政机构、学院组织。其中学院组织主要考察了教学、继续教育、教学创新和外部、自我评估情况；同时考虑如何把行政系统联合起来，设计组织结构。第三年主要确定所有的组织系统，这是一个转变过渡阶段。

在明确各组织的发展关键点或支柱，预先了解每个组织的核心目标，系统的运作方式之上，接下来的工作就简便许多。如参与者最先合并了学校的通讯联络系统，选定专门的联络服务负责人，由他组织整合所有大学里的相关行政人员，为行政服务部门的建立做好人员联络工作。之后校长办公室和副校长办公室相继建立，融合了三所大学的校领导。其中，副校长办公室内的人员有20多人。借助办公室这一联络平台，校长与副校长逐渐确定计划的每一环节，并明确了未来大学身份和使命（大学章程的雏形）。之后再确定各种委员会的成员人数、组建委员会，以使新学校可以进行合法决策。其他部门随后通过委员会决议逐一确定，行政委员会的团结得到了教育部评委会的认可与支持。在引航委员会的带领下学校建立起各教学、科研、学生生活行政服务部门，并调整整个行政系统人员的岗位，从而使新大学得以运作。

从 2012 年 2 月起，合并工作小组推出合并手册——《波尔多大学地平线》（NUB-Horizons），对合并进程、工作重点、学校设计者的理念、其他学校的合并经验等进行介绍（截至 2013 年 12 月，共出版 12 期），从而为广大师生提供了了解大学合并进展与相关信息的渠道。

资料来源：【B4 - 1 Achille】与【SB Diane】的访谈汇总。

一、组织设计者的核心领导与设计准备

在波尔多大学的建立中，共有近 600 人参与了合并工作。筹备工作的重点在于：决策以可操作性为出发点，遵从最大辅从性（subsidiarité）原则[1]，在原有制度结构中引入第三层级；发挥各环节共治性与民主性；创建适于特殊工作台的组织结构以保证人员的最大参与；促进跨学科联系与横向交叉；保持服务质量的一致与和谐。原二大科研副校长皮埃尔认为，这一过程十分冗杂，"冗杂"并不是负面评价，它强调需要通过一种可持续的方式不断促进团体合作的程序上的复杂。而要应对"冗杂"问题，首要的法门便是拥有一个明确的领导核心。

（一）形成核心领导团队

组建合并的领导团队是进行战略管理过程的核心（如图 5 - 2）。在

---

① 辅从性源于拉丁文 subsidiarius（帮助、援助）。辅从性原则是欧盟法中的一项重要的基本原则，有学者将其视为"最低程度干涉原则"或"决策就近原则"。简意是，只有在成员国采取行动而且是不充分的情况下，欧盟才能够介入。在公共行动中，它是一种社会政策原则，即某个单位层级（成员）只有当它在没有能力履行某项任务时，它的上层社会单位（共同体）才可以承揽该项任务，或应对某种情况。在此引入这一原则的目的是保证合并过程的民主。

波尔多合并"工地"中，各大学校长在其行政委员会的支持下首先形成董事会（Directoire），董事会招聘相关人员，并召集组建中间机构——引航委员会对合并的各环节与各机构进行设计，其中包括治理团队、行政（改革）委员会、研究委员会、教学委员会、校园生活委员会，他们分别由来自五校（后减少至三校）负责相关领域的副校长、总行政服务处主任交叉组成。

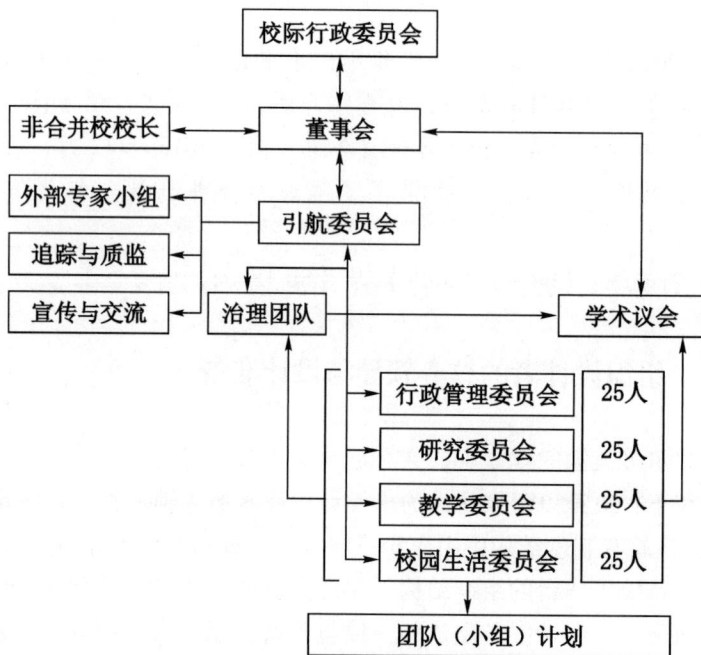

图 5-2 合并筹备阶段核心管理架构图

资料来源：Anna Goudot. Nouvelle Université de Bordeaux-Organisation du Chantier [Z]. Colloque CDUS. 2013.

在合并过程中，每个部门与项目工作小组均设立临时负责人，专门承担各工作环节的总体决策和内容汇总，以避免来自不同学校的工作人员产生各说各话的现象，徒增交流成本，同时避免参与者在探讨和执行过程中出现不知所措、左顾右盼的现象，影响工作进程。在几位受访校长看来，部门临时负责人是推进每项服务管理系统整合中需要落实的一个关键性步骤。如行政服务人员的等级规划工作由来自二大的行政委员会副校长负责；所有行政人员的指挥工作由来自四大的总行政服务主任承担；财产不动产管理方面的行政服务工作则由一大的财务总长负责等。

（二）发挥领导力作用

在筹备过程中，合并需要校长们承担起综合性职责，他们既要努力掌舵又要鼓舞士气；而且需要各工作层级形成一致的向心力，以团结在核心权力的周围。前者强调校长的领导权威是保证筹备工作顺利开展的基础，后者则体现出各部门负责人统筹工作、代表大多数人利益的组织凝聚力。

校长个人的领导视野可以从根本上转变大学的发展方向和发展状况。因为在教育政策连续、稳定的大环境下，领导人的理解力、信息传播能力，以及号召大家统一行动的能力是非常关键的。在合并场域中，校长能够持续地推动、跟进、追踪改革，并可以采取有效方法让大家各司其职太重要了。【B8－4 Sidney】

事实上在决策中，校长还需要把握和衡量行政委员会的意见想法。只有获得行政委员会的首肯，校长的理念才可能获得支持进而得以落实。在学术民主的体制下，行政委员会由不同身份的成员组建，每个学校的行政委员会都有自己的特色，且反映了学校范围内的普遍态度。所以行政委员会的态度很大程度上决定了学校最后的选择。从这一点来说，校长无法完全按照个人意愿做决定。也就是说，如果学校里的大部分人都在反对合并的话，行政委员会肯定也不会通过校长的战略设想。这是校长们在政治决策层面遇到的困难，却也是体现其权威领导力的机会，即校长是否有能力融入行政委员会，让大家能够从头到尾地赞同他的决定；是否有能力获得学校大众的支持，进而说服行政委员会接受他的想法。【B6－2 Benoît】

从上述回答中我们可以发现，传播、交流与沟通能力是校长获得理解与认可的关键。领导者需要借助交流渠道才容易催化思想，获得"追从者"的理解与支持，进而发挥其所谓的领导力。但交流沟通并不意味着被各种意见和声音所左右，校长需要在获得的意见与建议中提取关键信息，从而迅速做出适合的判断并吸收。

另一种领导力则是笔者在访谈中的新发现，即各委员会与工作小组负责人在执行规划工作时所体现的带领能力。如下面两位参与合并的行政人员所提到的：

在合并的操作层面，当我们开始一起工作的时候，一大的行政处主任就已经显示出极强的办事能力和影响力，也得到了大家的认可。他在财政事务运作以及诸多重大决策中都起到重要的引导和支持作用。他坚持、干练和强硬的作风，确实推动了行政系统和每个部门的顺利组建。另一方面，如果我们在这个过程中引入太多的自由民主，让大家来讨论其实反而会降低合并的效率。所以很清楚，许多的裁决都是由他起主导作用的。【B8 -4 Sidney】

一开始行政委员会并未明确哪位副校长或总行政服务主任作为各项目委员会的临时负责人。但在实际操作中，大家很快就发现了一些人的权威特质。比如二大校长的号召力极强，一大的行政服务处主任说话分量最重。过程中，他们的领导魅力使我们（合并参与者）自然而然就顺着他们的思路办事。其中也有一些人可能希望获得一定的权力，但大家同时会无形中对其做一些考察、了解，如果他没有这样的领导能力说服大家一起跟着他走，自然也不会被认可。【B9 -2 Marina】

此外，强大的领导力所带来的另一个好处是避免人员在工作中出现过多争论和某些紧张关系。同时在团队合作过程中大家心中明确的核心领导人物在大学合并嗣后便获得了相应的岗位，并且不约而同地认为"这位或那位"可能就是将来新大学的校长或行政负责人。

在合并筹划的末期，二大的总服务处主任即将退休。同事们很快就知道，谁可能会脱颖而出，填补这个空位。新校长上任后便推选此人作为总行政服务处主任。所以在合并过程中，那些凸显自身能力的人很快能被大家认可。这也是我们在选定新大学一些领导人或管理者时，大家比较容易达成一致而没有出现严重冲突的原因。【B9 -2 Marina】

（三）设计组织结构

设计者采取"功能分析"的方法，首先确定战略和操作目标，了解各校教学、科研管理现状和总体制度结构图，进而对学生、合作伙伴等"用户"需求、战略目标需求、内部服务需求和基准进行分析。在设计新大学的组织结构时，围绕要整合的学校行政部门和学术机构设立不同的项目工作包，建立内部组织团队、项目管理人，对各机构的组织形式进行特征化，诊断组织管理中的优势和劣势，简化影响总体战略的各类目标和过于组织化的建议。在设计中，各团队可以提出多种结构方案。接下来便是按照统一落实的原则将各个方案进行协调与整合。如在教学与科研组织结构的调整中，引航委员会作为中间层级确认二者的结构方案在哪些领域可以形成一致，在交换意见后，各工作委员会将商讨结果交付于行政委员会和校长董事会并进行最终商讨和确定。（大学内部组织设计情况详见第三节）

二、民主协商与寻求共识

合并的设计与操作过程并非一帆风顺，除从战略上建立一所新大学，并将其行政系统整合、理顺外，还有一些非技术性困难影响合并进程。如一些原本不支持合并的行政人员在工作中会出现消极怠工的现象。合并设计者为充分调动和收集各方意见，鼓励几所学校充分发挥民主协商精神，从上至下多层面举行各类信息会和讨论会。而在行动者之间，决策与讨论往往按照合并最初设定的辅从性原则展开，尽量以大多数人的意见为准。因此在合并过程中民主协商与寻求共识、妥协成为行动者始终关注的环节。

在坚持民主方面，几所大学在决定合并的前几年便已形成协商共议的惯例。展开合并工作后，校长们几乎每周一都会集中在临时组建的校长办公室开会讨论合并的各项事宜。这其中也有以观察员身份参与旁听的波尔多三大等学校的相关人员（多为校长）。

合并是一个进阶演化的过程。不是革命，更不是突变。一开始我们充满雄心壮志，新大学要建成什么样子，怎么进行合并都设想得很完美。但在实际操作中却遇到不少困难。而解决问题的唯一办法是与其他校长、行政服务主任、部分工作小组的代表进行反复协商。除了行政委员会，我们还设立学术议会，专门为每个操作委员会的各 25 名代表提供打通各工作小组的协商平台。其目的就是尽可能地以民主方式了解大家在合并中遇到的问题，通过意见的表达，思想和经验的交换为学科的组合、科研的整顿，甚至发展国际资源的新方式给予更具操作性的建议。【B5－2 Pierre】

尽管师生不是参与合并工程的主体，但一些受访教师对合并期间的代表制民主（democreaties representants）也有比较深刻的体会。如合并过程中，二大定期举办信息交流会，三大委员会（行政、科学、大学生生活委员会）曾举办听证会，学院层面也组织收集过师生代表对合并的意见。同时，在人力资源管理方面，工作小组还积极地同各校工会开展多次对话，大家主要就如何统一工资，整合工资发放，如何为新大学中的工作人员提供良好的工作环境，等等，进行商讨。正如原四大副校长，合并的主要参与者克劳德所强调的，"所有环节需要通过协商解决，而不是挥刀强迫别人接受你的想法。这是一个自然的过程"。【B7 – 4 Claude】

寻找共识主要指各校的合并行动者如何达成一致意见，以保证实际操作尽可能按照设想进行。但事实上，每所学校在运行方式、价值观念、文化和身份认知上均存在不同，加之大学的民主制度深入，从侧面也为和谈带来阻碍。因此一些受访者更倾向选用"相互妥协"一词描述合并中的协商过程。但无论是共识还是妥协，其背后往往暗含的是对权力的争取和对利益的追求。

在法国大学内部，校长的权力通常都比较有限，因为决定权最终都掌握在行政委员会的手中。而学校的决策机构以及各部门成员大多都是民主选举的结果。这里反映合并大学内部所产生的有效的民主制，即我们是在探讨、协商的体制氛围下去组建新大学的。当然，这也是一个人要说服另一个人的过程，除协商外，中间必定有妥协。【B3 – 4 Lung】

在这个过程当中，其实是有很多权力的博弈，以及行动者之间的互动游戏。原则上大家肯定都想要做让人满意、也最合适的决定。但在实际过程当中存在非常多的妥协。特别是面对一些社会议题或者工会的反对声音时，我们只能去寻找大多数人的赞同，在这个过程中要做权衡与取舍。尽管我们也不喜欢如此，可无可奈何啊！比如说我们可以增加行政人员的奖金，但同时他们的工作时间、任务就比以前更长更重。这种决定首先是在上层领导人之间做好协调和决策，然后再逐渐推广到下面的单位。但是这样的决定却很难得到大家的一致认可。没有人愿意缩短休假去工作，因此一些人就会提出反对意见。类似这样的妥协太多了。特别是在学院整合方面还涉及特权问题。这些问题即使大学合并了也不能马上解决。总之我们在探索一条新路的过程中，为尽可能获得最多的支持所有人都必然做出一定的妥协。【B9 – 2 Marina】

作为四大代表的克劳德也指出，大学合并在某种程度上与企业合并一样，在进行沟通时，他希望使原学校的利益最大化，而且个人利益往往也是绝大多数人的优先考虑事项。比如在刚开始谈论合并时，几个学校的行政委员会之间常发生争议和冲突。所以总体上，共识很难达成，很多决策其实是妥协的结果。

不过波尔多三位校长的沟通和互动则相对"简单"些。原则上，如笔者先前提到，一大与二大历史悠久，学校治理成熟，且以硬学科为主，已达成行为逻辑上的一致。因此两校的管理中少了人文社会学科学者"对自由的崇尚"，更多了几分硬派作风。而四大校长虽为人文社会科学专业出身，却在合并中也展现出对集体意识和统一利益的坚持。

开展合并工作后，我们几位校长都把原来大学的利益放置在一边。如果你只是想保留原来所拥有的权益，可能合并就谈不下去了。而且在战略规划的最高层级，大家形成了一种共识，就是我们如何开展合并才不会因为缺乏资金，或者因为工作效率低下而影响合并的推进。所以我不会坚持自己是代表了律师、企业管理者、经济学家以及培训教师的利益（四大教师的主要构成）去谈合并的。大家都在共同寻找一种合理化且正当的，能够使合并进行下去的结构化解决方式。而且我们在举行各种大型讨论会的时候，都在寻找一种横向的可以覆盖大多数人利益的制度或者合作机制。【B3－4 Lung】

因此可以说，在坚定的合并信念下，行动者之间已在推动合并的决策和工作方式上形成了以追求集体一致性为主导的观念与实践。

三、合并的三阶段步骤

2013 年 9 月 3 日政府颁布法律，波尔多大学从此获得合法身份。2014 年 1 月 1 日，学校宣布正式成立。合并前夕，原二大校长、医学出身的教授拉哈以高票成功当选新波尔多大学的第一任校长。学校经过三年的精心筹备，终于到了验收的时刻。对于校长拉哈来说，新大学成立前的两三个月是合并的困难时期，因为这是一段旧大学被废除新大学还未建立的空白期，"师生们在当时有种失去归属的迷茫"。但据校长回忆，这一阶段并非是最困难的时期，他最感艰难的是在新大学成立之初。诚然，波尔多大学若要运转良好，在全校师生中形成真正的统一身份，并以新大学为名片建立新意识与新文化还需要进一步的推动与努力。校长认为，从 2014 年 1 月起，真正唯一的波尔多大学才刚刚开始建立，他将这段建立过程分为三个阶段：

第一阶段为启动阶段。

这是把电线接起来的阶段。接好电源后我们要看机器是不是能动起来。总体上机器可以运作，意味着学生能正常上课，教师可正常代课，科研人员可以搞科研，行政人员也能继续进行服务管理工作。大学能启动，表示她有了生命。但可以运作不一定说明运作是顺畅、没有问题的。【B1-2 Lara】

第二阶段为适应阶段。

这一阶段是大学刚建立后的六个月。为了让机器能够顺利运作，大家开始不断发现、调试和解决问题。这个阶段是大学各个组织机构的形成与确立期。在此过程当中，最先也最迅速确定的是中央行政管理部门，而且经过三年合作，人员合作也相对高效。相应地，下一级的行政部门由于校区影响仍分散在四处，由于大多数人对合并程序和新加入的同事不熟，所以很多事情难以处理。因此需要让各行政部门逐渐熟悉其他部门和中央行政管理部门，把大家都集中在一起彼此了解。这是一个最混乱的阶段，事实上，学校仍没有走上正轨。【B1-2 Lara】

同样，部分行政人员、多数教研人员在这段时期也感受到学校管理上的杂乱无序。这就关涉到行政服务系统虽可以较快形成，但管理服务没有跟进，人员思想观念一时难以转变的问题。同时，教研人员往往在信息获取方面存在滞后性，对学校的新制度更一时难以形成认同，因此加剧了手足无措感，导致大家对学校运行状况出现抱怨。

第三阶段为后适应阶段。

这一阶段是三个阶段中最难、最需要时间消化的阶段，也是修正某些组织机能的关键阶段，持续了一年多。在落实每个部门的职能时，就像在下一个赌注。比如我们按照设想给一个行政部门安排十个工作人员，但在实践中发现，十个人还不能很好地协调起来，需要安排更多的人，或者可能是一种相反情况。再如某个部门里的行政人员各自保留了原学校的工作作风，这时候我们就需要规范工作程序和方式。尽管多数岗位是在之前就已做了充分准备，但在实际操作时，往往需要做些调整，而且也可能不断涌现新问题，就需采取措施进一步协调等。所以在合并之后的一两年间，我们都在进行微调、修整。假如一年多以后，我们发现某个岗位或部门的运作还不顺畅，就需要对它再做改变了。所以我们采用不断改进的管理制度，就是希望在实际操作中，能够根据情况及时做出调整和改变。【B1-2 Lara】

尽管合并做足了前期准备，但新大学建立后的磨合期还是漫长的。当不同大学组织真正共享所有信息、融合行政服务管理系统、全方位开展教学与科研对话时，不同人员、不同价值理念必然需要经历熔铸，使每个人找到定位且熟悉新环境。

第三节 新大学的治理：在集权与分权之间

波尔多大学是《高等教育与研究法》（2013 年）框架下合并成立的第一所公立大学，也是法国政府授予大学自主设计内部组织机构权力的第一所大学。在法律出台前一年，国民议会和参议院分别召开大会通过了"高等教育与研究法法案"的相关修正案，其中也通过了此前奥朗德总统的城市规划建设顾问、吉伦特省报告人兼议员万桑·菲尔戴斯（Vincent Feltesse）就波尔多大学希望创新教学与科研单位所提出的相关修正案。高教法最终采用该修正案意见，并赋予所有法国大学重组教学科研单位的权力，还允许大学的中央机构选派中间层级促进行动者决策中心的相互靠拢。修正案中所反映的分权意愿，正是波尔多大学从开始筹备合并时便采取的实践方式。新的法律框架在赋予和保证灵活性的同时强化并规范了大学教研单位的组织制度，加强了教学与科研的联系。新高教法所强调的大学共治与高效管理也是新波尔多大学所关心的问题。正如某位法律教授所言，《高等教育与研究法》不是一场改革，它所引起的法律修正恰好构成了波尔多大学在建立过程中所需要的重要制度支持。[①]

一、对大学集权的两极评价

大学一方面按照《高等教育与研究法》的要求组建了中央委员会，即负责决策的行政委员会和协调教学与科研政策的学术委员会；另一方面也重建了中央层级的政治、行政管理系统，和学院层级的行政管理系统。从大学官方网站发布的中央治理结构图中（见图 5 - 3）可以看出，校长与副校长之间形成了紧密的任务关系；行政管理方面，学校则在总行政服务处主任的集权领导下，分领域和部门统合学校各项行政管理事务。

---

① NUB，"Adoption du Projet，"NUB-Horizons，2013 - 10.4.

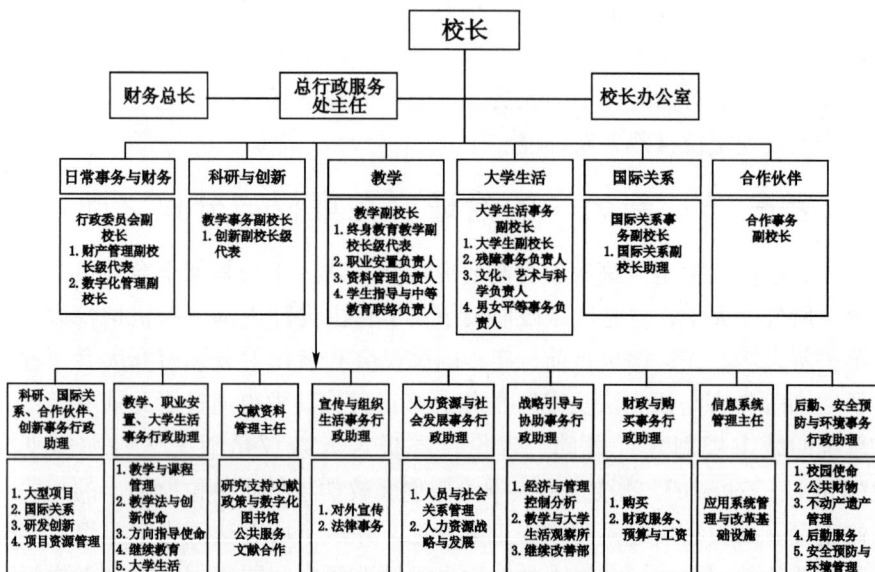

图 5-3 波尔多大学中央治理架构图

资料来源：UDB. Organigramme de l'établissement［EB/OL］.［2017-02-10］. http：//www. u-bordeaux. fr/content/download/25007/190536/version/4/file/2016_ 12_ ORGANIGRAMME_ presidence. pdf；Organigramme administratif de l'université de Bordeaux［EB/OL］.［2017-02-10］. http：//www. u-bordeaux. fr/content/down-load/7105/55595/version/7/file/2017_ 02_ 10_ Organigra mme% 20administratif. pdf（此图由笔者综合上述资料绘制而成）

对于波尔多三所大学的校领导来说，他们从设计新大学时便在中央集权和机构自治两者间寻求平衡，并希望弱化行政科层对学术事务的影响。事实上，法国大学内部存在两个层面的科层制度。一是行政服务管理的科层制；二是教师等级当中的（公务员）同僚关系①，这种科层制的等级划分并不明显。原则上校长应该协调行政管理系统和学术人员系统，且教师—科研人员出身的校长从根本上代表了广大学术人员的利益。但波尔多大学的一些受访者认为，目前校领导和行政管理人员似乎更"亲密"，在共同下一盘大学治理的棋，有时候校领导层甚至可能还受到了行政人员的影响。

笔者在进行调研时发现，受访者对学校的中央集权管理存在两极化

---

① 法国大学的教师—科研人员以及各类行政事务管理人员均为国家公务员身份，政府按照其职称（位）等级和工作资历发放工资。

的评价。那么波尔多大学的集权如何形成，在哪方面获得肯定支持，又在哪个层面遭到诟病？

在曾经的三所大学中，一大的中央集权行政管理系统最为明显，管理也最有效。大学行政系统的合并正是由一大原来的总行政服务主任主导，其他两所学校多受此影响。借用受访者的回答，"新大学正是被这样的一种中央集权的行政管理所控制"。这同斯特拉斯堡大学的案例相似。事实上，从统一大学管理的角度出发，行政人员对权力的掌握与追求是基本需求，否则大学管理便是一盘散沙。但也正是在发挥管理作用的过程中，行政人员无意识地把管理之手伸向了学术层面。

对此，一部分受访者承认行政集权的存在，并肯定其积极作用。

行政管理人员的作用十分重要，他们虽然形成了一定的科层结构，但也在不断调适，希望符合新大学的发展逻辑和现实需要。行政服务贯穿大学的整个治理过程。比如在科研领域，行政服务形成了研究、创新、合作和国际化的管理级，相比原来的大学，它的辅助作用更加广泛，也便于处理与科研对外发展战略相关的行政条款和制度协议等行政事宜。【B5 – 2 Pierre】

行政服务人员与校长、院长不同，他们不是通过民主选举而确定的，也不会任一两届就不再担任行政职务了。他们中的大多数人还会待在原来的岗位，服务相似的学术群体。所以行政人员的组织结构是大学维持管理系统的支架。行政服务管理系统是在筹备合并时就已安排好的，我感觉它目前运转良好。当然，我们不应该过于强调行政管理的作用，这样可能教师—科研人员会不满意，觉得被束缚得太多了。所以我们既应该让行政管理发挥他们的应有作用，同时也要让行政人员明白，他们工作的目的是为所有教学、科研活动和学院的正常运转服务，应当起到一种支持性作用。【B1 – 2 Lara】

也有受访者认为，学校的行政集权管理并不明显，学校更多采用的是一种分权的行政管理模式。

我们的行政管理是逐渐分权的。在权力分配方面，我认为大概40%的行政权力在中央层级；剩余的行政权分散在每个教学和科研单位行政管理部门中。决策时，教学、科研单位的自主权很大，他们能够制定内部的规章制度，并将其合理化。但往往基层学术组织中的人员不清楚他们所拥有的行政权力到底多大，所以有时当他们对行政工作提出质疑或对工作程序表示不解时，往往也是各学院机构没有调整好自身的行政管理系统。因此他们在行事中认为自己的权力受到限制。这就促使我们向下设立部门不断强化分权的行政管理思想。【B8－4 Sidney】

大学的总行政服务主任由校长任命，代表校长（的理念）在全校开展行政管理工作。因此，在谈及中央集权时，人们也会将校领导和总行政服务管理人员视为整体。但校长却认为自己所组建的校领导团队并不是官僚制的反映，而是政治决策的中心。同时，集体行动也不是科层制的体现。在集体行动下最终形成的大学决策虽属于一种上位的决定，但在决策的具体执行工作中，民主协商和集体精神依然存在。而行政管理只是统一程序让所有人朝同一方向去努力的硬性手段。

还有不少受访者指责学校目前集权管理痕迹严重，为学术人员开展工作带来不便。如某位教学单位的负责人认为，在新大学中出现的第一个问题是行政管理体系太复杂，且事无巨细的中央式管理往往要求教师—科研人员不断去应付各种各样的程序和规章制度，从而限制了学院或者研究部门的工作开展。再如有人抱怨新大学的管理层级太多，越往下延伸，行政人员的权力越小。当需要办事时必须先要找上一级获得许可才行，于是导致办事效率低下。还有人认为，现在大学有一种重视政治决策和行政命令的风气，却并不考虑它实际所能发挥的效用。有学者认为国家和大学当下都在追逐管理上的结构化、规则化和程序化，且都"妄想"用一套规则便可经营好大学，甚至解决好大学的所有事情和问题。

可见，尽管波尔多大学不存在政治决策上的绝对中央集权，但在行政服务的集权和放权管理中需要获得基层人员的理解与支持（尽管学校领导层认为已经赋予基层组织更多的行政管理权力了）。有受访者对此做出了解释：

新大学采取了民主分权的政治决策方式，但在行政管理方面又非常集权。而当行政管理在协调各项事务的过程中所规定的步骤和程序太多时，就容易使学术人员产生倒逼感和紧迫感，进而出现对行政管理工作的不满。【B7－4 Claude】

一所"大"大学的管理工作程序必定繁于小规模大学，当基层的学术人员，甚至行政人员感受到与原来大学里不同的行事气候，且这种变化并不像人们所期待的那样或设想的一样时，就会产生强烈的束缚或控制感。而且，有时学校的规章制度和国家的政策相关，学校也受到政府部门行政要求的约束，这无疑为学校管理设置了更多的条框，大家自然觉得办起事来愈加复杂。因此有受访者认为，要改变这种情况需要依靠大学的智慧，即在无法回避规章制度与程序约束时，大学如何能够在制度框架下合理简化办事程序，从而为大学人员营造一种宽松、自由的学术环境。

二、矩阵结构下的教学与科研整合

随着《高等教育与研究法》修正案的通过，波尔多大学将原来 3 所大学共 15 个教学与研究单位、9 个研究院整合为 4 个负责教学的学院（collège）和 3 个（科研）部门（département），并分别内设多个教学单位与科研单位。该校因此成为法国第一所在学术组织设置方面进行自主创新改革的大学。在波尔多大学合并之前已完成合并的其他几所大学依然根据教学与科研单位，围绕中央集权部门设立扁平化的学术组织结构，因此合并后的大学往往学院数量众多，如斯特拉斯堡大学下设有 36 个学院，马赛大学也有近 40 个学院。波尔多大学在中央系统层级下只保留了 4 个（教学）学院，3 个（科研）部门，以及大学技术学院和高等师资与培训学校；然后在学院和（科研）部门下面再分别设置低一级的教学单位和研究单位，从而形成双层组织架构（见图 5 - 4）。

这种设立中间层级的方法，避免大学基层学术组织过于碎片化和与中央组织结构关系的弱化。同时，新学院和新（科研）部门按照教学（专业）的协调性、可辨识性、多学科性、与外界大学的通融性，与科研的必要联络关系，甚至原大学之间的历史性联系等原则进行自由组合。学术组织的矩阵结构创新为学校带来诸多益处。

（教学）学院（collèges） / （科研）部门（Départments）	法律、政治科学、经济与管理学院（包括4个教学单位）	人类科学学院（包括7个教学单位）	科学与技术学院（包括7个教学单位）	生命科学学院（包括7个教学单位）	大学技术学院	高等师资与教育学校
人文与社会科学研究部（包括15个研究单位）						
科学与技术研究部（包括16个研究单位）						
生命科学与健康研究部（包括35个研究单位，11个科研平台）						

图 5-4 波尔多大学学术组织矩阵结构图

资料来源：UDB. Composantes de formation[EB/OL]. [2017-03-18]. http://www.u-bordeaux.fr/Formation/Composantes-de-formation；Panorama de la recherche [EB/OL]. [2017-03-18]. http://www.u-bordeaux.fr/Recherche/Panorama-de-la-recherche（笔者根据波尔多大学学术机构的相关介绍绘制）

从组织的角度出发，新大学简化了组织结构，有助于教师—科研人员进行自我定位；横向跨学院和纵向跨科研部门所形成的矩阵型组织加强了教学与科研之间的协作，将组织管理中的"垂直"和"水平"联系更好地结合起来，既分工明确又利于协作。技术学院院长本杰明通过实例讲述了新组织结构的优势：

我们之所以把教学单位和科研单位分离开来，目的就是希望找到更多交叉学科的途径和平台。新大学的学院和科研部门并不完全一一对应，如此教师—科研人员便可不受约束，自由地选择相关单位开展教学与科研工作。比如，技术科学学院中的教师，有一些在技术科学研究部搞科研，也有的在生命与医疗研究部或者在人文社会研究部做科研；人类科学学院的教师—科研人员可能在人文社科研究部做科研；法律—政治科学—经济管理学院的能在技术科学研究部做科研。这样便使大学建立起完全交叉式的学术团队。矩阵型结构让各个学科有了连接在一起的可能性，有助于打破学科界限。【B11-1 Benjamin】

从治理的角度出发，首先，新的组织结构方便大学进行集权管理，促进行政管理更加高效、专业化。如校长只需要和不到十个学院和科研部门的负责人进行沟通即可，而不必像其他学校一样同三四十个院长一对一开展沟通。其次，学院和科研部门下设的教学与研究单位在不远离权力中心的同时，也拥有了更多的自主权。许多机构负责人不必像设有三四十个学院的大学那样，需要"预约"校长的"召见"，更避免出现某些人文社科类教研单位的负责人担心自己被"边缘化"的现象。因为在校长的眼中"四大学院同样重要"。最后，学术机构的大融合促进师生对新大学形成统一认知和学校认同感，曾经以学院（faculté）和实验室为先的观念逐渐淡化。

不过校长也注意到，新结构也增加了处于中间层级的学院院长在管理工作中的难度：

作为中间管理层的学院院长需要面对来自三个不同学院风格的大学里的人员，因此增加了管理的复杂性。特别是这中间还要处理各种关系，比如各学院下设的教学单位很多都属于原来大学的二级学院，学院院长必须和教学单位的负责人建立起一种新关系，做好中央层级和基层教学单位间的协调工作。但我认为院长们在经过一段时间的摸索后会更适应这种分权式的学术管理制度。【B1－2 Lara】

此外，新大学的教学与科研组织还遇到了结构上的问题。如学校在设计学院构成时将生物学专业融入了生命健康学院和技术科学学院，生物学教学单位因此成为全校唯一一个横跨两大学院的机构。由于原来的一大和二大都设有生物学专业，但它们分别与两校的医学和技术科学专业联系密切，所以难以单独成院。这样的设计却为后来生物学教学单位的教师—科研人员带来诸多不便。从科研组织构成看，科研机构的融合还存在历史性剩磁（rémanence）①问题。科研副校长在受访时如是说：

学校的研究部共有三个，从它们的学校源头看，人文与社会科学研究部主要来自四大的学术团队；生命科学与健康研究部集中在二大；技术科学研究部可以追溯至原来的一大。事实上，这三大机构代表并且时常提醒我们原来三所大学的"势力"并未消除。所以在推动科研发展时，我们需要时刻注意科研单位是否将自己又局限在原来三所大学的科

---

① 剩磁，剩余磁化强度的简称，物理学概念，指当外加磁化场已变为零时，留在磁化过的物质中的磁感应强度。论文在此使用意指新大学还存在一些"历史遗留问题"。

研发展框架内。我们不能用水煮蛋去做炒鸡蛋。所以从科研集权的角度出发，我们需要建立一种激励型政治，即通过跨学科环境激发各研究部形成共同使命和任务，进而使其内部的实验室和科研团队开展科研战略对话，建构跨学科协作。【B5-2 Pierre】

第四节　"共同体"中的新大学：紧密耦合却相互分散

1997 年，波尔多市四所公立大学组建波尔多欧洲大学集群，并于2007 年又建立波尔多（联合）大学高等教育与科研集群（下简称波尔多集群）。波尔多集群成员除四所公立大学外，还包括波尔多行政学院、波尔多农业工程师学校和波尔多理工学院（由两所工程师学校合并而成），共 7 所院校。2013 年政府出台《高等教育与研究法》，波尔多集群根据法律要求取消集群身份，于 2015 年 3 月 11 日建立阿基坦大学与机构共同体（下简称阿基坦共同体）。这期间，3 所成员大学合并成为一所新大学。新大学的建立改变了集群与共同体的组织格局，也促使组织成员合作与联系出现新的变化。共同体按照《高等教育与研究法》中规定的共同体治理结构开展成员间的协商决策和共同体的内部管理，推进集群时期获得的各项科研资助计划，成员在参与共同体一系列协同任务的制度框架下保证组织群落的有序发展。

从 2014—2016 年随着共同体在法国各地的建立与壮大，许多共同体内的成员组织均开展或完成了大学合并。组织群内的结构形态变化使共同体以紧密联合的状态在推进院校合作时，也出现了一系列内部分歧与问题，成员关系出现分散趋势。一些共同体内的成员甚至开始羡慕高等教育的另一种结盟形式——联合会。笔者希望通过深入波尔多案例，在了解共同体建立与发展的基础上，探究合并后的阿基坦大学与机构共同体内其他院校组织的外部互动，从而理清制度驱动下合并的大学与其所属组织群的发展关系及特点。

一、从"集群"到"共同体"的确立

笔者在前文讲述波尔多大学合并的制度环境时，已对波尔多集群的

状况做过部分介绍。可以说，作为集群合作产物的波尔多大学之所以能够提出合并设想且顺利完成，离不开组织环境的孕育。在集群时代，各成员通过校园计划、大学卓越计划等建立起不同类型院校（大学与"大学校"）间的专项合作。集群设有一名校长（起初由成员院校校长轮流担任），并由行政委员会负责决策管理，由战略指导委员会推动合作计划。在尊重成员自主性的基础上，集群明确了一系列合作使命：对波尔多市高等教育与科研的建构和发展进行前瞻性思考、积极的政策规划；在严谨的合作框架下，促进科学、技术、专业、教育和文化性质的集体行动；重视由部分成员共同主导并以集群名义展开的研究活动；协调追踪各院校毕业生的职业安置；协调学生、教师和研究人员的接待事宜；促进师生赴外国交流；协调博士学校各项活动，推进波尔多大学博士文凭发放事宜；协调成员之间的教学培训；实施部分成员学校所确定的共同项目；建立并管理组织共享设备和服务系统，确保为所有成员提供协调一致的高质量服务；协调成员学校同所属部委、合作伙伴（机构）的行动关系；在区域、国家和国际层面推广集群活动和"波尔多大学"这一名片；提升高等教育与科研组织空间在波尔多城市组织中的建构与融入。①

　　作为曾经的集群校长（2012—2014），我认为集群建起了高校联系的网络，每所大学在这一网络中都保有自主性。在各自独立的情况下，大家共同探寻在哪些教学和科研领域可以架起合作的桥梁。我们以波尔多集群的名义申请各种资助计划并得到资助，这就是集群合作所带来的最大实惠。【B2－1 Alain】

　　波尔多集群从2007—2014年共经历七年发展，这期间法国开始了大学自治改革，政府也首次引入竞争机制，推行以项目招标形式向竞标成功的大学提供额外资助的新型经费拨款模式。集群作为波尔多高校合作的载体，在申请招标过程中充分展示了"场地"内所有院校的凝聚力，和成员深化合作的雄心与能力。特别是在申请大学卓越计划时，开展教研合作、实现优势互补似乎已不能满足一些学校争取更多教育资源的渴望。于是大学合并成为组织变革行动者的最佳选择。而在三所大学完成

---

　　① Décret n° 2007 – 383 du 21 mars 2007 Portant Création de l'établissement Public de Coopération Scientifique? Université de Bordeaux?, https://www. legifrance. gouv. fr/affichTexte. do? cidTexte = JORFTEXT000000822474&dateTexte = &categorieLien = id，2017－1－10.

合并之际，政府也出台新政，以法律形式要求所有高校必须至少选择"大学合并、筹建共同体或联合会"其中的一种方式进行院校重组。波尔多集群的成员们于是决定将其身份转变为共同体，并继续通过权限委托的方式在新组织群内进行合作与资源共享，在合作中实现共同发展的目标。

其实当时我们讨论过是否以联合会的形式重组波尔多高校，让未参与合并的学校以联合机构身份"依附"于新波尔多大学。那时除了波尔多的几所高校外，波城大学也成为集群的一员，但它并不乐意依附于波尔多大学，波尔多三大其实也不愿意。而综合理工学校在某种程度上还与新大学存在竞争关系，更不愿意这样做。所以我们最终建立了共同体。【B16 - C/IEP Louis】

合并后的新大学将成为波尔多大都市中高校的代表。那集群该怎么定位？我们希望把集群的发展投射在阿基坦大区层面。即除了波尔多原来的集群成员外，阿基坦大区的其他高校也可融入集群。但随着奥朗德政府的上台，集群被取消，政府支持大学开展合并，也倡导建立共同体，并将共同体赋予和大学一样的法律身份。新政策如我们所愿，把曾经的集群扩展成阿基坦共同体。这样，新组织群的运作从波尔多市放到了阿基坦大区的背景下。【B2 - 1 Alain】

2015 年 3 月国家颁布法令确认成立阿基坦大学与机构共同体。共同体成了具有科学、文化和职业性质的公共机构。法令对共同体的组建、组织管理制度、校长和副校长的任命、行政（管理）组织、财会制度和资源分配原则进行了具体规定。共同体的成员学校包括波尔多大学、波尔多蒙田大学（也即波尔多三大）、波城大学、波尔多农业科学研究院（隶属于农业部和高教部）、波尔多行政学院与波尔多综合理工学校。波尔多国立高等建筑园艺学校、高等艺术学校、KEDGE 商学院、波城高等商学院、拉罗谢尔大学则成为共同体的合作伙伴。在法令要求的基础上，共同体内部还制定了组织章程，并形成了行政管理架构：即在校长的带领下，总（行政）服务管理主任统筹各项使命与资源；总服务处下设由法务—制度、人力资源管理、财务管理、宣传与后勤管理组成的各个资源极（Pôles Ressources）；同时根据共同体的各项合作使命形成不同的工作部门，包括：数字化使命、跨境网络使命、学研使命、阿基坦校园创业活动使命等。[①]

从此，阿基坦共同体须按照国家的法令要求组织成员院校开展各项活动。成员学校的一些教师将共同体视作集群的第二发展阶段，即场地内各学校继续保持独立性，并随成员边界的扩大，在落实前期合作事项的基础上，进一步开发合作领域的新阶段。

二、刚性紧密的组织互动

阿基坦共同体虽以大区为单位自行整合各类院校，但法令不仅对共同体的运作模式进行了制度规范，对组织成员的进退机制、合作伙伴的基本资格、共同体的使命原则等都进行详细规定。成员院校必须按照"咨询—决策—执行"的模式共同决定合作事宜，并以共同体名义同国家签订场地合同，执行各项计划。波尔多大学作为共同体的重要成员之一，必然需遵守组织的"游戏规则"，在紧密、刚性且制度化的共同体组织群落中与其他院校进行沟通协作。

（一）以制度化的治理为前提

为维护阿基坦共同体的顺利运转，国家将类似于大学的"同行治理"模式直接"移植"到了共同体的治理中。根据法令规定，共同体内部设立行政委员会、学术委员会和成员委员会。

行政委员会是共同体的决策机构，由 33 人构成，包括 16 位指定成员和 17 位直接投票选举产生的成员。委员会成员既有院校代表、资深专家、企业与地方领土代表（包括波尔多市、阿基坦大区委员会、阿基坦—巴斯克—纳瓦拉欧洲边界、阿基坦工商联合会、比利牛斯—大西洋省委员会代表），也有教师—科研人员代表、其他人员和用户代表（在共同体或成员学校中接受培训的人员）。共同体还邀请波尔多学区长、共同体财务长和总（行政）服务主任等作为咨询顾问参与行政委员会活动。[②] 其次，学术委员会由 12 位院校代表、4 位外部人员、22 名教师代表、5 位共同体内部工作人员和 8 名用户代表，共 51 人组成。该委员会

---

① ComUE d'Aquitaine, "Organigramme de la ComUE d'Aquitaine," http://www.cue-aquitaine. fr/docs/communication/organigramme_ComUE2016. pdf, 2017 – 01 – 10.

② ComUE d'Aquitaine, "Conseil d'administration," http://www. cue-aquitaine. fr/docs/commu-nication/ConseilAdministrationComUE_2016. pdf, 2017 – 01 – 20.

向共同体成员的公共项目和场地合同等事宜给予意见，并协助行政委员会制定发展政策，起到咨询作用。最后，共同体还建立了由 6 所成员院校的校长组成的成员委员会，该委员会一方面主要作为事先咨询机构，为行政委员会提供合作计划和场地合同建议，在开展所有合作事项前须首先由成员委员会进行商讨，最后呈报行政委员会进行决策；另一方面负责向各校传达和落实共同体的发展计划与政策，维护共同体的统一行动。在商讨和制订共同体的重要发展方针和项目计划时，成员委员会需每半月召开一次会议。① 共同体的主席为公开竞聘，并由行政委员会经两轮投票选举产生，任期四年，不能连任。目前的共同体主席由原波尔多行政学院院长路易担任。共同体的副校长由校长推荐行政委员会投票决定；财务长则由校长推荐，高等教育部和财政部共同任命。②

总之，共同体形成了集"咨询—决策—执行"于一体的治理结构。波尔多大学也与其他成员一样，需在国家的法令框架和共同体的内部制度中，参与组织决策、维护组织规范，并按程序要求承担起阿基坦大区高等院校的战略发展，协调教学与科研合作，并推动学校与地方在技术创新、社会生产方面的协同作用。

政府在推出共同体这种院校整合模式时，之所以要将共同体的行动制度化，是为了通过更加民主、有序的协商和决策办法，以确保公正公开，平衡各校利益，甚至避免恶性竞争的产生。正如共同体的总行政服务主任安娜向笔者所坦言的：

推动地区高等教育的整体性合作，并不如两所学校合作那样简单，没有一所学校希望被其他学校压制，因此需要建立一个合法性组织代表所有人的利益，在制度化和谈协商的基础上帮助各个院校开展合作。[……] 在合作中我们不希望看到学校之间你强我弱的关系。特别是共同体中产生了新的"大"大学。我想，可能政府也料想到了这一情况。所以需要法律的强制性手段去要求共同体发挥协商、协调的作用。【B17 – C Ana】

---

① ComUE d'Aquitaine，"Membres et Partenaires"http://www.cue-aquitaine.fr/membres.html，2017 – 01 – 10.

② Décret N° 2015 – 281 du 11 mars 2015 Portant Approbation des Statuts de la Communauté d'universités et Établissements d'Aquitaine，http://www.cue-aquitaine.fr/docs/statuts-ComUE – Aquitaine.pdf，2017 – 02 – 10.

安娜的回答提及了在共同体中出现的合并大学，这里确实值得注意。由于共同体中出现了"巨型"的波尔多大学，它与其他成员在发展规模、资本状况等方面已产生很大差异。因此，共同体有必要通过制度化、结构化的运作方式平衡各方利益。当然，这并不是说，共同体之所以以制度化的治理方式而建立就是为了抑制"大"大学的势头或权威。或者，我们只需把它看作一种组织群制度化的结果。但我们也确实无法忽视组织成员的变化及其对组织群的影响。因为在这一点上，阿基坦大学与机构共同体的确产生了观念上的分歧。具体情况笔者将在下节中介绍。

（二）以场地合同为合作基础

2016 年 3 月，阿基坦共同体与国家签订"多年期（2016—2020 年）场地合同"，并将确保在地方层面形成以科学卓越为核心的驱动效应；通过促进地方平衡，推动让大多数学生成功的环境行动；在以技术投入和传播应用为互助基础的科研使命中，配合使用多元的数字化服务系统；在建构欧洲校园过程中发展跨边境行动作为合同的战略轨道。① 在此结构框架下，波尔多大学需要与其他成员进一步开展交流并提出可行的共同计划；而共同体也需要在引导成员通过项目结盟的各种行动中，获得所有成员的认可，达成使命基础上的合作共识。

共同体就像一个协会，把阿基坦大区所有的高等院校都集中在一起，从而让各学校找到它们在地区发展中的定位。以前的集群只是局部性合作，只报了波尔多的几所学校，而现在的共同体是一种联合性（fédéral）的合作。［……］虽然，共同体成立的时间不长，但是我们设有校长、行政委员会、成员委员会，大家在一步一步地寻找新的合作方式。特别是通过多年期场地合同，我们可以以共同体的名义同国家开展对话。如果要强化地方大学的自治，这种联合模式就有必要发展下去，因为它的视野以及所涉及的使命、活动范围更宽。【B18－M Lea】

虽均为合同性质，但从内容上看，阿基坦共同体所签订的场地合同与斯特拉斯堡联合会形势下的合同存在不同。共同体强调公共合作部分，而联合会更突出各联合机构的特殊部分。这一点也间接说明，共同

---

① ComUE d'Aquitaine," Contrat de Site Aquitain 2016—2020-Volet Commun," http：//www. cue-aquitaine. fr/docs/communication/2016 _ ComUE _ volet% 20commun% 20Contrat% 20Site% 20Aquitain. pdf, 2017－02－10.

体成员在完成合同任务时，更需要集体的协作。

目前，法国的大区政府就像整个列队的领头一样，为推动教学科研创新合作，它可以带领着大区下设的各个地方领土单位（省、市）去发展高等教育。而阿基坦共同体就扮演类似大区政府一样的角色，带领大区里的高校沟通向前发展。可以说共同体相当于每个学校与国家之间建立联系的平台或者驿站。这个平台或者驿站也可以理解为我们要共同承担的合同责任。【B17－C Ana】

从国家的角度出发借由场地合同强化共同体的整合力量，这一点无可厚非，但波尔多大学对此却无法举双手赞成（尽管笔者发现，波尔多大学官方网站上对共同体以及与其他学校进行合作的描述，都是积极且必要的）。正如某位来自波尔多大学的受访者特别提到的，大学虽可以通过共同体签订合同并获得国家拨款，可每所学校也有自己的发展侧重。大学所需要的，并不一定是共同体所关切的。因此，"在这点上，（共同体的合作形式）值得进一步商榷"。【B17－C Ana】

此外，共同体除通过制度化运作和以其名义签订场地合同外，它的权威还体现在，共同体掌管着所有成员院校的岗位分配权和从政府那里获得的经费统管权。如部分共同体成员曾以集群名义获得的大学卓越计划资助，就由共同体统一管理。所有竞标成功的项目也必须在共同体中推行、完成。各成员机构均须以共同体名义单独或联合开展硕士和博士研究生的培养并颁发相应文凭。共同体内的所有学术成果均以共同体的单一署名发表，等等。

这里存在一个倾斜的杠杆，就是国家强制要求我们如何开展合作、完成计划，那么大学就必须接受这样的规则，没有人可以例外，否则我们就得不到资源。因此地方层面的行动者不得不遵守这种制度，去推进大学的组织变革。【B8－4 Sidney】

总体而言，政府在营造共同体紧密合作的氛围时，很大程度上借助了刚性制度和强制程序。让不同成员组织接受并达成统一的发展观念和合作计划看似容易，但在操作层面，真正的协同行动却很难落实。法国人在集体行动时总会提及"谁做什么"的逻辑。这并不仅是对行动目标不清、职责不明的一种反诘，更是一种行事的逻辑和方法。一些受访者也提出，地方层面的院校合作应当更关注"谁去做什么"。比如同属阿基坦共同体的波城大学所要做的是否正和波尔多大学所要发展的一般无二？因此，共同体面临的难题并非无法将合作制度化、整合化，而是在融合整个阿基坦大区所有院校的发展目标过程中缺少了某种多样性与灵活性。

三、观念的分歧与行动的分散

上节中对阿基坦共同体制度化的耦合结构与紧密合作进行了介绍，同时也引出了共同体存在的问题。本节要探讨的正是阿基坦共同体在出现新合并的波尔多大学后，组织群落中所产生的观念认知分歧，以及组织成员观念与行动间的脱钩。[1]

（一）大学与政府对共同体的不同认知

笔者在进入研究现场前并未对阿基坦共同体的组织互动情况进行预设。起初只是从"共同体对您（学校）意味着什么？"或"共同体内各个学校是如何互动的？"等评价性问题出发对各成员院校的受访者进行发问。但笔者发现，多数受访者在描述现状的基础上总会引向对共同体的批判。仔细辨别，受访者对新组织群落产生不满或指摘首先源于对共同体的认知观念。

近年来，随着政治分权运动和新公共管理主义在法国的盛行，政府在高等教育领域也逐步转变职能，推动高教治理体系的分化式改革。《高等教育与研究法》的推动者，前高等教育与研究部部长菲欧拉索（Genevieve Fioraso）曾表示，政府希望共同体对地区高等教育整合起到战略与调整作用，确保每个地区出现完善、和谐，符合地方发展情况的各个极点并使其协调一致。将高等教育的中央权力下放至大区，而整合大区层面高等教育与科研机构的共同体通过组织成员院校开展协商，既可以避免学校间由于互不联络产生的教研活动重复和资源浪费现象，也能实现互通有无、优势互补。在另一层面上，共同体却从不介入大学事务，各院校依然保持自己的独立性。简单讲，共同体起到的是校际协同和联络的作用。

---

① 需要强调，由于笔者进入研究现场正值共同体新场地合同刚签订不久，成员学校之间还未围绕各项使命开展新一轮合作。因此，受访者们的回答大多是基于早期的经验和在商讨合同计划中的感受。若要探究阿基坦共同体内部成员的实际合作关系与成效，仍需通过后续调研进一步了解。

但一些来自波尔多大学的受访者在谈及共同体时，认为该组织对大学却是一种束缚：

共同体在大学之上又多叠加了一个层级，并且希望进一步控制成员学校，特别是政府还赋予共同体和大学同样的法律身份地位，这更让人费解。可是，我们又必须通过行政委员会进行具体决策，似乎在共同体内部拥有了民主权。但总以共同体名义行动确实让我感到不适。【B1 - 2 Lara】

我们需要有机会去寻找自己的模式，而不是国家要求怎么做，我们就怎么做，别人做什么，我们也做什么。如果有了这个前提，我认为建立共同体是没有问题的。【B9 - 2 Marina】

在受访者们看来，政府强化共同体角色的出发点是希望仍能够保持地区平衡，同时试图让一套政策可以被普遍适用。可这样的逻辑出发点，却又同波尔多大学目前在阿基坦共同体内的发展状况和自身需求不相符。

从中央和地方政府的角度讲，他们并不希望看到某些巨型大学全权代表法国或者某个地区的高等教育。这个情况就有点像欧盟的构成，它既要包括像德国这样的实力大国，也要有像旁边比利时这样相对较小的国家。【B16 - C/IEP Louis】

我认为，政府想将一种制度适用于所有情况，但这种观念是错误的。因为它不能用一种模式去管理法国所有的大学，而是每个地区都应该根据自己的特点寻找发展路径。这也是我们波尔多大学的诉求。【B1 - 2 Lara】

政府的机构重组政策是合理的，但关键问题是，他们应该告诉我们或者让我们有权决定是否进行合并或建立共同体。而不是在我们已经形成了一个新的组织（波尔多大学）之后，再强制性地叠加一个多余层级。[……] 政府需要说清政策的最终目的，并且了解我们的实际困惑，然后再给出硬性的规章制度。或者简单点说，就是他们应该明确选择采取哪种整合方式的具体逻辑。而不是告诉大学你们既可以合并，也可以加入共同体。因为这样，我们选择的出发点就变得非常盲目。但事实上，某些现存的组织形式，并不一定是大学发展本身所需要的。【B9 - 2 Marina】

最后，一位受访者还指出了一个认知上的不同，即政府通过法令对组织成员的进退机制进行了详细规定，院校有权自主决定去留，而大学却认为政府如"铁板一块"，管得过死。即便如此，他们感到政府关于组织群的设定逻辑依然不够清晰。但如果从事实出发，我们可以发现，在已经完成合并且竞争意识逐渐变强的波尔多大学这里，区域均衡化已经不能够满足它对资源的需求和对自治的愈发渴望。正如前一大校长和集群校长阿兰所揭示的，"目前我们波尔多大学优先考虑的并不是共同体的发展，而是如何使大学更加的结构化，如何能够通过各种实实在在的发展项目推动学校科研和教学的进步"。【B2 - 1 Alain】阿兰的回答也暗示了，目前共同体内成员的组织目标与组织群发展目标间的不一致性。但另一方面也说明，组织为了优先目标而暂时建立的结盟关系需要借助新的共同目标与合作维系。原则上，场地合同是一种强化成员联系的方式，但它在多大程度上可以发挥作用，还有待观察。

（二）观念与行动的脱节及行动的分散

阿基坦共同体作为集群的"继承者"，随着时间的演进已在组织构成形态和组织群的地理空间范围上发生了变化。新出现的波尔多大学，在学校规模和经费方面不仅超过了其他成员院校，更成为阿基坦大区高校组织群中撑起共同体合作和发展的关键。波尔多大学的学生人数约占共同体院校总学生数的60%，而其各类科研项目和活动也占到了整个大区的近80%（此数据从受访者处获得）。显然，这所巨型大学已经有了强大的自我生存能力和共同体内部的绝对规模优势。而随着法国新行政区的确定，阿基坦大区的边界范围更为广阔，所涵盖的高校也越来越多。共同体的成员也可能因此增多，成员构成更加复杂。它需要像音乐会指挥家一样将组织成员协调统一为和谐的整体，但这并不是件轻而易举的事。

上述变化推动共同体在发展理念上产生了根本转变。组织内的成员，特别是波尔多大学也观察到了这些变化。但组织的滞后性使它们有时仍然固守在集群的思维阶段，从而对目前的共同体发展状况表示失望。笔者在访谈中听到不少诸如"建立共同体我能够理解，但它却没有和集群一样真正可以吸引大家凝聚在一起的发展计划"【B5 - 2 Pierre】这类回答。这种情况反映出组织成员理念与行动上的脱钩，即它们认同组织的联邦性情景，却不能在实际行动上与共同体保持一致。为此笔者又进一步从波尔多大学的视角了解了理念与行动出现"脱嵌"的现实与原因。

共同体内部，除校长外，共只有二十几个工作人员，这和波尔多大学的 5000 位公务人员相比，就像列支敦士登公国和中国的区别！……所以我们需要明白，共同体并不是一种治理、控制大学的手段，它只是帮助这些联合在一起，形成关系网络的大学去寻找共同开发项目的一种途径。【B13 - 2 François】

从根本上来讲，我们并不反对这种整合的形式。相反地，我们非常希望地方拥有更多权力去协调它的高等教育机构，然后让学校在地方层面聚合各自的力量，发挥对于地方政治经济和文化的促进作用。而且说实话，我们也需要有一个协调的机构，大家能够在这里相互交换意见，去开发可能的合作。我们甚至希望共同体能够继续向前发展。而且我认为大学的校长们应该都对我说的观点持支持态度。【B2 - 1 Alain】

观念的认同是一致行为产生的前提。共同体被贴上了聚合组织成员的力量、协助成员开展合作、推进地方高等教育和社会的发展等一系列标签，但这似乎不能构成组织行动的动力。同时，波尔多大学受访者的回答又使我们将视线放在共同体的治理方式上。

……问题在于，共同体属于一种强制性结构，而且管理沉重。未来如果像普瓦捷、利摩日等学校也融入共同体中，共同体该怎么发展是需要进一步规划的。如果要改善共同体目前的问题，就需要明白，每一个学校他们自己的能力所在，以及共同体能够以什么样的方式帮助每所学校发挥自身特色。从而在这个基础之上找到大家共同感兴趣的项目，促进合作。而不是只停留在共同体该如何治理，我们该怎么样去统一行动这一层面。如此，组织是肯定发展不起来的。所以我还是非常支持每个学校都有自己的自主权，能够做他们想做的事情。【B2 - 1 Alain】

共同体是人为创造出来的，它更有利于团结那些没有合并的小学校，比如波尔多三大，还有周边的工程师学校，等等。因为它们对共同体的依赖性更强。【B9 - 2 Marina】

而从行动层面看，新大学与其他成员院校在集体行动中也出现合作分散的状况，但这种分散主要体现在成员院校进行决策和落实共同使命的过程中。共同体校长和几所大学的回答都反映了这一情况。

波尔多大学合并后，大家在共同体内部的合作关系确实发生了变化。特别是在我参与过的几次成员委员会的会议上，我发现，大家在讨论某个合作想法或进行决策的时候，更多地受到校长间人际关系的影响。因为某种微妙的人性在其中"作祟"，使大家有时似乎甚至忽视了决策的合理性及其实践的可行性问题。【B17 – C Ana】

目前在共同体中，波尔多大学的行动非常谨慎，对待共同体的态度也比较僵硬。波尔多三大属于一种观望者的态度，尽管他们承诺要推动更紧密的合作，但行动上却有些"虚与委蛇"。而波城大学因为地理上离波尔多比较远，觉得自己不在共同体的决策中心，不受重视，所以希望能与我们有更进一步的接触。【B16 – C/IEP Louis】

共同体和每个成员的关系都不太一样，可能我们波三和共同体的关系更亲密，而在形式上波尔多大学和共同体的关系就相对紧张些。从学校角度出发，我们和波城大学的合作更多。因为目前在共同体中，除波尔多大学外，我们均是独立的大学，且小大学之间要开展合作也更灵活些，特别是能够借助共同体这个平台，大家的合作状态也比以前更好了。【B18 – 3 Lea】

我们（波尔多大学）通过合并变得更强大了，所以没必要"搅和"在共同体里。但那些没有参与合并的学校和我们不一样，它们需要共同体的联合作用与协同效应。……尽管共同体有一定的合作使命，也负责管理我们的合作资金、人员招聘，但这些活动都应当基于承担这些活动（如大学卓越计划）的机构。而作为波尔多大学的科研副校长，这（指参与共同体）并不是我的工作主题，就算是主题，也属于"不伦不类"，没太大价值的主题。【B5 – 2 Pierre】

在埃哈尔·费埃德伯格看来，组织行动者并非只受利益驱使，也并非是规则的完全顺应者，仅受制度环境的影响。他们同样是组织的建构者，是能动、自由的。[1] 波尔多大学在共同体中的认知和行动反映其既遵守国家规定、屈于制度约束，又在追求行动的自由与合作的自主性。正如一位波尔多大学的受访者希望，阿基坦大区可以选择斯特拉斯堡的高校重组模式，让"小"大学围绕在波尔多大学周围组成联合关系，这样学校可以更好地保持独立性。此外，尽管波尔多大学并不承认自身可以在共同体内获得多大利益，但我们也不能否定共同体在经费分配、推动新一轮场地合同中曾对波尔多大学的积极助力。

---

① ［法］埃哈尔·费埃德伯格：《权力与规则：组织行动的动力》，上海：上海人民出版社，2005，第6页。

事实上，政府试图在高校治理方面向联邦制靠近，采取了一种千层蛋糕（milles feuilles）似的管理结构，但阿基坦共同体很难把已经合并的大学再同其他大学紧密的整合起来，作为千层蛋糕的某一层。现在的共同体属于把不同东西融在一起的花纹蛋糕（Gâteau marbré）结构，而共同体在协调各成员利益时是不可能向任何学校倾斜的。这样，波尔多大学自然难以找到自己在其中的定位和价值，因此行动上也会消极很多。对于波尔多大学在共同体中存在的观念与行动的割裂，共同体主席也做出了更为政治和文化性的解释：

如果从政治上考虑，政府支持我们建立共同体是希望大学借此机会更具有国际知名度，更能代表这个地区的优质的高等教育。如果从实际方面考虑要培养出优秀的人才，甚至出现诺贝尔获奖者，这些都是在大学当中才能够实现的目标。因此，波尔多大学也意识到仅依靠共同体这个协调机构去发展肯定不可行。事实上，其他学校也不会完全依附于共同体。没有充分的信任就不会有行动上的全力支持。再者，共同体也绝不可能承担起培养未来诺贝尔奖得主的使命。而我认为，共同体它应该发挥的作用是，从日常的活动、行动或者统一的合作中，将大区、省、市镇、城市或者大都市这些行政上的地方领土单位边界通过高等教育消除掉。认识到这一点，共同体可能不会运转的那么"艰难"，大学在共同体组织群内的行动也不会有更多负担。【B16 – C/IEP Louis】

在进行地方高等教育重组时，国家只看到合并和共同体都是地方自治的一种形式，并力图展现中央集权被分享、分割进而又被平衡的画卷。尽管政府的官方意图不在控制大学，但却用制度约束着大学的行动。所以它也没有意识到，在制度化（合作）约束下的共同体在无形中被成员院校视为中央集权的代言人。"是国家要求我们必须建立共同体的"（【B5 – 2 Pierre】），"是国家在大学层级上设置了一个类似大学的机构"（【B7 – 4 Claude】）等诸如此类的抱怨成为共同体受到指责的又一个不容忽视的原因。所以在行动层面，合并后的大学在参与共同体的合作时，与其他院校呈现出行动分散的问题，且它与所属共同体之间的关系更多地发展为大学争取自治权力和国家辐射中央集权之间的一场博弈。

第六章
大学合并重组路径的案例比较与模型建构

　　法国（近年来）所进行的高等教育改革既相互补充又相互矛盾，它由中央发起却被地方超越，对一些大学和新资源的供应者来说是一场不稳定的变革，对借助重组被夺去权限的院校来说却是一场稳定的变革，改革虽然迈向了国际但本质上仍然完全是法国……而这种不完美的统一并非没有产生深远的变革。[①]

——克里斯汀·缪斯兰

　　迈克尔·萨德勒（Michael Sadler）曾指出，"我们不能随意地漫步在世界教育制度之林，就像小孩逛花园一样，从一堆灌木丛中摘一朵花，再从另一堆里采些叶子，然后指望将这些采集的东西移植到家里的土壤中便会拥有一棵有生命的植物"。[②] 这里强调比较教育研究应当将一国的教育看作活生生的东西，不应忘记它曾经的斗争、艰难及其结果，还有民族生活的神秘作用等背后"无形的、难以捉摸的精神力量"。由此，笔者首先需要对采集到的花朵或叶子仔细甄别、分类，再对植物展开情景化和关联性分析。

---

① Musselin C. La grande course des universités[M]. Presses de Sciences Po, 2017.

② Michael Sadler, "How Far Can We Learn Anything of Practical Value from the Study of Foreign Systems of Education?," Comparative Education Review, (1900, reprinted in 1964), p. 307 – 314.

基于前两章对斯特拉斯堡大学和波尔多大学合并重组的探讨，本章将首先围绕两所大学合并重组的原因，大学开展合并，以及合并大学参与组建共同体/联合会的组织群形态三个维度分别对大学合并重组的路径展开全方位的比较，进而将法国大学合并重组的驱动力量、设计策略，以及组织的重要行动者在过程中的互动逻辑同理论对接，并最终揭示大学合并重组路径形成背后的理论内涵——贯穿始终的权力与制度及其塑造作用。在此基础上，笔者最终将建构大学合并重组路径的解释模型。

第一节　大学合并重组路径的案例比较

大学合并重组是法国大学真正把握自己命运与发展机会的首创性改革，甚至可以说它在法国高等教育历史上具有里程碑意义。因为在法国人看来，大学从来就不是一个强有力的机构。从诞生之日起，它成为在教权与皇权夹缝中生存的行会组织，在启蒙运动时代它未能成为彪炳科学的急先锋，在法国走向资本主义强国的时代更被政府所降格、忽略。即便当年由大学界掀起的"五月风暴"也是在触动政府的敏感神经后，法国大学才开始走向了现代化改革之路。但 21 世纪的大学合并却是静悄悄的，甚至是令外界有些猝不及防的一场大学组织变革。共同体与联合会是政府推进地方分权和重新布局高等院校以应对世界竞争所形成的不同形态的院校组织群。而大学则在其中扮演着重要角色。不可否认，大学的合并重组是在全球制度的"理性神话"和法国政府的高等教育改革背景下展开的。同时，组织行动者依靠自己的审时度势、权威与智慧开辟了符合学校自身特点的合并重组路径。

在对权力驱动——松散联结与制度驱动——紧密耦合两种合并重组的不同路径形式进行比较分析时，笔者先将大学合并重组的原因、合并过程与组织设计中的关键要素，以及大学参与组织群互动的影响因素确定为比较的标准，再按照相应资料分类并置，从而分析影响合并重组路径的共同点与不同之处。

一、影响合并重组路径的原因比较

在法国大学合并重组的改革中，无论是形成合并，还是形成共同体或联合会均受到高等教育发展背景的影响，从广义上都是院校组织合作互动的结果。其中，大学合并可被视为院校重组中组织间形成的最紧密状态。早在 20 世纪末期，就有学者向支离破碎的法国高等教育体系（大众与精英教育割裂；学校与科研机构分裂）做出过警告，认为法国高等教育与国际接轨的能力（法国大学教育和文凭）和国际竞争力（研究成果和创新能力）都在逐渐下降。① 同时，20 世纪末的经济危机使法国产生了经济滞胀、政府财政紧张、公共服务效率不高等问题；2008 年席卷全球的金融危机，更使法国经济陷入低迷，债务高企迫使法国再度大幅削减公共开支，教育经费亦难幸免。为应对危机，政府必须合理、有效地分配教育资源，并赋予大学更多自治权，以减轻政府的财政与管理负荷。特别是 2007 年的大学自治改革奠定了大学探寻自我发展之路的基调。所以，大学合并虽为大学的自发行为，但也可以被认为是政府间接推动的产物。不同的是，大学重组是政府从 20 世纪 90 年代起便开始倡导的，从早前的集群到现阶段的共同体和联合会均为政府直接推动的产物。

具体来看，斯特拉斯堡大学和波尔多两所大学的合并重组虽不发生在同一阶段（合并起始时间分别相差 3 年和 5 年），但我们从中可以找到合并重组的相似动因。总结起来主要集中于文化—认知因素和规范性因素两方面。

一是，高等教育的全球化趋势使市场规则、国际竞争等被引入大学合并和政府推动院校重组的组织设计中。从新制度主义的视角出发，这里包括两个"理性神话"促使改革者选择了合并重组。

（1）大学需要通过一种"巨型规模"（taille critique，或译临界规模）使它受到瞩目；法国的各类院校需要通过凝聚各自力量获得国际关注。这是由于，大学作为一个巨大的整体更容易被"定位"（repérable）；一所借用城市名而聚合的大学或者院校联盟更容易使外界理解。

（2）大学应是一所国际化、跨学科的综合性大学；各类院校应将教学与科研进行融合，形成教研并重的大学联盟（组织群）。这是由于，面向国际、扩大国际合作可以带动大学（大学联盟）的知识交流与创

---

① 于尔根·施瑞尔，赵雅晶：《"博洛尼亚进程"：新欧洲的"神话"?》，载《北京大学教育评论》，2007，第 5 卷，第 2 期。

新；学科的多样化既能产生新知，也使大学更易融入世界模式；大学的综合性（大学联盟）有助于扩大学生视野，提升其文凭的含金量。

从关注大学所扎根的组织身份到大学品牌的战略推动和输出，合并重组作为一种制度蓝图/脚本，成为大学在外部压力下实现内部协同联系的一种工具，更是提升大学组织形象，助其参与国际市场竞争的重要方式。同时合并重组也反映了处于学术中心地带的教师和领导大学的核心人员获得"世界级身份（world class status）"的目标和愿景。[1]

二是，分散在相近地缘的几所大学由于行政服务割裂所带来的管理不便可借由合并手段得以解决。在两个合并案例中，尽管"提高效率"并不是最先激发合并诉求的因素，但促进规模经济和避免资源浪费是大学改革者不得不考虑的现实问题。同时，大学可以扩大规模以抵御日趋激烈的市场竞争所带来的冲击，并避免由于大学规模"小"、竞争力弱而被隐没的风险。菲佛和萨兰西克曾指出，组织进行横向扩充的目的是增强自己在交换关系中的权力，获取支配地位和降低竞争中不确定的一种方法。[2] 大学参与大学联盟正是应对不确定环境，提升组织效率、缓解教育资源短缺与实现知识共享而采取的桥联策略。

由此，合并重组作为理解组织改革和系统范围（system-wide）变革的一种规范性"参考框架"，本质上与追求效率、管理的有效性，组织的反应性和竞争力等现代公理（modern axioms）形成一致。从这一角度出发，合并重组成为当代高等教育系统中管理主义或社团主义逻辑的另一种表现。

在分析大学开展合并的相似原因的基础上，我们也发现两所大学合并的出发点各有侧重。斯特拉斯堡大学选择合并的最初原因就是希望大学能更容易地被辨识。因为碎片化的大学形态让各个学校在对外交流中需应对诸多不解与质疑。这种对国际"能见度"的需求和面对外部社会（地方政府）时大学间所展现的团结姿态，即使在那段斯特拉斯堡二大和斯特拉斯堡三大校长不支持合并的时期也丝毫没有被削弱。简言之，合并可以让学校在解决不确定性时获得权力。而波尔多大学的合并酝酿

---

① Rómulo Pinheiro , Geschwind Lars & Timo Aarrevaara,"Mergers in Higher Education," European Journal of Higher Education, 2016, 6(1), p. 2 – 6.

② Jeffrey Pfeffer & Gerald R. Salancik, The External Control of Organisations: A Resource Dependence Approach, New York: Harper and Row Publishers, 1978, p.114.

于地方高等教育与研究集群中，其合并是为获得更多外部经费资源的一种集体行动。在集群时代（2006—2013 年），国家推出了一系列经费支持计划，并通过规章制度的政策考察和逐步采用产出趋向的拨款政策以推动各类院校之间的合作。波尔多大学的改革者强烈希望在资源的竞争中脱颖而出，也接受了政府向院校提出的，按照要求形式开展合作才能获得资助的制度化前提。因此合并成为波尔多几所大学应对强制性制度压力时提出的首选合作方案。而笔者正是根据两所大学开展合并的不同出发点将两个案例分别概括为"权力驱动"和"制度驱动"下的组织变革。

此外，我们还需要注意两个合并案例得以推行的一些不可忽视的因素。合并的大学在原大学的学科设置上几乎没有交叉，所谓不同领域的"强强联合"并没有受到竞争和冲突的阻碍；几所参与合并的学校距离相对靠近，避免了师生流动或通勤不便的问题；政府的城市改进计划，如通过完善交通让大学更紧密地联系在一起，也成为大学间相互靠近的纽带。

二、塑造合并路径的过程与组织设计比较

在大学开展合并的过程中，由于没有政府的干预，几所大学都可以充分发挥自主性对所创建的新大学进行设想与行动。因此，两个案例大学的合并推进过程与新大学的组织设计都基于其自身的治理传统与行动者的能动性。笔者以下分别对二者展开比较分析。

就组织变革路径的推进过程而言，两所大学选择的合并道路截然不同。笔者将其特征概括为权力驱动下的激进式和制度驱动下的渐进式。一方面，之所以区分激进与渐进，是由于斯特拉斯堡大学的合并虽反复探讨了近十年之久，但合并的决策与推进却十分迅速。波尔多大学的合并由于受到申请大学卓越计划等项目资助的时间限制，决策过程虽一波三折，但只经过两三年的讨论便已成形。反而波尔多大学的准备工作相对充分，并在逐步推进中完成合并。另一方面，之所以区分权力驱动与制度驱动，除基于两个合并案例的不同出发点外，还因为在斯特拉斯堡市原来的三所大学中，斯堡一大的实力最强，合并争论的焦点曾主要集中于新大学是否被"巴斯德化"。新大学成立后，新的校领导首先选择

加强权威，在巩固行政服务系统的基础上，按照教学与科研的自我发展需求逐渐推进学术机构的融合。波尔多大学的合并过程是在精心的准备下，从最初组建以行政委员会为决策机构，三所大学的校长为领导核心，各领域副校长和总行政服务主任共同承担使命的结构化合并管理制度。同时还将各校教学与科研单位进行了矩阵式的统整。新大学成立后，核心领导层在稳固的行政管理体系下，希望将行政权力逐步下放至学院，但制度改革未能很快获得共识。

从原则上讲，以权力为导向的合并，重视集权的统合作用，强调科层制的重要性，理应使大学人员感到行政权力的压迫；以制度为导向的合并，以学院和科研部门整合所有教学与研究单位，新加入的这一中间层级正是大学分权管理的创举，理应使大学人员感到学术通融的自由。但事实上，波尔多大学先合并了各大学院，组织结构的统合性强，师生需适应加入新组织机构所面临的不同于原大学的治理变化；斯特拉斯堡大学虽没有合并学院，但给予各学术机构一定的自主发展空间，并借助共治会促进教学与科研单位的融合，师生在保留原有学术结构的新大学中，去寻找学术机构整合的新可能。尽管他们的自主性强，但也易产生混乱感。因此，两种不同合并过程路径之下的大学控制模式也引起了组织成员的不同感受和反应。

就合并的组织设计看，权力驱动下的激进式合并与制度驱动下的渐进式合并存在一些共性特点。这些特点以组织的控制（模式）得以呈现。正如斯科特所言，设定目标是一回事，动员力量实施目标又是另一回事。① 因此，（合并要取得成功）控制措施必不可少。

首先，合并须有明确的领导核心，并在决策层形成强劲的驱动力和明确的目标。核心领导人及其权威是保证合并开展的前提。两个案例中，如果没有某几位校长的雄心胆识和果断的决策力，合并就可能出现反复犹豫，甚至中途破产。且校长的坚持能够有效带动大多数成员的行动决心。尽管合并工作仅集中于校领导和一些行政人员层面，但因为校长获得了行政委员会的大多数支持，才能在各校形成号召力。号召力的出现正是团结的象征，新大学的文化更需要从凝聚力中产生。正如拉哈校长在回答什么样的合并才算成功时所讲的：

---

① ［美］W. 理查德·斯科特：《组织理论：理性·自然和开放系统》，北京：华夏出版社，2002，第229页。

有这样一个能够代表大学的个人或团体，对外时可以宣称自己代表着整个学校的利益，并且在面对外部环境的新变化时有能力让大学充满活力地不断前进与发展。【B1－2 Lara】

其次，两所大学均聘请了外部咨询管理人员协助开展合并；两所大学均在内部设立引航委员会，进行统筹合并工作。这个类似于第三方机构的引航委员会及其中间代理人，以更为专业的视角将不同大学在合并设计、协商和执行等方面的观念与行动统合于一体，帮助合并顺利进行。不过，参与了两所大学合并的这位咨询管理人也在两段工作经历中发现了两所大学的不同治理风格：

斯特拉斯堡大学的合并有一些"政治性"意味，在合并中我受到校领导，特别是总行政服务主任的影响更多。我在工作平台中所发挥的主导作用不强。大学很快就完成了合并，新大学的运行机制还没有设计妥当便已"投入使用"。而在波尔多，我被聘任后就特别强调了自己的角色立场，希望不受学校相关人员的干扰，只从专业角度提出合并的建议。所以波尔多大学的合并是在细致的探讨中设计出来的。【SB Diane】

再次，民主协商与反复和谈是推动合并的重要原则。不论在合并的决策还是设计、落实阶段，参与合并的行动者们始终保持着民主协商的原则，并在讨论、交流的循环过程中逐步推进合并，同时工会在其间也发挥了批判精神。尽管在某些方面合并的不同行动者难以达成共识，甚至出现妥协与问题悬置，但这并不是一种消极状态。反而大家通过再三琢磨和探讨，使各行动主体更易在充分获取信息的基础上修正一些错误的观念或者摒弃不适合的设想。这种自我修正和控制功能的反馈圈始终要求合并追求的一系列目标或限制因素能够限定在一个可接受的范围之内，[①] 也即决策的规范性。若出现某一方面超出限度的情况，合并行动者和大学中的其他人员都有可能根据自身能力、通过某种形式，使合并达成统一目标或者恢复到某种期望的状态。不是获得同意，便是求得妥协，最终得到大多数人的赞成。

再其次，新大学都存在机构冗余、行政效率低的问题。正如组织理论所指出的，组织规模与结构分化呈正相关，与同类组织的活动表现也成正相关。高校为了维持各部门间的协调，便会"增加组织子单位的种

---

① Robert Birnbaum, "The Cybernetic Institution: Toward an Integration of Governance Theories," Higher Education, 1989, p. 239 – 253.

类数量……同一组织类型中也出现更多的操作行为"。① 正如伯顿·克拉克所言："作为一个学术系统，当规模变大时，会越来越官僚化及专业化，内部利益出现重新组合。"② 但组织的结构控制方式对于权力行使者来说拥有两个优点，即组织的参与者受控于一个控制他们的规范架构，且拥有结构化权力的人在其主导的利益场域更具发言权。但这种新组合在落实大学管理秩序时，往往对学术组织及其内部的教师—科研人员也产生影响。他们对科层制度的抱怨也由此产生。因此，两所大学也试图在进行组织控制的同时给专业自治（学术自由）留有余地，逐步走向行政管理的"软官僚制"（Soft bureaucracy）模式③或"弱—官僚制"（Bureaucracy-lite）④。

最后需要强调的是，合并是一个复杂、交织着行动者关系与权力关系的博弈过程。每所大学的发展情况决定了合并的难易程度。如斯特拉斯堡原来三所大学的学科特征差异明显，在合并中发生重叠的现象少，冲突也相对较少。波尔多则因为两所大学里都设有生物学专业，且权威相当，这为后来的学院合并带来困难。因此，我们无法选择一种唯一的或最具榜样力量的模式，用以嫁接在其他地方。但其中的经验或采取的某种方式却可以被学习和模仿。

三、不同重组路径的互动形态与影响因素比较

参与建立组织群或以联合机构身份融入组织群是当前每所法国大学绕不开的院校整合选择题。作为高等教育领域的地方分权改革，组建共同体或联合会不仅重塑了法国地方高等教育与科研的格局，也影响了每所大学组织教学与科研活动的方式与走向。而合并后的大学作为地区高等教育的最重要代表（仅从规模和综合实力方面看），在转变身份与调

① ［美］W. 理查德·斯科特：《组织理论：理性·自然和开放系统》，北京：华夏出版社，2002，第246页。

② Burton R. Clark，"The Contradiction of Change in Academic System," Higher Education 12，1983，p. 101 – 116.

③ David Courpasson，"Managerial Strategies of Domination：Power in Soft Bureaucracies," Organization Studies，2000，p. 141 – 161.

④ Colin Hales，" 'Bureaucracy-lite' and Continuities in Managerial Work," British Journal of Management，2002，p. 51 – 66.

试立场中寻找着更适于自身发展的合作模式，进而影响了组织群内部成员的互动形态。

波尔多案例中的共同体和斯特拉斯堡案例中的联合会在形成过程中既存在相似的发展轨迹，也反映出不同的互动形态。20 世纪 90 年代末，两地的高校都曾组建过欧洲大学集群，在活跃地方高校合作的基础上，同周边国家（分别为西班牙和德国）展开跨边界合作。但在 21 世纪初期，一个选择建立高等教育与科研集群，另一个则率先走上了合并之路。而现今，两所大学不仅成为首批实现合并和自治的法国大学，又同时出现相似的组织发展状况——在组织之上建立组织群。但不同的是，波尔多大学成了共同体的一员，斯特拉斯堡大学（以下简称斯堡大学）成为高校联合会的中心，二者呈现出两种不同的组织互动形态。

（一）共同体/联合会的组织群形态比较

共同体与联合会均属于院校重组的组织群形式，但二者在组织定位和发展形态方面都存在差异。在阿基坦共同体中，波尔多大学与其他院校形成了紧密耦合的联合关系；在阿尔萨斯联合会中，斯堡大学与其他院校形成了松散联结的依附和被依附关系。这也反映出大学重组路径的不同形式。

罗兰·华伦（Roland Warren）曾以"包容性决策结构"存在的范围为基础，对组织群落进行了划分。[①] 如果把组织群也看作控制模式的实践场域，我们发现，共同体属于罗兰·华伦所说的联邦性情景（federative contexte）下的组织群。即组织有自己的目标，但为了确定更广泛的目标而参与到某种结构中，且这些更广泛的目标必须为成员单位所认可。[②] 阿基坦共同体正是波尔多大学为强化大区高等教育与科研合作、提升地区整体实力同其他院校所联合建立的组织群。共同体以实体机构身份成为所有成员院校的一枚"勋章"、一张"名片"，并且是在院校之外将所有成员"框在了一起"。因此，共同体内部形成了结构化的决策与咨询机构，并设立各类使命管理部门以协调各成员工作。原则上，在共同体中，成员院校实力大体相当。每个组织成员虽都有各自的发展目

---

① Roland L. Warren, "The Interorganizational Field as a Focus for Investigation," Administrative Science Quarterly, 1967, p. 396–419.

② ［美］W. 理查德·斯科特：《组织理论：理性·自然和开放系统》，北京：华夏出版社，2002，第 119 页。

标，但为了形成联合关系，它们需要寻找更为一致的公共目标（大到促进地区经济社会发展，小到共同颁发学位文凭），如以共同签订场地合同、实施大学卓越计划等方式联合在一起。所以尽管波尔多大学成了一所"大"大学，但与其他院校依然保持平等的合作关系，并在共同体的框架下开展紧密协作。

联合会属于罗兰·华伦所说的结盟性情景（coalitional contexte）下的组织群，即在结盟性情景中，每所院校都有自己的决策结构和一定的目标，各院校只通过某些协定建立联系，形成的是一种最低限度的合作模式。阿尔萨斯联合会正是斯堡大学为繁荣大区高等教育与科研合作而同其他院校所共同建立的组织群。联合会并没有专门的统管部门，更无正式组织对其合作进行制度化管理，只是各联合院校的校长们根据需要进行定期会晤协商。在联合会中，一般有一所巨型大学，它的实力最强，所拥有的权力也远大于其他联合院校。因此，在阿尔萨斯联合会中，斯堡大学处于核心地位，其他联合院校与斯堡大学形成依附关系。作为区域合作的"排头兵"，斯堡大学可以代表联合院校直接同政府进行对话，为自身以及周边的"卫星"学校代言。一般情况下，核心大学可以号召各联合院校展开共同协作，达成合作共识后也要与国家签订场地合同。此外，各联合院校也可与斯堡大学进行单独合作，如参与（并非由联合院校主要申请招标）斯堡大学卓越计划的申请与实施等。总体上，联合会内部不存在某种结构化的合作模式。但相对而言，各院校的战略目标并不统一，互助互赢的氛围也不突出，合作既灵活又松散。

总体而言，共同体与联合会均不干涉成员的内部事项，大学彼此独立。但共同体下的组织群在面对环境变化时，要通过决策与协商共同决定组织的合作与发展，以应对相互矛盾的需求。而联合会形势下的组织群在适应环境变化时具有较强的灵活性。由于组织群内部要素之间的牵制较小，每个院校则可以相互独立地做出反应。也是基于这一点，研究案例中的两所大学对其所在组织群产生了不同的认识逻辑与行动方式。

（二）影响共同体/联合会互动差异的因素比较

在梳理组织群的不同形态的基础上，笔者将进一步对影响各院校关系的因素进行分析与比较。

首先，组织群的发展历程不同。共同体的形成与波尔多市原来7所院校所建立的波尔多高等教育与研究集群有关。从2007年建立集群，到 2013 年取消集群，组建共同体，组织群的发展均是政府主导下的结果。因此，其成员院校以追求组织的"合法性"为基础，从取悦外部环境出发逐步形成组织内部的制度化结构。这样做的结果是使组织群呈现出规范化的特征。在集群时期，成员可以通过一系列资助计划进行合作，但没有过多的制度约束；而共同体时期，政府由于财政经费不足，已不再设立新的资助计划，成员却依然保留在组织群中，共同寻找新的合作目标。"联邦性情景"中的合作逐渐出现组织"在环境的规范、价值观和信念系统内为组织行动寻找是否合乎期望及恰当性、合适性的一般认识"。[1]

在阿尔萨斯联合会中，联合会的形成与上阿尔萨斯大学、斯特拉斯堡国立应用科学学院等联合机构的意愿和院校之间早前的合作模式存在着极大关系。从 2009 年斯堡大学成立到 2013 年联合会建立的 4 年间，几所院校没有被高等教育集群"捆绑"在一起。特别是在斯堡大学合并后，法国政府才推出了大学卓越计划。因此，所有的招标申请都以斯堡大学为核心进行。在没有集群的约束下，周边院校以合作形式一同参与斯堡大学的招标工作。"联盟性情景"中的合作在最大程度上保持了学校之间的独立性和一一对应关系：即每所院校可以单独同斯堡大学开展合作，几所院校寻找共同任务或目标的约束则被弱化了。这在极大程度上满足了每个院校的个体需求，通过发挥自身特色与斯堡大学一道探寻新协同效应出现的可能。

其次，组织群成员的地位不同。波尔多大学在合并前，波尔多第一、第二和第四三所大学与其他未合并的大学一样，规模相当，所设专业也各有侧重。而合并后，新大学无论在师生人数、校园规模，还是教学与科研机构数等方面都出现巨大变化。哈亚格里瓦·拉奥（Hayagreeva Rao）等人指出，随着接受新社会逻辑的组织行动者调整其集体盟友，并以对新角色的认同取代原有的角色认同，制度的变化还伴生了"地位政治学"。[2] 在阿基坦共同体中，此时的波尔多大学拥有了新的发展视

---

① Mark C. Suchman," Managing Legitimacy：Strategic and Institutional Approaches,"Academy of management review, 1995, p. 571–610.

② Hayagreeva Rao, Philippe Monin & Rodolphe Durand,"Institutional Change in Toque Ville：Nouvelle Cuisine as an Identity Movement in French Gastronomy 1 ," American journal of sociology, 2003, p. 795–843.

野，获得了新的身份认同，显然成为波尔多市，乃至整个阿基坦大区体量最大、综合实力最强的大学，共同体中的其他成员院校已无法与其比拟。但在共同体的管理者看来，为了维护大多数成员的利益，需要重视每个成员的地位，组织成员的合作关系不可被动摇。但事实上，随着各院校实际地位的变化，它们所倾向选择的制度环境也会不同。于是大学组织会根据自己所在的新制度环境进行再次定位，并各自选择合乎情理的行为方式。

联合会是在斯堡大学成立后才出现的。斯堡大学在组织群中一开始便被定位成被依附的联合机构。因此，在联合会中，斯堡大学的权威得以强化，更受到联合会成员的瞩目和教育部的关注。斯堡大学在被赋予更大权力的同时，也拥有了更广阔的发展空间。而在共同体内部，波尔多大学却在寻找权力的过程中受到组织群的限制，因此更易出现不满。

最后，组织群所受地方政府与历史文化的影响不同。从地区的政治环境看，作为地区领土单位的代表，大区议会（conseil régional d'Aquitaine）在阿基坦大区发挥了积极作用。1998—2015 年担任大区议会主席的阿兰·鲁赛（Alain Rousset）是一位坚定的地方分权支持者。他更乐意见到地区的诸多学校可以联合起来，发展出一种不可抗拒的教育与科研力量，而不仅限于扩大波尔多一所大学的力量。因此，在阿基坦大区的集权之下，波尔多大学"不得不"以共同体成员的身份发挥协同作用。

在阿尔萨斯联合会中，地方政府的影响作用并不明显。且斯特拉斯堡市不仅是法国集教育、文化、科学、政治为一体的综合性现代化都市和国家第二大科学研究中心，更是"欧洲第二首都"。因此该城市及其高等教育的代表——斯堡大学在大区的核心地位自然不被动摇。此外，在历史上，斯堡大学曾于 1870—1918 年被德国占领（阿尔萨斯和洛林地区）期间，建立了一种简化的大学模式，即德国高等教育系统下的洪堡模式。① 它还同时躲过了法国在"学院共和国"时期去大学化的影响。

----

① 这种解释可能不被一些历史学家所接受。因为第一次世界大战结束后，斯堡大学并不愿承认自己在被德国占领期间的发展历史，该校被占时期也成为一段被遗忘的时光。可详见：Utard F. Olivier. L'université de Strasbourg de 1919 à 1939：S'ouvrir à l'international Mais Ignorer l'Allemagne［J］. Les Cahiers de Framespa. Nouveaux champs de l'histoire sociale, 2010（6）. http：//framespa. revues. org/515.

因此，历史经历使得斯特拉斯堡的几所大学以及地方政府对联合性的集体行动（action collective）一直保持开放的态度。

第二节　大学合并重组路径的模型建构

在系统揭示法国大学合并重组中影响其原因、过程和结果的主要因素，以及这些因素如何通过组织行动者进行互动的基础上，笔者将从修正了的理论视角出发统合大学合并重组的整体路径，并提出概括大学合并重组路径的解释性模型。因此，基于对两个案例中不同阶段和不同类型的合并重组的比较分析，笔者希望再次回顾法国大学合并重组从设想、决策、设计到完成的全过程。在此，笔者将选择一种更为综合而不是条块分割的方法对其进行理论回应，并最终形成大学合并重组路径的本土化解释模型。

一、合并重组路径的理论审视：视角融合

从对法国大学合并重组路径的考察与辨析中，我们始终可以注意到影响路径选择与路径发展的两种力量，即权力与制度对合并重组的建构作用。以下，笔者将分别从这两个理论视角梳理合并重组的整体路径。

（一）权力漂移：集权与自治间的博弈

克拉克曾感叹，没有哪个国家像法国的中央集权那样，国家行政管理的集权原则是如此牢固地扎根于对国家的传统态度之中。[1] 布迪厄则表示，大学自治不只是大学的自我管理，它还是大学发展独特生活方式的能力。如果大学失去了决定自身事务的权力，变成跟随他人的议事日程，那就是最糟糕的事情。[2] 两位学者的观点道出了法国高等教育中的经典议题：集权与自治的关系。因此，笔者在此进一步讨论由集权与自治形成的两组权力关系。

首先是国家与大学层面的集权与自治。高等教育的国家权力分为政

----

① ［美］伯顿·克拉克：《高等教育系统——学术组织的跨国研究》，杭州：杭州大学出版社，1994，第255页。

② Rajani Naidoo, "The Consumerist Turn in Higher Education: Policy Aspiration and Outcomes," Journal of Marketing Management, 2011, p. 1142 – 1162.

治形式和官僚（科层）的形式。① 随着政治协调模式的加强，高等教育被视作政治问题来对待。这一方面是由于自 20 世纪"五月风暴"以来，学生运动在法国社会一直产生着难以忽视的影响，它"时刻提醒"政府重视高等教育中的敏感问题和学生需求。另一方面是由于高等教育经费在法国政府的公共开支中所占比重上升，以及公众和社会对高等教育与科研发展的需求和呼吁。政府即便采取下放权力鼓励大学承担责任，但也绝不可能完全放弃对高等教育的政治战略掌控。而科层机制也在近年来发挥着更显著的作用。特别是《高等教育与研究法》通过设定了一个更加严格的地方领土协调框架（un cadre en matierè de coordination territoriale），推动法国国家治理体系"去中心化"，以平衡大学自治和中央集权之间的关系②。但事实上，教育行政当局对高等教育的管辖权不断扩大，行政管理的层级也有增加，科层人员的数量继而增多。从国家、区域到地方一级均是如此，随之产生的科层化规章制度不胜枚举，行政管理人员趋向专门化，行事风格也更为独断。大学则在新的官僚体制下开展教学与科研活动。

其次是大学内部的集权与自治。由于法国大学不加批判地将国家中央集权的管理逻辑接受并吸纳（当然，大学也必须按照国家对大学治理的相关法律规定行事）为大学内部管理的基本结构。因此在大学内部也产生了政治和行政的双重集权管理。当然，在国家控制地方协调的过程中，大学教授（学术人员）的权益并未被忽视。学科专门知识依然推动着学术自由和自治。学术团体通过学科和学术机构的双重路线向上延展，从实验室到学院，从校级学术委员会到院校间的合作单位，它们按照学科路线继续发展，推动大学校领导做出利于学科发展的决策。尽管在自治改革的同时，大学层面的政治和行政官僚权力渠道不断扩大，教授曾在学院的绝对权威被弱化，但却促使教授等学术人员做出反应，且教授代表学科参与决策的程度得到扩大，使得专业知识在决策过程中仍发挥着重要影响。

综上，从权力的视角出发，我们发现合并重组路径在集群与自治的

---

① ［美］伯顿·克拉克：《高等教育新论：多学科的研究》，杭州：浙江教育出版社，2001，第 117 页。

② 张梦琦,刘宏存:《法国世界一流大学的建构路径及其价值追求》,载《山西大学学报(哲学社会科学版)》,2020(3)。

博弈中漂移往复，但二者的关系却在交互中逐渐清晰。在微观层面，两所大学合并的组织设计者并没有直接复制某种既有模式，而是通过特殊的"拼凑"法，在多样的设计选择中确定一种（尽管两个案例的合并设计准备过程耗时不同）。由此可以发现：（1）大学校长根据自己的治理偏好，对塑造新大学起到决定性作用。他们的立场为讨论和决策组织设计提供了杠杆，但并未强制要求其他合并设计者必须采取某一种模式，而是更多地采纳了那些将合并作为促进其自身利益的参与者所提出的意见或计划。如两所大学均聘请校外专家作为合并的顾问，并积极主张合并中开展集体协商与对话。（2）校长与行政管理者必须预见和解决潜在的冲突。在时间紧迫的情况下，集权的管理层不得不进行排除选择，因此一些设计选择并非出于改革者的理性与偏好，而是为了减少或避免冲突，不得不寻求最大程度的共识。这期间，关键是要获得拥有投票权的参与者的支持。（3）当大学合并后，为解决内外环境的不确定性（从多所大学到建立一所大学的混乱过程），获得权力的新大学校长开始布局新领导班子和推动行政服务管理系统的运作，新大学的内部决策咨询系统和权力分配也随之重建。大学的政治决策核心会采取一系列措施，确保自己在组织中的权力，即所谓的"权力制度化"。（4）新大学中最先确立的是政治权力系统，同时巩固已形成的行政权力系统，这一集权化过程一是为了团结身份、凝聚力量；二是为了更好地服务于学术。但科层结构在其中也得到进一步强化。（5）随着新大学步入正常的治理轨道，作为改革后发力量的学术权力逐渐开始发挥作用。学术权力通过教学与科研单位的结构重整和教学与科研活动的推进得以体现。在巨型大学中，学术人员（特别是教学与科研单位的负责人）仍拥有绝对话语权，但学术权力更易受到集权管理的干扰或束缚，对行政权力的抵抗也更敏感。总之，由政治决策、官僚结构和学院式治理等构成的控制模式和原大学的组织文化与观念在新大学建立的初期均起到重要作用。

　　资源依赖理论认为，组织权力制度化的程度越高，环境就越无法预测和解释组织的活动和行为。也就是说，环境影响组织行动的互动关系，会受到组织权力制度化的干扰。[①] 于是当大学合并形成的制度化权力关系随之上升至大学合并重组的宏观层面，院校之间、大学与政府之

---

　　① 胡重明：《行动者、资源依赖与制度变迁——基于 H 医院管理体制变革案例的研究》，上海：复旦大学，2014，第 36 – 37 页。

间的权力关系也出现了新变化。

因此在宏观层面，合并后的新大学在重组共同体或联合会的过程中，更多地受到环境的影响与限制。但影响与限制组织的环境进一步由组织行动者辨识、解读，并重新解构与建构，形成赛尔特和马奇所谓的"议定（enactment）环境"。这里，行动者构建的大学组织与环境之间形成新的互动关系，组织可以主动并有效地开展管理和形塑其所处的环境。由此可以发现：（1）决定大学识读组织群的影响因子并不只基于大学外部的客观环境条件，它还深受大学内部咨询系统和权力分配的影响。合并后的新大学成为共同体/联合会中拥有资源最多，话语权最重，对资源需求也最多的组织。大学内部的决策咨询系统和权力分配全部进行了重置，新大学发展目标的转变及其对环境的依赖程度开始影响共同体/联合会内部成员间的权力关系。（2）相较于共同体，联合会的成员关系更多地由权力关系所维系，因而联合院校对合并后的大学产生依附。院校间的地位虽不平等，但不受制度约束，关系灵活。（3）政府的中央集权对于组织群形态的建构依然起着决定性作用，但在组织群的实践层面，大学的自治力量影响了组织群内部的互动关系，政府的集权管理之手不希望，也无法介入组织群的治理细节中。因此，政府虽然对共同体进行了法律上的制度安排，使其合作在制度层面更加有序紧密，但在实践层面导致大学产生"反抗"；相应地，政府对联合会计划没有任何强制性压力，联合会内部成员不受制度约束，其合作关系因此相对疏远。

（二）制度重塑：合法性基础上的构型

从大学合并重组的制度环境出发，法国的高等院校正在"被法律制度、社会规范、观念制度和文化期待等被认为顺理成章（take-for-granted）的社会事实"[①] 所建构。具体来看，无论大学参与合并，还是参与组建共同体或联合会，当它们在考虑形成新结构关系时，都在一定程度上受到合法模式和制度脚本的影响。这些合法模式与制度脚本来自高等教育国际化之下的众多理性神话：巨型大学拥有的规模效应；综合性、跨学科大学对人才具有吸引力；科研水平与科研成果在大学排名中是重要的影响因子……这些神话被合并重组的改革者——各级政府以及大学

---

① 周雪光：《组织社会学十讲》，北京：社会科学文献出版社，2009，第74页。

校长视为解决大学治理和组织问题的驱动力量。这些引发变革的神话之所以在高等教育的国家体系之外相互传播，并不是因为它们可以促进大学高效运转才被采纳，而是因为变革神话赋予了组织某种合法性。① 因此，当大学在合并重组过程中开始注意形成巨型大学的行政管理体系，强化接待大量学生的能力，发展满足社会需求的各项活动，以及进行灵活的组织（设计）时②，大学就被视为走向理性化发展。

　　而在大学合并重组的过程中（特别是组织群的建立），"制度通过准则与规则也发挥着约束功能，从而引导着行动者进行组合、选择组合的方式，以及行动的机会"。③ 在制度创立和传播的前期，人们根据理性原则进行选择，但随着制度普及程度的提高，人们逐渐丧失了选择的自由，一些制度像理性神话一样得到了传播。④ 制度的传播过程也即制度化，它对组织结构的形成与稳固产生影响。同时，大学合并重组的行动者也在"感知并试图创建与相关规则、法律和文化—认知规范相一致的状态"，⑤ 遵循着组织合法性出现的路径。

　　至此，当我们再次审视大学合并重组在寻求合法性基础上的路径时，可以发现：（1）大学在合并中并未形成明显的模仿趋同，大学组织结构设计各具特色，特别是在组织群的互动中，也出现了两条不同的重组方式。（2）大学合并受到国家（地方）高等教育制度化的影响更甚，而受全球相互模仿的趋同压力并不明显。换句话说，合并的改革者认为有必要考虑高等教育竞争中全球化和集约化的国际标准，但同时也保留了植根于国家（地方）的制度设计。（3）合并的大学（在时间压力下）在生成新结构的过程中，自然而然再现了合法和深刻的制度化概念——（由国家法律所明确，且与法国大学统一设定的决策机构、执行机构和学术机构一一对应）"决策—科层—行会"制度在新大学内部形成。

　　① Francisco O. Ramirez, "The Rationalization of Universities," In Transnational governance：Institutional dynamics of regulation, ed. M. -L. Djelic, K. Sahlin-Andersson, 2006. p. 225-244.

　　② Francisco O. Ramirez, "The Rationalization of Universities," In Transnational governance：Institutional dynamics of regulation, ed. M. -L. Djelic, K. Sahlin-Andersson, 2006. p. 225–244.

　　③ Dacin M T, Ventresca M J, Be al B D, "The embeddedness of organizations：Dialogue & directions," Journal of management, 1999, 25(3), p. 317–356.

　　④ 阎凤桥：《大学组织与治理》，北京：同心出版社，2006，第16页。

　　⑤ ［美］W. 理查德·斯科特：《制度与组织：思想观念与物质利益》，北京：中国人民大学出版社，2010，第68页。

（4）行动者在追求合乎情理的规章制度与具体决策情景相匹配的过程中，[1] 有意识地从规制与文化—认知要素所限定的大学合法模式中抽离出来并设想出调整大学学术治理的新模式，尽管这些模式的实践效果仍有待评估和审视。

在共同体/联合会案例中，我们则发现：（1）组织群的建立者——法国高等教育部的政府官员在吸收全球制度脚本的基础上，将高等教育面向世界开放、融入市场化竞争、参与国际化评估等逐渐内化为国家观念。（2）在国家推进地方分权的过程中，组建共同体使得一些院校之间出现组织群层面的样态趋同。政府为法国大学、"大学校"和科研机构营造了合作的制度环境，并建立起强制性制度。政府通过权限委托方式，将地区院校的教育资源、各项招标计划和合同所得的经费、学生文凭发放、教师招聘配比权，以及诸多教学、科研合作使命置于了一个中间层级——共同体中，并为这一中间层级建立了与大学治理近乎相似的治理结构与制度化合作模式。（3）在共同体内部，成员院校主要通过强制性制度维系其合作关系，共享一致的组织目标，遵照一致的行事程序，保持一致的权力分配与平等的合作地位。且共同体的制度化也受到了大学等院校的影响，即其内部治理结构吸收了"同行共治"模式。（4）联合会的建立初衷与共同体相似，但却未被制度影响而趋同。因此，共同体和联合会中的大学在与组织群内其他成员开展合作和对话时，形成了不同的互动形态。

因此，从制度出发探讨法国大学及共同体/联合会，不仅应关注大学组织及院校组织群落所嵌入的场域环境，更不能忽视场域环境对组织与组织群的渗透与塑造作用。这些场域环境中的制度渗透与塑造可能革新了组织与组织群的治理形态，亦有可能是对组织与组织群原有治理形态的保留与移植。

综上，法国大学的合并重组不仅是大学改革者和行动者受全球制度压力影响，通过主动解决问题、开展权力游戏而取得的结果，它也是改革者和行动者协调、填充与联合各种组织元素的偶然性过程，且受到传统制度类别（institutional category）与思想观念的影响。大学的合并重组路径反映出法国在受到高等教育全球化影响的同时，依然保有强大的自

---

[1] James March & Johan P. Olsen, Rediscovering Institutions. The Organizational Basis of Politics, New York: Free Press, 1989, p.32.

我转化能力。这种转化能力塑造了法国大学融入世界高等教育的独特方式。通过权力重置与巩固，制度创新与扩散，追求合法性和政治性的组织变革活动既发生在组织与环境的交互过程中，也出现在组织面临重大战略决策时其内部对制度的解构与建构中。而在这种情形下，一套制度方案能否，以及如何实现关乎多个行动者、多个组织层级之间的权力关系，① 同样值得法国高等教育改革者予以更多关注。

二、合并重组路径的互动逻辑：模型阐释

在考察法国两种大学合并重组路径的表现形式的基础上，笔者最终提出一个整合的路径解释模型（见图6-1）。

在法国高等教育的组织环境中，大学合并重组的路径由权力与制度共同塑造。从宏观层面出发，首先在中央集权的法国，随着政治领域的分权运动和新管理主义的盛行，中央政府逐步下放高等教育的管理权力。高等教育的管理权于是从国家层面走向地方和大学层面，并逐渐通过一系列改革计划形成以地方为行动核心的管理政策与制度（在这一过程中，出现了调整高校布局的高等教育与科研集群，以及以地方高校合作为出发点的经费资助项目）。同时，大学权力相较于以往获得了提升与巩固。另一方面，全球化的高等教育制度脚本与理性神话以文化—认知的形式逐渐传向民族——国家层面的国家（和地方）观念中，同时也传向作为理性神话的载体——大学行动中，并通过制度创新家（行动者）们——大学校长等人的吸收与传播，逐渐内化为大学未来开展教学与科研，进行国际化发展等的合法性机制。于是，大学在接受国家的放权理念，并获得法律赋予的（部分）行动自治权后，便开始了能动性的改革。即大学合并在"国际化、跨学科、综合性大学"的制度脚本下，在国家倡导的地方合作理念与不断强化的制度约束下，手握国家赋予的自主权力，开始了大学合并改革。

直到《高等教育与研究法》（2013年）规范了高校重组方式，国家调控高等教育的分权制度达到"再国家化"的顶点。共同体与联合会成为中央政府权力下放地方的代理人，并以国家集权管理与分权管理的两

① 胡重明：《行动者、资源依赖与制度变迁——基于H医院管理体制变革案例的研究》，上海：复旦大学，2014，第36-37页。

极形式构成。其中，共同体以制度化的形式吸收和移植了大学治理的决策模式并形成结构化的组织形态；而联合会则保持了更多自由，其治理形态是大学坚守自治的反馈与结果。但二者均以国家场地合同协调地方大学的各项行动。至此，中央政府以分权形式，再次调整高校重组布局。而大学在自发合并的风潮下，以国家强制性制度为出发点，纷纷参与建立共同体与联合会，并在已获得的自治权力的基础上，参与共同体或联合会的组织互动。

从微观层面出发，合并后的大学在内化了国家赋予大学校长的政治权力，形成推动内部组织运转的行政科层制度后，逐渐开始运转。同时，大学最根本的学术自由及其权力继续影响教学与科研组织的结构形态，并发挥知识生产与创新的根本作用。大学在政治权力、行政权力和学术权力的互动博弈中，重建三角权力关系，并逐步推动自身的发展。

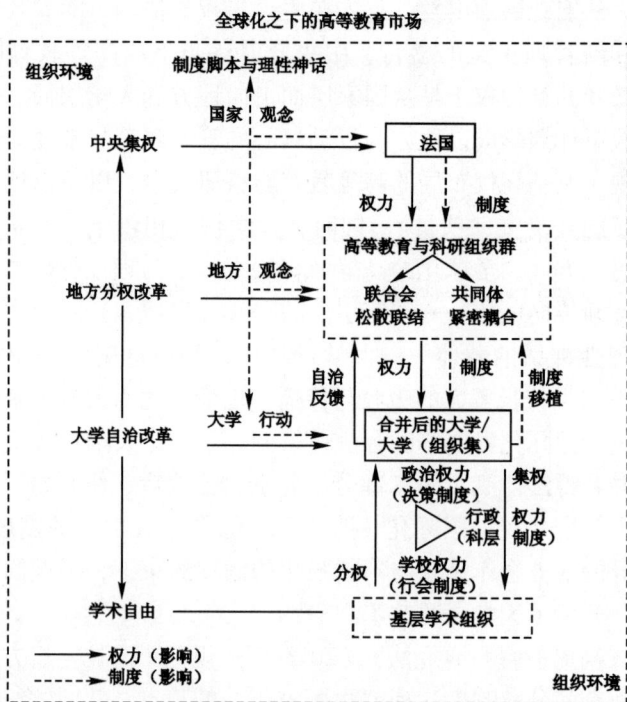

图 6-1　路径解释模型

总体而言，以中央政府为核心的中央权力和以强制或文化—认知要素出现的制度通过权威与准则发挥着对大学的外在约束性功能。同时，国家引导大学行动者通过对自治权力的获得和对不同类型制度的吸收与重构，发挥着对大学及其变革的内在生成性作用。这种生成性作用，向上影响了大学的组织形态，并被中央政府所感知和接受；国家再通过法律制度予以承认，从而使这种生成性作用得以进一步落实。如此便形成循环力量，推动大学组织的可持续变革。

第七章
结论与启示

　　大学不是一个倚靠在其特权之上的陈旧世界，她高度凝聚了聪明智慧和人类价值。这也是她成为被国际社会唯一承认的组织模式的原因所在。她不断变化，更令人惊叹于在一个个并不相同的（时间和空间）世界里，所展现出的生机勃勃与勇敢热忱。[①]

——路易·沃格尔（Louis Vogel）

　　大学合并重组是法国扭转高等教育困境、应对国际化新挑战、创建世界一流大学的一整套改革实践。这场规模浩大、错综复杂的高等教育整合运动可以为我们洞见法国高等教育组织战略变革的制度设想与现实走向提供重要依据。虽然法国与中国的国情不同，高等教育发展模式与发展阶段也存在一定的差异，但在全球经济时代，两国都需迎接世界高等教育的新情况和新任务，通过深化教育体制机制改革，开创一条组织变革的有效路径。作为本书的最后一部分，本章将对本书最初提及的法国大学合并重组路径研究的三个问题进行回应，并在总结其高等教育变革相关经验的基础之上，结合我国当前"一流大学、一流学科"建设提出几点启示。

---

　　① Louis Vogel, L'Université：une Chance pour la France, Presses universitaires de France, 2010, p. 9.

一、主要结论

在对法国大学合并重组的改革路径进行案例研究与比较分析的基础上，笔者得出以下三点主要结论。

（一）法国大学合并重组是全球化背景下中央集权与大学自治的产物，其路径的形成既需要政府自上而下的政策引导，也需要大学自下而上的自主推动。

法国大学合并重组改革有着深厚且复杂的背景，并在近十年来迈入了改革的新高潮。20世纪80年代的信息技术革命和经济全球化使世界成为更加紧密的联络网，区域性国家体系和全球市场应运而生。在高等教育领域，欧洲一体化格局的确立促使法国积极融入高等教育的区域化发展，并对其高等教育与科研进行了"欧洲模式"的修正；高等教育的国际化发展与激烈竞争又触动法国进一步产生变革的雄心，使其主动采取措施应对新挑战。在此背景下，国家一方面推出一系列法律政策和高等院校的整合计划，成为政府早期打造欧洲顶尖的高等教育与科研集群和后期创建多所具有国际水准的一流大学的制度性根源，且国家干预一直在院校分权管理中挥之不去。另一方面政府大力倡导大学的自治改革，使大学在探索治理方式以应对全球化影响的道路上，通过自主开展大学合并得到"再生"。因此可以说，大学合并重组离不开政府集权和大学自治的双重作用。

在法国，反映国家意志的所有高等教育改革都是通过中央集权管理的形式得以推行。当然，这种集权是建立在民主、参与和协商的基础上并符合大多数民众利益的。在大学合并重组改革中，政府借助政策的"制度许可"，首先推动大学与"大学校"之间的靠拢，再鼓励高校与科研机构的合作，进而使院校整合全面开花。其中，政府自上而下的改革引导包含两个发展阶段：前期是通过在地方层面建立各类集群（欧洲大学集群和高等教育与科研集群）将混乱的院校类型加以统整，而组织群之下孵育了大学间的合并意愿；后期则是由于看到大学合并取得的成功和对强化地方院校合作的坚持，政府又通过法律，进一步承认了进行合并、建立共同体和联合会的院校整合方式，从法律上规范了组织群的治理"乱象"，并赋予大学可自由展开合并的选择权。在此过程中，政府利用激励性措施（各类竞争性科研项目或发展资助计划）对大学进行"利益"引导，借助契约关系使大学的发展更具目标导向，依靠监督评估掌控和把握大学的发展脉搏，从而使合并重组服务于国家战略。

从大学角度出发，大学从中世纪起便享有一定的自治权与学术自由，且对高深学问的探索可以超越社会、政府、政党和其他外界力量的压力。[①] 而法国大学虽拥有良好的学术自由氛围，但却在行政体制和行会体制上受到双重管理集权的影响。特别是在学院式发展时期，教授拥有绝对的教学与学术自由，因此学院成为大学管理的核心。直到 20 世纪 60 年代末，法国提出大学"自治"的组织原则，使教授的学术霸权和按学科意识建立的保守的学术组织结构随大学地位的提升而被打破。此后大学自治不断推进，特别是 2007 年的大学自治改革，使大学的管理从学院层面向上转移到大学领导层，大大增加了大学的自主决策能力。同时，高等教育国际化要求大学必须凭借"功绩"走入国际竞争圈。一些大学为了适应国际化发展的大趋势，希望通过强化院校合作与开展大学合并，提升自己的国际辨识度；一些大学则为了在国内竞争中脱颖而出并得到政府的更多资助，希望借助大学合并的结构性整合手段，彰显其应对国际竞争的聚合力与内在潜力。无论出于哪种目的和需要，应对哪些不确定环境，多数大学都意识到发展学科、创新知识、吸引人才必须借助外部力量以强化自身实力。因此除建立院校合作联盟外，进行合并成为一些大学自主发展的"更进一步"选择。合并的自主意识和行动向上传播，推动中央政府逐步接受这种变革方式。最终包括大学在内的院校"合并"也被政府设定为国家加强高等教育与科研实力的主要手段。

因此，大学合并重组的开展既可以看作是政府（中央及地方）在面临外部压力下做出的抉择，也可以视为大学寻求外部扩张和社会资本的手段。且在二者合力作用下的大学合并重组路径既受到政府自上而下的政策引导，也受到大学自下而上的自主推动。

（二）法国大学合并重组的过程复杂，衍生出两种不同的路径形式，但大学要实现合并重组均需要以统一行政管理为突破、促进跨学科为基础、合理设计为依托，以及寻求共识与集体行动为原则。

---

① 刘宝存：《大学理念的传统与变革》，北京：教育科学出版社，2004，第 202 页。

大学合并重组是一个复杂的过程，包括从进行决策到完成人力、财力、物力的统一管理；从学科和学术机构整合到明确战略规划和规章制度；从组织群内各成员院校达成合作协议到真正共享教育资源、颁发统一文凭、开展科研协同创新等一系列基本步骤。伯顿·克拉克在《建立创业型大学：组织上转型的途径》一书中曾指出，"大学的转型，总是先从大学基层单位和整个大学的若干人开始，他们……通过有组织的创新，改革大学的结构和方向，经过若干年努力才能发生"。[①] 但法国的大学合并重组并非从基层革新开始，合并主要由校长发起，重组改革则由中央政府发起。然而要推动改革必须得到"下层"利益集团的支持。因此，"上层"人物通常先要与地位同等的人开展协商，达成内部联合阵线，从而获得贯彻其意愿或指示的最大可能性。本书的两个案例表明，大学合并重组的实现离不开诸多因素，并形成"权力驱动—松散联结"和"制度驱动—紧密耦合"两种不同的路径，但总体上合并重组的轨道存在以下几点相似特征。

首先，以统一行政管理为突破。从组织的角度出发，无论是将大学进行合并，还是促进不同院校进行联合，形成最高协调权力、确立核心权威和战略总规划是推进机构整合的前提。只有如此才能使不同的院校借助统一行动表达其需求，节约院校对外的沟通成本，更不必由于院校分散的组织形态引发外界对法国高等教育与科研机构设置的困惑。而要把不同机构凝聚在一起，组织的设计者首先需要统一分散的行政管理，建立唯一的行政权力。行政权力作为联络校内与校际的重要纽带，以高效的管理统筹全局，协调与平衡校内外的教研合作活动。在具体合并重组过程中，设计者应当考察各大学管理部门的实际情况，在对原部门单位的运作环境和行事风格进行了解和分析的基础上，选择最利于形成统一认知的管理运行方式。此后，设计者要将行之有效的统协管理措施以制度化形式确定，形成校际的管理共同体，彼此协调，防止在合并重组初期，行政管理机构出现相互埋怨和扯皮现象，最终为开展合并重组的有序推进提供保障。各行政职能部门应作为信息与服务中心，在整合过程中做好信息咨询、管理与传达的工作，从而保证指令明确，行动高效。

---

① ［美］伯顿·克拉克：《建立创业型大学：组织上转型的途径》，北京：人民教育出版社，2003，第3页。

　　其次，以促进跨学科为基础。知识是包含在高等教育系统的各种活动之中的共同要素：科研创造它，学术工作保存、提炼和完善它，教学和服务传播它。[①] 在高等教育的生产车间里，不同知识组成学科，围绕不同学科又形成不同学术组织。学术组织中存在明确的知识分工、协调一致的专门化和教师—科研人员的学科定位。因此，要推动院校合作、机构重组，最根本的是要考察学科文化的协调性，以及学术组织的信念与文化产生对话的可能性。但借助跨学科方式处理研究问题并不复杂，困难的是在制度背景下真正实现跨学科。[②] 法国虽在《富尔法案》中确立了大学的"多学科"原则，在此后的发展中，院校内部和院校之间也开展了一定的合作，但直到现阶段的合并重组才将转变学科分离作为改革的基础。如两个案例中为打破单学科组织模式的壁垒，所采取的共治联合会和矩阵型教研结构就是良好的实践。同时，在合并重组过程中，设计者通过跨学科合作的激励手段对知识进行结构化管理，从而在学科领域或方法之间实现研究问题与教研制度的双重融合，从根本上巩固了不同院校在结构上的整合。

　　再次，以合理设计为依托。大学合并重组的设计者在机构整合过程中应发挥"统治联盟"（coalition dominante）的作用。他们既是宏观战略决策与监督调控的中心（校长），又是确定合并重组策略，了解各校教研管理现状及总体制度结构，进而对院校未来发展需求进行分析和规划的核心（如副校长、校行政管理主任、校内外专家、学者等）。而组织设计应立足于各参与学校的治理特色，把尊重和团结大学内部人员作为第一要素，厘清和平衡好来自不同学校的教学与科研单位的传统权力关系（受学科影响）；分清行政与学术管理权责，并以权责一致为宗旨，制定各层级部门的相应职能，确保各司其职。最终借助由"统治联盟"所形成的一贯制的机构整合逻辑与所制定的组织变革策略，实现大学合并重组的总目标。

　　最后，以寻求共识与集体行动为原则。合并重组涉及不同的利益群体及群体所代表的原组织旨趣，变革过程也是利益群体为实现整合目的

---

　　① ［美］伯顿·克拉克：《高等教育新论：多学科的研究》，杭州：浙江教育出版社，2001，第 107 页。

　　② Ludwig Huber & Gisela Shaw, "Towards a New Studium Generale: Some Conclusions," European Journal of Education, 1992, p. 285 – 301.

而进行博弈的过程。因此，寻求共识是为了在不同学校之间发现共同协作的起点；开展集体行动是为了通过彼此联合去解决个体所面临的无法应对的难题。无论校领导，还是行政人员、教师—科研人员，甚至学生在参与合并重组的过程中，只有努力达成一致共识（或许存在更多的妥协），才有可能找到最合适的解决办法和实践措施。借助费埃德伯格的观点，进行合并重组协商或操作的行动者应当出现：在行动的各种限定条件（特定情境的物质和关系力量）下，采取温和的方式去处理，而不是强行消除诸种不可避免的冲突、紧张关系、竞争角逐以及诸种权力错落关系。① 只有借助"沟通的艺术"，才能在机制体系内使各要素相互依存、彼此促进，形成特定的集体价值与文化力量，从而卓有成效地落实并稳固大学的合并重组成果。

（三）法国大学合并重组是中央政府推行地方分权管理的重要体现，其改革路径反映出高等教育与科研治理体系的横向联邦主义与纵向多层次化发展特征。

从 20 世纪 80 年代起，法国正式开始了地方分权改革。三十余年来，政府希望将经济增长的中心与国家政治和行政边界线相吻合，推动地方治理制度与法国社会及人口发展变化形成一致，进而更好地应对欧盟区域整合带来的新挑战。在进入新千年之际，法国政府就将"在 2015 年实现大区有能力参与欧盟竞争"作为法国地方改革的远景目标。② 而高等教育的地方分权改革正是其中的重要一环。从 80 年代初大学与国家直接签订发展合同，到如今大区内学区或跨学区之间的院校机构共同与国家签订场地发展合同；从最初的"2000 年大学"计划和"第 3000 年大学"计划，到目前地区院校合作为基础的"校园计划"、大学"卓越计划"和"地方—经济—科学—创新计划"，政府借助区域高等教育整合将地区院校教研发展置于同一平台。这一改革路径体现出高等教育与科研治理体系的横向联邦主义与纵向多层次化特征。

首先，横向联邦主义特征是指法国在大学合并重组中，形成共同体与联合会两种地方高等教育与科研治理结构。"联邦主义"的内涵为在

---

① ［法］埃哈尔·费埃德伯格：《权力与规则：组织行动的动力》，上海：上海人民出版社，2005，第 323 页。

② Refonder l'action Publique Locale；Rapport au Premier Minister，http：//www. ladocumentationfrancaise. fr/var/storage/rapports-publics/004001812. pdf，2017 - 03 - 12.

由中央机构和地方行政单位（例如州、邦或国家）组成的紧密联盟中，其内部的中央机构和地方行政单位通过拥有共享权力和独立权力得以共存，任何一方对另一方都没有最高权威，[①] 从而形成权力制衡，维持国家或地区的和平与稳定。而法国在高等教育与科研治理体系下形成的横向联邦主义除了强调教育管理权力的共享与平衡外，还强调联结地方政府权威的内在民主机制。目前，全法国共形成 25 个地方性大学与科学重组机构（20 个大学与机构共同体，5 个高等教育联合会）。这些机构形成了 25 个"联邦型组织框架"，在中央政府层面寻求更广泛的统一性，而在地方层面寻求组织群的多样性。这种联邦结构"在确保内部组织拥有自主权的同时，建立起一个个联盟，并且确定或解决了统一与多样之间的比率与平衡性问题"[②]。

在上述横向联邦主义特征的合并重组路径下，法国的大区政府拥有了中央政府赋予的部分高等教育管理权。作为列队首领，大区政府为推动教学科研创新合作，带领大区下每个地方领土单位（省、市镇）发展高等教育；而地方院校的联邦首领则是其所在地区的共同体或联合会中的核心大学，它们以实体机构身份领导成员院校展开全方位交流合作，并进一步为地方经济与社会发展做出积极贡献。不论是受到政府更多法律约束的共同体，还是以核心大学展开灵活合作的联合会，它们或者形成统一的制度化治理结构，或者形成由场地合同与各项计划建构的经费监管体系，或者形成一定程度的教学、科研和数字化资源共享群，都希望在最大程度上集中各院校实力，组织和动员各种教研资源和力量，以更为现代化、管理化和均衡化的方式来统领地方高等教育与科研的持续发展。

其次，纵向多层次化特征是指法国在大学合并重组中强化了其高等教育与科研从大学（院校）、地方、国家再到超国家（欧盟甚至国际社会）的治理体系。多层次治理是欧盟社会管理的一种方法，意指欧盟体系围绕国家权力进行多维度发展，即中央政府的权威同时向上——超国家层面（supranational level），向下——次国家层面（subnational level），向侧——（公共或私人）网络层面（networking）分散和转移，也即

---

① 房乐宪：《联邦主义与欧洲一体化》，载《教学与研究》，2002（1）。

② Fiona Murray. Political Science, Federalism and Europe, Discussion Papers in Federal Studies. Leicester, University of Leicester, 1995, p. 12.

"决策权可以在不同层级之间共同分享的多层级政体"①。同样地，多层次治理也是法国现今参与欧盟治理的政治改革思路。面对地方领土单位的快速发展而出现的区域不平衡现象，法国政府逐渐意识到所有社会问题不可能只在一个层面就能得以解决。因此，要发展一种高效、协调、全局性的政策，就必须在不同层面处理相应问题。法国学者将其视为"处理不同关系和形成统一与多样的治理艺术"②。

　　法国政府在高等教育领域引入多层次化治理是受到了洛桑大学勒雷舍（Jean-Philippe Leresche）教授在分析瑞士高等教育治理时提出的多层次治理模式的启发。勒雷舍认为，大学与科研国际化形成的"竞争神话"塑造了多层次的治理逻辑，大学的外向性让不同层级的行动者根据其自身利益和价值观，利用"地方竞争"形成资源或关注议题，并将其带向自己所参与的政治舞台，③ 所以应将高等教育分成多层级看待。同时大学不可能完全地"自由圈养"，它们深受所在地方的影响，并建构着地方经济发展及其应对竞争危机的能力。在中央集权的法国，地区高等教育的发展同样成为与经济利益、公共政治和策略相关的多维度和多层次政治化（politisation）治理的关键。④ 因此，法国在将这一理念运用于高等教育与科研的治理时，把院校管理划分为学校层面、场地地方协调层面以及国家和跨国家层面。所遵循的行动逻辑首先是不断推动大学自治、促进场地政策的发展；其次是大学自治与场地政策能够与地区、国家层面形成协调（coordonner）；最后，通过落实大学高等教育卓越发展政策，应对国际化的全球竞争，并在全球博弈中形成协调。多层次化的合并重组改革路径有利于提高院校在教育改革中的参与性，发挥地方高等教育民主，推动知识生产转化与社会经济整合，并逐步使法国高校在欧洲和国际高等教育竞争中拔得头筹。

---

　　① Liesbet Hooghe & Gary Marks, "Multi – level Governance and European Integration," Rowman & Littlefield, 2001, p. 2 – 3.

　　② Calame Pierre, "La Gouvernance à Multi-niveaux," Observatoire de l'action publique, 2014 (7), p. 1 – 13.

　　③ Jean-Philippe Leresche, "Les Logiques multiniueaux de linternationalisation des enseignements Superieurs et l'autonomie des universités", Dans Université, Universités Chales Fortier(Ed), Editions Dalloz,2010, p. 123 – 137.

　　④ Jean-Philippe Leresche and Martin Benninghoff, "Le Rôle de l'ÉFat Fédéral dans la Reconfiguration des Territoires de la Coordination Interuniversitaire. Le Cas Suisse," Sciences de la société, 2013 (90), p. 110 – 127.

二、几点启示

从前文的研究分析中，我们可以断定，大学合并重组在改革法国高等教育与科研体系等方面具有重要意义。但笔者在调研过程中也发现，合并重组改革同时引发了一些教育问题，且法国在推动改革时依然面临诸多挑战。笔者将对此展开一定的讨论，在进一步丰富我们对法国大学合并重组认知的基础上，结合我国"一流大学和一流学科"的相关建设情况提出行动逻辑和操作技术上的反思与启示。

（一）合并重组应发挥大学的主动性，强调大学的自治能力，弱化政府的行政指令。

从法国大学合并重组的改革情况来看，一方面，合并重组调动起了大学发展的主动性。大学合并走出了与许多国家不同的道路——法国所有大学的合并都由学校自行发起、自主决策，且合并过程也由几所大学全权负责。一些大学在合并的初期阶段甚至没有政府的经费支持。但这从另一方面反映出法国与其他国家在高等教育管理上的共性，即"减少控制成为许多政府用来作为促进学校自我管制的新手段，这也是政府优先考虑的重点"[①]。法国大学的发展历史告诉我们，自拿破仑帝国时代起，学院代替大学，成为负责传播高深知识，授予（学位）等级（collation des grades）的主体。[②] 直到 1968 年"五月风暴"爆发前，大学的权威都很弱小。而如今，在《大学自由与责任法》与《高等教育与研究法》的政策背景下，大学被赋予了更多的自由和发展道路的自主选择权，从而使大学合并重组改革能够顺利推行。

另一方面，合并重组进一步强化了大学的组织身份与核心凝聚力。首先，开展大学合并需要所有参与者心中形成自己属于某所"大学"而不是某个"学院"或者"实验室"的观念。在明确身份意识后，参与者才可在相似的思维方式下，寻求新的大学身份。其次，在大学合并过程中，校长等人作为主要行动者代表原大学参与了协商和谈，他们所拥有

---

① ［英］玛丽·亨克尔，布瑞达·里特：《国家·高等教育与市场》，北京：教育科学出版社，2005，第 12 页。

② Jean B. Piobetta Les Institutions Universitaires en France，Presses universitaires de France，1951，p. 8.

的权威力量不仅积极促进新大学构想的出现，而且使不同行动者形成统一的气氛，从而对新大学产生归属感。在此过程中，校长和行政人员在技术层面探索大学的战略规划及有效管理方式，整合各方利益与权力关系，甚至寻求地方政府或企业的资金支持；教师—科研人员通过学科专业维护学术的自由空间，借助专门知识发掘跨学科与满足社会需求的可能，用知识反哺学术权力。而大学在合并后参与组织群的建立与发展时，以更明确的组织发展目标和相对统一有效的管理，富有活力地参与成员院校间的合作与互动。因此可以说，合并重组的推进也是大学提升自治能力的重要过程。

　　然而，尽管大学合并由学校自愿开展，政府并未干涉，只是充分调动了大学相互合作的能动性；大学在参与院校重组时，能够通过自由对话协商，产生统一的地方高等教育与科研规划方案，但政府赋予大学的自主权依然是有限的。这与法国承袭了罗马传统高等教育体系、在教育变革中强调国家行为不无关系。如在具体操作层面，法国从未改变高等教育与科研的公共事业身份，依然承担大学的主要办学经费。无论是确定合同还是竞标资助项目，政府均依据明确规定或标准分配财政预算。国家还从总体上把控着大学公务人员（教师—科研人员、行政人员等）的招聘岗位数。尽管这一权力逐渐下放到地方层面，但大学必须经过申报、审批才能获得岗位安置权，在一定程度上为大学引进学术或管理人才带来不便。在组织群层面，政府为确保组织群的有序运行，（主要在共同体内部）以制度化形式规定了成员院校的合作方式。政府的强制性要求迫使院校之间必须时刻以寻求共识为目标展开合作，却可能导致院校在协商中不得不做出与自身需求相违背的妥协，进而降低其参与组织群合作的积极性。此外，政府强调大学在获得自由的同时，也要遵照政府标准自负其责，承担起以绩效评估带动科研竞争的发展使命。这种有条件的自由在部分教师—科研人员看来即为大学自治论的悖论。总体而言，法国大学管理的国家主导色彩依然浓厚，政府赋予大学的自治权与大学希望拥有的自治权在逻辑上还无法完全通约，在某种程度上甚至阻碍了大学的发展。

　　法国的经验告诉我们，大学自主发展的意愿是顺利推进合并重组的基石，重视大学在改革中的主体地位和大学自治的内在驱动性，才能以学术解放思想，以科研合作旨趣与诉求激发大学的创新活力。政府的系统规划、顶层设计固然重要，可当其一旦以管理行政部门的手段和思维过多介入合并重组的发展过程中，大学改革便可能出现目标偏离，陷入屈从于行政指令的功利主义泥潭。当前的"双一流"改革也应当避免出现像过去由领导出观念和下指令，行政干部控制操作，大学学术人员听摆布的"政府行为"。这既需要政府"从管理者的角色向投资者、监督者和服务者的角色转变，而把学校管理的角色完整地留给大学来担当"①，也需要大学保有发展的自觉意识、前瞻意识，以学术自信和创新精神探索学校的办学规律和长远战略，合理设计改革路径，而非当政府提出改革政策时才形成危机意识，进而再采取短视、盲目的行动。

（二）合并重组应突出跨学科交流和尖端学科联合，既追求院校卓越发展，又兼顾其多样性特征。

在法国大学传统发展中，人们固守观念的认为，法学院和医学院的基本职能是培养法官和医生，教学只为学生参加各种竞考做准备，以使学生获得国家公职；而文学院和理学院的职能就是组织考试和颁发文凭，且文、理学院保留必要数量的教授才能组建会考文凭的评审委员会。② 因此，"老"学科倾向于远离那些随经济社会发展而逐渐成长起来的新学科，更将学科改革运动置身事外。这种现象可从根本上解释法国大学的学院之间一直存在的隔离问题。正如教育社会学家弗朗索瓦·杜拜在接受笔者访谈时所言："在法国，将学科进行结合是'违背自然规律'的。学院自建立起，从来都相互孤立，它们并非在一个多学科的大学环境下孕育而生。"尽管 1968 年"五月风暴"后，政府希望改革学院各自为政的状态，但却通过设立教育与研究单位和重组大学的方式出现了学科的另一种分化与大学管理的碎片化发展。

而如今，大学合并重组改善了法国学科分裂的状态。在科研领域，各大学以知识生产模式 Ⅱ 所强调的学术研究的跨学科和应用导向为基础，围绕某一重要领域以科研项目形式展开跨学科合作，通过面向社会、彼此渗透、共同发展建立起校际的科研合作平台。在此过程中，政府借助大学"卓越计划"等激励机制，不仅向已取得国内外领先地位的

① 李立国，赵义华，黄海军：《论高校的"行政化"和"去行政化"》，载《中国高教研究》，2010（05）。

② Antoie Prost，Histoire de L'enseignement En France. 1800—1967，Paris：PUF，2002，p.45－50.

顶尖学科投入更多资源，继续使其优先发展，而且推动不同学科在其他相关学科中找到新的营养点、生长点，逐渐形成跨学科的共生关系。由跨学科发展推动的大学合并重组，则通过校际进一步的紧密合作与强强联合，进而形成一批相互支撑、协同发展的一流学科，更提升了学校的综合实力和国际竞争力。在教学领域，合并重组的大学也要顺应知识经济时代对知识多元化和一体化的需求，通过校内和校际共同开展教学合作，学分互换，淡化专业分野，强化课程知识。特别是将本、硕、博的培养管理逐渐安排在组织群层面，促进教师按照一定逻辑设计多学科跨学科课程，有助于拓宽学生的知识学习范围和接受跨学科教育的新理念，甚至在实践中滋生新的学科。

法国合并重组所强调的学科融合理念与我国"双一流"建设中发展一流学科的理念在某种程度上相契合，二者都是以学科为依托。如"双一流"政策提出五大学科建设任务：建设一流师资队伍、培养拔尖创新人才、提升研究水平、传承创新文化、着力推进成果转化。[①] 但法国在走向追求卓越、创建一流的过程中，也开始将高等教育的组织形式结构化、规则化和程序化，并希望借用一套规则解决所有的大学发展问题。这种现象反映出法国政府进行全局性决策的惯性。因此不少受访者感叹自己被"缠绕在"诸如"卓越大学""卓越实验室""卓越装备"等语境中，认为合并重组把院校的"卓越"标签化了。诚然，在迎头追逐"卓越"时，人们往往因为某个学术机构规模大、学科实力雄厚，就倾向于把更多的资金投入其中，这无形中便埋没了小机构、小实验室或者某些潜在学科的发展。一些规模小、学科"冷门"、立足于为本地培养专业人才的大学因此承担着更高的发展风险和代价。过分追求发展优势学科的弊端一是可能会导致"马太效应"的出现，二是可能会刺激大学开始盲目设立和发展某些热门专业、学科，忽视自我定位。从而蒙蔽了大学的自身特色，更阻碍了大学的自主创新。尽管均衡地对待每个学科并不现实，但正如克拉克·克尔所言："每一个学科得到的资助应当与该学科当前所具有的潜力以及这些潜力的变化相一致，没有永恒的重点。"[②]

---

① 周光礼：《"双一流"建设中的学术突破——论大学学科、专业、课程一体化建设》，载《教育研究》，2016（5）。

② ［美］克拉克·克尔：《大学的功用》，南昌：江西教育出版社，1993，第43页。

因此，学科需要通过创新的理念与实践才能迈向优质发展。即一流学科并非只接受一时的重视或资助便可形成，更不应被限定在既有的优势学科中，它的建设不仅需要保有知识生产的多样性、多元性及多质性，以更好地发挥文化创新的潜在力量，而且需在多样化的发展土壤和长期的环境支持下不断孕育，从而为实现大学真正的特色发展和卓越发展助力。同时，从政府到院校均需把学科发展的眼界放宽，避免学科管理的僵化与过于纠结学科的好坏优劣，"各美其美、美美与共，才有发展活力，才能建成以一流学科、一流大学为牵引的高等教育强国，才能更好支撑社会和国家发展"[①]。

（三）合并重组应强化院校群落整合，推进高等教育与科研体制机制改革，促进区域经济的协同创新，转变或深化合作的文化观念。

合并重组作为法国全面整合各类高等院校机构、创建世界顶尖大学的重要战略手段，首先，凝聚了分散在法国各地的高等教育与科研力量，并以美国加州大学、英国伦敦大学[②]等为参考，希望法国也能够出现类似的巨型联邦制大学。地方高等院校的整合旨在强化组织群内部成员的伙伴意识。在组织群的互动中，包括法国大学在内的各成员院校以教学与科研合作为契机，互通有无、通力合作，联合培养学生、联名出版学术成果，逐步迈向高等教育与科研的中心化、多元化和现代化管理阶段。其次，在团结大学、"大学校"与科研机构的同时，也将精英教育和大众教育、高等教育与科学研究置于同一平台，努力弥补二者的历史性隔阂。在知识社会迅速发展的当下，法国政府开始意识到应该对任何类型的院校机构都秉持一种平等观念，打通院校机构之间相互融通的门径。因此，相比强调大学、"大学校"与科研机构[③]间的区别，更鼓励三者的竞争。政府以更加长远的战略眼光，弱化各机构在人力、财力和物力上的管理异质，调整院校格局，凝聚组织力量，进而推动法国院校参与国际竞争。最后，合并重组不仅将社会需求融入大学或组织群的治

---

① 马陆亭：《一流学科建设的逻辑思考》，载《高等工程教育研究》，2017（01）。

② 此种说法是笔者在访问法国高等教育部官员和几所共同体校长时，几乎所有访谈对象都谈到的一种愿景。

③ 需要强调，法国所有科研机构参与组织群内部的合作时，主要是与大学或"大学校"共建实验室或研究团队。实验室等的管理主要由大学人员负责，合作更多的是基于科研人员之间的学术交流。据笔者了解，科研机构参与组织群合作由于不涉及过多的组织治理问题，因此合作较为顺利。

理中，在相关委员会中吸纳社会（地方企业）代表的力量进行教育决策，以开放态度听取社会意见，并积极引入社会资金与力量，而且通过进一步引领地方院校机构的现代化转型，发挥机构的整体规模效益，推进地区经济协同创新平台的构建。一方面，整合后的院校能够更好地加强校企联络和面向地区发展，进而倒逼院校通过科研创新活动理性重构传统的知识生产体系；另一方面，院校作为创新知识的孵化器，将科研成果推入市场应用，也促使企业进行技术创新、管理创新和制度创新；在打造地方协同创新网络平台的基础上，以真正的产学研合作，服务于区域经济的创新驱动和特色发展。

然而尽管法国大学的合并重组在一定程度上将相近地缘内不同院校机构成功融合，形成了更加连贯的高等教育与科研制度，搭建起更广阔的科技创新与区域经济发展平台，但合并重组在具体的实践层面（特别是以共同体为首的组织群层面）依然引发了一些组织观念和文化上的问题。

从组织群的治理方式看，一些院校行动者认为组织群的制度化结构成为院校之上叠加的新等级结构，进而导致机构治理更加复杂。可政府的初衷并非将组织群作为院校的超机构存在，将其凌驾于院校之上，而是将其视为成员院校开展合作的催化剂和转移权责的媒介。因此，目前成员院校依然需要转变对组织群角色的基本认识，保持更加开放和信任的态度。也有一些行动者抱怨组织群缺乏灵活、清晰的组织目标与进退机制，导致合作中产生混乱。尽管政府在每个共同体的建立法令中提到院校有参与或退出组织群的自由（但须以其他形式参与合作），但许多行动者依然强调参与院校重组是一种不得不接受的选择。这种情况既考验组织群号召其成员达成共同计划的能力，更考验行动者通过发挥合作的主动性和自身的智慧来明确自己的发展需求，而不是一味被动地等待合作"可能产生"的效果。从组织群的内部成员看，一方面，成员院校身份多样，在法国社会中享有不同的身份地位①，一些院校（主要为"大学校"）属于国防部、农业部和文化部等其他国家部委，因此在参与

---

① 不设在大学内部的特殊学校或学院（如大学技术学院等）、高等师范学院和大机构等均隶属于高等教育部。还有一些工程师学校隶属于中央政府的不同部委，因此原则上不接受高等教育部的管理。这些学校因身份不同，学校的治理方式、权限及其获得的政府财政拨款均存在差异。

组织群合作时，仍希望保有其身份特权和财政管理权。有些院校甚至不愿被组织群的统一管理束缚，认为组织群发起的共同目标并非院校自身的利益价值所在，进而发生院校间的"相互扯皮"事件，降低了组织群合作的有效性。另一方面，一些院校的校长并不希望把组织群（特别是共同体）作为自身机构的代表，院校内部的广大师生也未对组织群达成统一共识。鉴于组织群的发展正处于初期阶段，因此需要使院校内部的师生进一步了解政府设立组织群的初衷以及组织群将为其带来的发展利益，从而使改革理念深入到他们的思想领域和工作行动中。

因此，我国在推进院校联盟或区域学术共同体建立时应注意吸取法国的经验，重视院校的不同发展诉求。即当开展院校合作时，应让广大师生认清院校联盟是"大学成为通过一个共同的管理委员会以及由相关目的维系在一起的一整套群体和机构……存在多个目标、多个权力中心、多个灵魂，而不再是一个有机体"①，避免出现吉尔伯特·莱尔（Gilbert Ryle）所说的"范畴错误"（category mistake）②。这既需要政府对组织群（特别是共同体）进行更加清晰的身份界定，也需要广大师生对合并重组的认知进行文化观念上的转变和重新链接。如此，他们才会明确自己发展的目标需求和组织变革的外在要求，进而理解和包容新出现的组织和组织群。综上，建设一流大学组织群落，在促进院校合作互补、相互鞭策的同时，更应从地方高等教育出发，建构与社会经济需求相适应的和谐共荣的生态系统。且牢固统一的合作观念和扎根本土发展的合作文化是使大学组织得以良好运行的关键。

（四）合并重组应引入竞争与评估机制，在提升院校的国际声誉与吸引力的同时，需注重以质量为本，避免受全球化的过度影响。

法国大学合并重组的又一突破是，政府通过进一步引入国内、外的竞争与评估以调动大学的发展动力和潜在实力，从而更好地参与国际

①　刘宝存：《大学理念的传统与变革》，北京：教育科学出版社，2004，第203页。

②　哲学家吉尔伯特·莱尔如此解释"范畴错误"：当一个外国人首次游历牛津或剑桥大学时看到学院、图书馆、博物馆、学科部门和行政办公室后，仍质疑没有看到大学。但事实上，大学正是以他所观察到那些事务的形式组建起来的。当他看到那些机构，理解它们之间的协调关系，也就等于看见了大学。游历者的错误在于，将大学误认为与其他机构属于同一范畴。本文这里出现的认知观念上的差异是指，把单一的大学和参与组织群建立形成的联邦型大学两种不同类事项归为一类，并认为二者同属一个"自然类"。关于"范畴错误"详见：Gilbert Ryle. The Concept of Mind, London：Hutchinson，1951，p. 16.

竞争。

　　首先，与市场投资占主导地位的国家相比，法国的高等教育和科研经费主要由政府负担，缺乏市场资助的调解与院校管理的灵活性，更弱化了对社会发展的敏感性与适应性。随着大学自治的开展，政府逐渐以市场需求与社会服务为导向，采取与契约、绩效相关的资助形式对大学进行预算管理与监控。特别是在引导整个高教系统进行重组时，政府通过扩大对合作院校（只以合作形式才可进行项目招标申请）的竞争性教研资金的投入，吸引地区高等教育资源的整合，随即在地区组织群之间引入公开竞争，对优势项目予以资助，从而带动院校追求卓越的积极性与发展步伐。而在竞争性资助中引入淘汰机制，"使院校保持危机意识，并能给未暂时获取资助的院校提供努力进取的希望，从而利于惠及更多院校"[①]。同时，政府希望成员院校以组织群名义共同参与国际高等教育市场竞争，既降低了学校单独参与竞争的不足或风险，又避免学校间产生恶性竞争，从而在共赢中提高法国的整体竞争实力。

　　其次，法国政府在合并重组中引入市场竞争的同时，也进一步加强了对院校教育质量与科研水平的评估。从法国 2007 年设立高等教育与评估署（AERES）[②] 对院校的发展目标、内部治理、发展责任、量化指标和绩效展开公开、透明的评定外，"未来投资"项目下的各种教学科研计划（许多院校把合并重组作为招标内容之一）在招标和实施中都以第三方评估的方式对院校整合教育资源和提升学校价值的能力与实践情况进行考核。新的公认标准成为界定院校卓越的代名词，特别是在项目的推进过程中强调每个阶段的事后评估，不仅避免资金的浪费，更有益于敦促院校在教研发展中进行有效合作与管理。在推进合并重组的过程中，国家在确保其总体监管地位的前提下，借助开放性评估使法国也逐渐走上了知识经济社会的全球管理模式。

　　如果说法国开展院校合并重组很大程度上是为了获得更高的国际声誉和更大的全球吸引力，那么作为改革最初动力的国际排名绝不应是合并重组的终极目标。尽管从法国政府到大学，再到民间似乎对国际排名

---

　　① 刘宝存，张伟：《国际比较视野下的创建世界一流大学政策研究》，载《比较教育研究》，2016（06）。

　　② 高等教育与评估署在 2013 年的《高等教育与研究法》中被更名为高等教育与研究评估高级委员会（HCERES）。

都持批判态度，可往往到排名公布时，每个人似乎还会被榜单结果"牵着鼻子走"。但若进一步思考可以发现，曾经从陈旧的、强大的、有条理的国家高等教育与科技系统中受益的法国在当前的世界环境中，必须且已经开始进行自我改革。知识生产与科学发展比以往任何时候都需要开放性和竞争性，所以院校合并重组的未来不仅要追求卓越，还要继续与全球的发展相协调。[①] 为此，法国政府采取的应对措施是通过地区高等院校的合并重组，将有限资金进行集中投资，并让渡更多的管理主权，从而加强地区世界著名大学或者联合大学的出现；通过在地区内整合教学与科研资源，让教师—科研人员以组织群名义联合发表研究成果，为学生提供更良好的环境与全方位的管理服务，从而提升院校的整体学术知名度和国际吸引力。

然而，法国在合并重组的实践行动中也明显受到全球化影响，其组织形态呈现趋同的态势，市场化竞争与过度评估更引发诸多大学人员的不满，甚至屡屡出现教师游行罢工事件。虽然政府、大学校长等高等教育的决策精英对此有一定的自觉与慎思，但全球化的影响依然如影随形。如国际评审在对院校所展现的竞标实力进行评判时，无意间从自身的思维定式出发，认为院校只要提升质量效率和减少经济成本，合并便是"最佳"的改革举措。这就会诱导大学认为只有通过合并才有机会获得资助。再如，尽管对大学教师的评估并未完全按照绩效进行，但重视科研成果与绩效的风气也逐渐在法国大学内部蔓延开来，引起学者对学术自由的担心。现行的全球化是以国际贸易组织的"合法性"程序，强制性地推行于全世界的单一性全球化模式，但却忽视了各国、各地区、各民族的社会文化及其历史传统的差异性和多样性。[②] 法国的高等教育领域也未能在现行全球化的秩序、法规和加以神圣化和绝对化的各种论述中免受影响。由此引发的"以规模换经费，以规模争位阶"为目的资源争夺活动，在客观上使院校行为出现盲目性。

好在对于始终秉持"法兰西例外"的国家来说，一些专家学者甚至大学校长也积极呼吁法国应坚持其高等教育的独特性。即重视公平、强调实用、注重社会发展的需求；尊重自由、倡导批判、恪守公共服务的

---

① 刘念才：《世界一流大学：战略·创新· 改革》，上海：上海交通大学出版社，2009，第 160 页。

② 高宣扬：《全球化的矛盾与民族文化的发展可能性》，载《马克思主义与现实》，2015（04）。

本质。诚然，对特殊的坚持并非让一些院校继续固守一方、偏安一隅地进行自我陶醉，而是以更自信的态度让全世界去了解并接受这种特殊。正如量子力学奠基人埃尔温·薛定谔（Erwin Schrödinger）曾在其著作《生命是什么》中所指出的，一个健康的组织体，它必须处于特殊状态，不能太稳定，否则就像晶体一样自我封闭。生命第二需要的是负熵流，有负熵才有信息，才有熵的稳定。① 所以组织发展需要接受多元化，需要吸纳不同的声音。据此，法国高等教育改革在以合并重组为核心的政策行动下不应仅是顺从国际趋势，更应当保持客观冷静，在全球化之下有所坚守，从大学合并重组的被动改革者转为主动的革新者，进而为全球树立大学的新典范形象，并以此吸引世界的瞩目。

同样地，我国创建世界一流大学也深受高等教育全球化的影响，并在不断吸收世界顶尖大学的发展经验：从发展大学的综合实力（综合性），到打造比较优势、吸引国际学生，从向研究型大学转型，到进行绩效改革、引进国际人才，"绞尽脑汁"地冲刺世界大学排行榜。但许多大学同时舍弃了其专业特色，过分苛求达到某些服务于学术评估的量化指标，忽视教学质量和人才培养的本质，甚至出现蔑视知识和真理的学术不端行为。因此值得警惕的是，当前的"双一流"改革绝不可随意扰乱大学学科的生态系统，忽视大学发展的内在属性和我国高等教育的整体现实环境。学习外来经验和方法必须与我国的各种改革要素进行对接、调适、相互交融，进而择优、重构、熔铸和内化异域经验，使我们的改革真正做到适于自身的理念创新、制度创新和实践创新。

最后，当前法国各地的大学合并重组改革仍处于不同的贯彻阶段，每位参与者依然能够在实践中探索更适切的发展路径，而在这些不确定中可以肯定的是：建设世界一流大学并非短期内可以立竿见影的工程。时移世易，这些决策和改革就像法国红酒一般，都需要在稳定的气候环境中实践、发酵，历经多年发展和沉淀，最终才能使我们品鉴到决策和改革是否酿出了甘甜。大学合并重组在法国高等教育与科研发展史上最终将掀起怎样深远的变革，仍需我们拭目以待。借他山之石，悟攻玉之道。我国的"双一流"等建设方案将如何深化高等教育改革、助力国家跻身世界高等教育强国行列，也需要我们理性推敲和谨慎行动。

---

① ［奥］埃尔温·薛定谔：《生命是什么》，长沙：湖南科学技术出版社，2003，第70-72页。

附录1 斯特拉斯堡（简称斯堡）
合并重组案例访谈人员信息表

编号与化名	性别	所在单位与原工作单位	现任职务与原职务（2009年至今）	身份	校行政委员会成员经历	备注信息
S1-2 Michel	男	斯堡大学，二大天主教学院	校长（2016.09至今），第一副校长兼行政委员会主席（2009—2016）	校领导，神学教师—科研人员，教授	有	原二大副校长，大学合并时曾负责财务整合
S2-1 Laurence	女	斯堡大学，一大生命科学学院	第一副校长兼科研副校长（2017至今），科研副校长（2013—2016），博士学校主任（2009—2013）	校领导，生物化学教师—科研人员，教授	有	原一大某博士学校主任
S3-3 Frédérique	女	斯堡大学，三大法学院	教学副校长级代表（2013—2016），教学副校长（2009—2013）	校领导，教师—科研人员，法学教授	有	原三大副校长
S4-1 Dreysse	男	斯堡大学，一大物理学院	人力资源和社会政策副校长（2009—2016）	校领导，物理学教师，副教授，行政人员	有	原一大人力资源管理副校长

（续表）

编号与化名	性别	所在单位与原工作单位	现任职务与原职务（2009年至今）	身份	校行政委员会成员经历	备注信息
S5-1 Charlot	男	斯堡大学，一大经济与管理学院	国际关系副校长（2013—2016）	校领导，经济学教师—科研人员,教授	有	原一大经济科学与管理学院院长
S6-2 Schneider	男	斯堡大学，二大音乐学院	社会科学文化副校长（2014至今），校文化活动行政管理主任、艺术学院院长助理（2009—2014）	校领导，音乐学教师—科研人员，副教授，行政人员	有	原二大负责文化行动的副校长，原音乐学院院长
S7—3 Poitier	男	斯堡大学，三大法学院	Idex项目副校长级代表（2009至今）	校领导，法学教师—科研人员，教授	无	原三大负责硕士生教学工作
S8-3 Vincent	男	斯堡大学，三大	总行政管理处主任（2009.01—2009.05）	行政人员	有	原三大校长（1990年），后赴国家教育部门工作
S9-2 Anna	女	斯堡大学，二大，	某行政管理服务处主任（2009—2016）	行政人员	无	原二大行政人员
S10-2 Bella	女	斯堡大学，二大	行政管理处人员（2009至今）	行政人员	无	原二大某学院行政服务人员
S11-3 Calin	男	斯堡大学政治学院，三大法学院	学院院长（2011至今）	法学教师—科研人员，教授，共治会成员	无	原三大法学院教师—科研人员，合并时任校长法律顾问

（续表）

编号与化名	性别	所在单位与原工作单位	现任职务与原职务（2009年至今）	身份	校行政委员会成员经历	备注信息
S12-1 Eric	男	斯堡大学继续教育学院，一大继续教育学院	学院院长（2009至今）	管理学教师，副教授，工会负责人	无	原一大继续教育学院院长
S13-1 Pascal	男	斯堡大学教育科学学院，一大心理与教育学院	学院院长（2010至今），实验室主任	教育学教师科研人员，教授	无	
S14-1 Paul	男	斯堡大学，一大医学院	学院院长（2010至今）	医学教师—科研人员，教授	无	原一大健康事务副校长
S15-1 Emilie	女	斯堡大学教育科学学院，一大心理与教育学院	学院国际事务负责人（2010至今）	教育学教师—科研人员，副教授	无	
S16-1 Katherine	女	斯堡大学高级师资培训学校，一大心理与教育学院	实验室研究团队负责人（2011至今）	心理学教师—科研人员，教授，工会成员	无	
S17-UHA Jeanne	女	上阿尔萨斯大学	校长（2013至今）	文学教师—科研人员，教授	有	
SB18 Diane	女	斯堡大学	校外人员	咨询管理	无	合并中引导委员会负责人，2007—2009年

附录2　波尔多合并重组案例访谈人员信息表

编号与化名	性别	所在单位与原工作单位	现任职务与原职务（2014 年前）	身份	校行政委员会成员经历	备注信息
B1－2 Lara	男	波尔多大学，二大医学院	校长，原二大校长，波尔多集群校长	校领导，医学教师—科研人员，教授	有	
B2－1 Alain	男	波尔多大学，一大生物学院	已退休，原一大校长，波尔多集群校长	校领导，生物学教师—科研人员，教授	有	
B3－4 Lung	男	波尔多大学，四大经济学院	（前）副校长，原四大校长	校领导，经济学教师—科研人员，教授，工会负责人	有	
B4－1 Achille	男	波尔多大学，一大物理学院	教学副校长，原一大教学副校长	校领导，物理学教师—科研人员，教授	有	
B5－2 Pierre	男	波尔多大学，二大医学院	科研副校长，科研中心主任	校领导，医学教师—科研人员，教授	有	

（续表）

编号与化名	性别	所在单位与原工作单位	现任职务与原职务（2014年前）	身份	校行政委员会成员经历	备注信息
B6-2 Benoît	男	波尔多大学，二大生物学院	博士学校主任，原二大行政委员会副校长（第一副校长）	校领导，生物信息学教师—科研人员，教授	有	
B7-3 Claude	男	波尔多大学，三大法学院	科研中心负责人，原四大行政委员会副校长（第一副校长）	校领导，法学教师—科研人员，教授	有	
B8-4 Sidney	男	波尔多大学，四大	总行政管理处主任助理，原四大总行政服务处主任	行政人员	有	
B9-2 Marina	女	波尔多大学，二大	行政管理服务处主任助理，原二大行政人员	行政人员	无	
B10-2 Paula	女	波尔多大学人类科学学院，二大人文教育学院	院长，原二大学院院长	教育学教师—科研人员，教授	无	
B11-1 Benjamin	男	波尔多大学科学与技术学院，一大	院长，原一大学院院长	法学教师—科研人员，教授	无	
B12 Thierry	男	波尔多大学生物学教学单位	教学单位负责人校外人员	生物学科研人员，教授	无	原为波二生物学院学院委员会校外成员

（续表）

编号与化名	性别	所在单位与原工作单位	现任职务与原职务（2014年前）	身份	校行政委员会成员经历	备注信息
B13-2 Francois	男	波尔多大学人类科学学院，二大教育学院	无职务	教育社会学荣誉教授，工会人员	有	波尔多大学合并顾问
B14-1 Bruno	男	波尔多大学某实验室，二大心理学院	实验室主任	心理学教师—科研人员，教授	无	
B15-4 Petit	男	波尔多大学教育科学学院，二大教育学院	无职务；原二大学院院长	语言学教师—科研人员，荣誉教授	无	
B16-C/ IEP Louis	男	阿基坦大学与机构共同体	共同体主席，原波尔多行政学院校长	校领导，政治学教师—科研人员，教授	有	
B17-C Ana	女	阿基坦大学与机构共同体	共同体总行政服务助理	行政人员	有	
B18-M Lea	女	波尔多第三大学	国际关系副校长（2013至今）	校领导，语言学教师—科研人员，教授	有	
SB Diane	女	波尔多大学	校外人员（2010至今）	咨询管理	无	合并中引导委员会负责人，2010年至今

附录3　法国高等教育与科研集群名单

	集群名称	时间	成员单位
1	埃克斯—马赛（联合）大学	2007年	包括埃克斯—马赛第一、第二和第三大学
2	南锡（联合）大学	2007年	包括南锡第一、第二大学和洛林综合理工大学
3	东巴黎（联合）大学	2007年	包括国立路桥学院、马恩拉瓦莱大学、巴黎第十二大学、高等电子与技术工程师学院、路桥学院中心实验室
4	巴黎高科技术科学学校（集群）	2007年	包括10所工程学校：国立路桥学校、国立巴黎高等化学学校、国立巴黎高等矿业学校、国立高等工艺制造学校、巴黎综合理工学校、巴黎市立高等工业物理化学学校、巴黎高科农艺学校等
5	波尔多（联合）大学	2007年	包括波尔多第一、第二、第三和第四大学、3所工程师学院和波尔多政治学院
6	里昂（联合）大学	2007年	包括里昂第一、第二和第三大学、高等师范学院、里昂中央理工学院
7	图卢兹（联合）大学	2007年	包括图卢兹第一、第二和第三大学、国立图卢兹综合理工学院、国立图卢兹应用科学学院、国立高等航天与航空制造学院
8	布列塔尼欧洲（联合）大学	2007年	包括巴黎第一大学、雷恩第二大学、西布列塔尼大学、南布列塔尼大学、雷恩农艺大学、国立雷恩应用科学学院、国立卡桑高等师范学院雷恩分校、国立布列塔尼高等电信学院、国立雷恩高等化学学院
9	南巴黎（联合）大学	2007年	包括巴黎第十一大学、圣康丁昂伊夫利纳—凡尔赛大学、国立卡桑高等师范学院、巴黎中央理工学院、高等电力学院
10	克莱蒙（联合）大学	2008年	包括2所综合大学和3所工程师学院—法国高级机械学院、国立克莱蒙费朗高等化学学院和国立克莱蒙费朗农艺工程师学院

（续表）

	集群名称	时间	成员单位
11	南特昂杰勒芒（联合）大学	2008 年	包括11 个创始成员和18 个合作成员：南特大学、昂杰大学、勒芒大学、南特中央理工学院、南特矿业学院、西部农学院、Oniris 国立南特兽医食品加工及食品学院、南特大学医疗中心、昂杰大学医疗中心、昂杰高等农学院、AudenciaNantes 南特管理学院
12	里尔法国北部（联合）大学	2009 年	创始成员包括法国北部地区的 6 所公立综合大学和 2 所工程师学院，目前成员已发展至 26 个
13	国家农业、食品、动物健康与环境联合集团	2009 年	包括法国农艺、兽医、护林学院、国家农艺研究院、农艺研究发展国际合作中心、巴黎农业高科集团和图卢兹国立兽医学校等 6 所院校
14	利摩赞—波瓦图—夏朗特联合大学	2009 年	创始成员包括拉罗谢尔大学、利摩日大学、普瓦提埃大学、国立高等工业制陶学院、国立高等航空技术与机械学院
15	蒙贝利埃法国南部（联合）大学	2009 年	创始成员为蒙贝利埃第一、第二和第三大学，合作成员包括蒙贝利埃高等农学院、阿莱斯矿业学院、尼姆大学、佩皮尼昂大学等
16	格勒布尔（联合）大学	2009 年	创始成员包括格勒若布尔第一、第二和第三大学，格勒若布尔综合理工学院与格勒若布尔政治学院
17	巴黎西岱联合大学	2010 年	成员包括设在巴黎市内的 7 所学校和 1 所巴黎北部的合作成员学校：新索邦巴黎第三大学、笛卡尔巴黎第五大学、狄德罗巴黎第七大学、公共健康高级研究学院、国立东方语言文化学院、巴黎地球物理学院、巴黎行政学院、北部巴黎第十三大学（合作成员）
18	索邦（联合）大学	2010 年	由邦岱翁阿萨斯巴黎第二大学、索邦巴黎第四大学和皮埃尔与玛丽·居里巴黎第六大学等 3 所大学组成
19	中部卢瓦尔河谷联合大学	2010 年	包括法国中部 2 所综合大学：奥尔良大学和图尔大学

（续表）

	集群名称	时间	成员单位
20	高等研究—索邦—艺术与工艺大学集群	2010 年	由设在巴黎市区的 12 所学校组成，包括 9 个创始成员：巴黎高科—国立工艺博物馆、社会科学高等研究学院、法国远东学院、国立文献学院、国立高等工业设计学校、巴黎高科—国立高等工艺学院、高等研究实践学院、ESCP 欧洲高等管理学院和巴黎第一大学；3 个合作成员：国家行政学院、国立艺术学院、国立遗产学院
21	巴黎科学与文学—拉丁区集群	2010 年	包括法兰西学院、巴黎高等师范学校、巴黎国立高等化学学院、巴黎高等物理化工学校、巴黎天文台 5 所院校
22	勃艮第—弗朗什—弗朗孔泰集群	2010 年	勃艮第大学、弗朗什—孔泰大学作为创始大学；贝桑松高等机械微技术学院、第戎高等农学院等作为合作成员
23	诺曼底大学集群	2011 年	包括卡昂大学、鲁昂大学、勒阿弗尔大学、冈城国立高等工程师学校、鲁昂国立应用科学学院 5 所院校
24	西大巴黎（地区）大学集群	2012 年	创始学校为巴黎塞尔齐—蓬多瓦兹大学、凡尔赛大学（也属于南巴黎大学集群）、凡尔赛高等建筑学校、高等航空技术与汽车制造学校、高等经济商业学院、国际农业发展工程师学校、图卢兹国立兽医学校等 13 所院校
25	香槟—阿登皮卡迪欧洲联合大学	2012 年	包括兰斯大学、亚眠大学 2 所大学
26	法兰西岛（学校）委员会（Collégium Ile-de-France）	2012 年	包括法国国立高等电子及电子应用学校、巴黎高等机械学院、法国高等科学信息处理工程师学校
27	巴黎卢米埃尔大学	2012	包括巴黎第八大学、巴黎第十大学、国家科研中心 3 所院校

资料来源：Wikipedia. Liste des Pôles de recherche et d'enseignement supérieur ［EB/OL］.［2016 - 04 - 01］.

https：//fr. wikipedia. org/wiki/P% C3% B4le _ de _ recherche _ et _ d% 27enseignement_ sup% C3% A9rieur#Place_ dans_ les_ r. C3. A9formes_ de_ l. E2. 80. 99enseignement_ sup. C3. A9rieur_ intervenues_ entre_ 2006_ et_ 2012

附录 4　法国高等教育与科研机构整合图

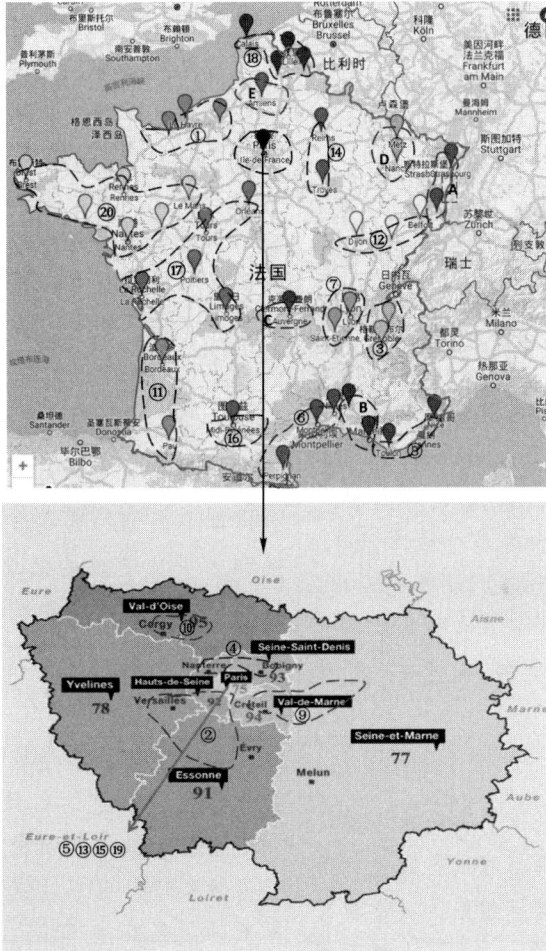

注：图中数字表示大学与机构共同体；字母表示具有科学、文化和职业性质的公立机构所组成的联合会。

资料来源： Fusion, association, communauté : la nouvelle carte de France des universités ［EB/OL］. ［2016 - 10 - 10］. http：//www. letudiant. fr/educpros/enquet-es/fusion - association - communaute - la - nouvelle - carte - des - universites - en - mou-vement. html

附录5　教学与科研机构和学院/学校治理情况比较表

维度	教学与科研单位	学院/学校
组织构成	教学与科研单位完全隶属于所在大学，包括教学单位和科研单位两部分，由负责教学的学院（Collège 或 Faculté）、学系（Département de Formation）和负责科研的实验室/研究中心组成。	学院/学校隶属于不同政府部门，为单独机构，但需遵从大学内部的发展政策和大学与国家签订的发展合同。学院/学校根据教学或研究方向设系（Département）或按不同使命进行组织，有些也包括继续教育机构，并安排相关人员对其进行管理。因此，其构成并无统一形式。
领导职责	院系院长或实验室主任（directeur du laboratoire）由所在教学与科研单位的委员会选举产生，任期5年，可连任一次。候选人须具备教师—研究人员，教师或研究员身份。	学院负责人由学院委员会选举产生；学校负责人由教育部根据学校内部委员会的选举建议任命。学院和学校负责人的任期均为5年，可连任一次。执行委员会决议，审核本单位收支，对学院/学校内的全体工作人员享有绝对调动权。
组织管理	教学与科研单位委员会负责组织的行政管理工作，确定组织的教学与科研大纲。委员会人数不超过40，由选举产生，包括教师和其他工作人员代表、学生代表、20%—50%校外代表。	学院委员会和学校委员会分别负责学院、学校的行政管理工作，制定组织的教学与研究大纲。委员会人数不超过40，由选举产生，包括教师代表其他工作人员代表、学生代表及30%—50%的校外人员代表。其中，教师及与其身份相当的人员代表的人数不应少于其他工作人员及学生代表的数量之和。委员会主席从校外委员会产生，任期3年，可连任一次。

（续表）

资料来源：

维度	教学与科研单位	学院/学校
自治权限	教学与科研单位不享有法律和预算自主权，但在获得行政委员会的审批后，可自主决定其机构章程和内部结构，以及制订教学与科研计划。	在学校的政策框架下，委员会可自行决定学院或学校的教学、科研大纲；学院/学校委员会对合同给予相关建议并作为咨询单位，向大学行政委员会提交职位分配方案。学院/学校根据其发展需求享有财政自治权，其所属部委可直接向学院/学校拨付款项或分配岗位（岗位仍属于所在大学）。①

资料来源： Pierre Balme, Jean-Richard Cytermann & Michel Dellacasagrande. L'université Francaise：une Nouvelle Autonomie, un Nouveau Management ［M］. Presses universitaires de Grenoble, 2012. p. 93 – 95. 表格由笔者根据文中所述整理而绘制。

附录6　斯特拉斯堡大学《明天的斯特拉斯堡大学学校计划（2009—2012）》战略计划

1. 政策前言

一所以基本使命为核心的大学

一种创新和与时俱进的治理

使命支持的功用

对基本使命的支持　引领与管理的主要作用　人力资源的创新管理

战略创新

欧洲　融入社会、经济和政治环境的大学　语言政策

可持续发展的雄心策略　体现斯特拉斯堡大学价值的领航行动　确保男女平等的大学

2. 斯特拉斯堡大学的建立

2.1　斯特拉斯堡大学的形象：法定原则

2.1.1　身份、雄心、目标

2.1.2　结构

2.1.3　组织

a. 校长与副校长　b. 办公室与扩展办公室　c. 行政委员会　d. 科学委员会　e. 大学生活委员会　f. 代表大会（congrès）　g. 组成机构　h. 共治会（collegium）　i. 外部咨询委员会

2.1.4　财政与财务制度

2.1.5　大学担保

2.1.6　身份修正（复审）

2.2　科学三措施

2.2.1　建立共治会

a. 共治会使命　b. 组织与运行　c. 共治会构成

2.2.2　领航行动

a. 措施目标　b. 法定行动　c. 从预计划到目标期待

2.2.3　管理职能的重建

a. 适应方案的方法　b. 中央服务的重建计划　c. 待履行的优先

事项

3. 教学与科学政策

3.1 本—硕—博教学政策

3.1.1 关键因素

3.1.2 让方向指导、教学与职业安置成为学生成功的王牌

3.1.3 提倡对斯特拉斯堡大学构成增值的原创性教学

3.1.4 根据满足个人期待的多样教学模式活跃终身教育

3.1.5 鼓励向国际开放

3.1.6 使教学与实践相一致

3.1.7 落实与科研相关的教学自评手段

3.1.8 结构

3.2 大学科研与增值

3.2.1 斯特拉斯堡大学科研发展的关键因素

3.2.2 科研有效性的条件

3.2.3 科研传播与增值的条件

3.2.4 与教学相协同的科研

3.2.5 发挥科学技术性质的公立机构的重要作用

3.2.6 国际开放的建立与激励

3.2.7 三大科研组织的融合

a. 行为模式融于一所大学 b. 发展利于卓越科研服务的手段

c. 明确关键领域和涌现中的集群

3.2.8 在教育与培训中推动科研

3.2.9 斯特拉斯堡大学文化科研和技术行动的协调政策

a. 建立科学花园 b. 大学遗产保护政策

c. 将文化行动服务作为大学文化反思、形成和传播的阵地

3.3 科学与教学政策的支柱

3.3.1 文献资料政策

a. 用户服务的改善 b. 文献资料的扩充 c. 地方与国家文献网络的发展 d. 现代化 e. 遗产 f. 地方科学和技术信息培训单位（URF-IST）

3.3.2 国际化措施

a. 发布总政策 b. 制订计划 c. 领航行动 d. 制度与财政伙伴

e. 预期结果与质量（提升）手段　f. 机制的落实

4．大学生活

4.1　大学生接待

4.2　公民性与连带性

4.3　文化与体育

4.4　多服务导航图

4.5　文化之家

5．学校引航

5.1　战略引航

教学、科研、财务、人力资源总指标

5.2　部门引航

5.2.1　人力资源管理

a. 中央服务的重组　b. 关于未来大学的社会对话　c. 为了岗位管理的学校政策　d. 新职责的践行　e. 以大学政策为依托的人力资源服务处　f. 高水平的继续教育机构　g. 旨在加强场地对高水平教师—研究人员吸引力的发展项目　h. 多样且丰富的 BIATOS 人员发展路线　i. 高质量社会政策

5.2.2　财政引航

a. 财政预算的起草过程：财政管理标准

b.《自由与责任法》框架下的人员工资设置

c. 服务组织

5.2.3　不动产策略与管理

a."计划"集群　b."遗产管理与评估"集群　c."技术管理"集群　d."（场地）地形"集群　e."规章"集群　f."财产归属"集群

5.2.4　风险预防

5.2.5　教学、科研、文献资料与行政信息交流技术发展

a. 主要战略　　b. 组织的重新配置　　c. 结构性计划

参考文献

中文参考文献：

【1】［英］安东尼·吉登斯：《社会学（第四版）》，北京：北京大学出版社，2003。

【2】［英］阿什比：《科技发达时代的大学教育》，北京：人民教育出版社，1983。

【3】［英］埃德蒙·金：《别国的学校和我们的学校——今日比较教育》，北京：人民出版社，1989。

【4】［法］埃哈尔·费埃德伯格：《权力与规则：组织行动的动力》，上海：上海人民出版社，2005。

【5】［美］伯顿·克拉克：《高等教育系统——学术组织的跨国研究》，杭州：杭州大学出版社，1994。

【6】［美］伯顿·克拉克：《建立创业型大学：组织上转型的途径》，北京：人民教育出版社，2003。

【7】［美］伯顿·克拉克：《高等教育新论：多学科的研究》，杭州：浙江教育出版社，2001。

【8】［美］W. 理查德·斯科特，杰拉尔德·F. 戴维斯：《组织理论：理性、自然和开放系统的视角》，北京：中国人民大学出版社，2011。

【9】［美］W. 理查德·斯科特：《制度与组织：思想观念与物质利益》，北京：中国人民大学出版社，2010。

【10】程俊，罗英姿：《我国当代大学组织变革理论研究进展》，载

《现代教育管理》，2014（4）。

【11】程介明：《走向明天的教育学院——对北大教育学院的一些观察》，载《北京大学教育评论》，2010（04）。

【12】陈向明：《质的研究方法与社会科学研究》，北京：教育科学出版社，2000。

【13】陈向明：《教育研究中访谈的倾听技（艺）术》，载《教育理论与实践》，1998（4）。

【14】陈学飞，王晓辉等：《美国、德国、法国、日本当代高等教育思想研究》，上海：上海教育出版社，1998。

【15】董漫雪：《基于组织文化特征的我国大学制度变革的模式选择》，载《中国大学教学》，2007（1）。

【16】丁学良：《什么是世界一流大学?》，北京：北京大学出版社，2004。

【17】方友忠：《法国政府高官和大学校长谈〈高教与研究法草案〉》，载《世界教育信息》，2013（16）。

【18】房乐宪：《联邦主义与欧洲一体化》，载《教学与研究》，2002（1）。

【19】［荷兰］弗兰斯·F. 范富格特：《国际高等教育政策比较研究》，杭州：浙江教育出版社，2001。

【20】［美］杰弗里·菲佛，杰勒尔德·R. 萨兰基克：《组织的外部控制》，北京：东方出版社，2006。

【21】高迎爽：《从集中到卓越：法国高等教育集群组织研究》，载《清华大学教育研究》，2012（01）。

【22】高迎爽：《法国高等教育质量保障体系研究：基于政府层面的分析》，北京：中国社会科学出版社，2014。

【23】高宣扬：《全球化的矛盾与民族文化的发展可能性》，载《马克思主义与现实》，2015（04）。

【24】郭建如：《社会学组织分析中的新老制度主义与教育研究》，载《北京大学教育评论》，2008（06）。

【25】贺国庆，何振海：《传统与变革的冲突与融合——西方大学改革二百年》，载《高等教育研究》，2013（04）。

【26】胡仁东：《人·关系·方法：大学组织内部治理的三个维度》，

载《大学教育科学》，2015（03）。

【27】胡重明：《行动者、资源依赖与制度变迁——基于 H 医院管理体制变革案例的研究》，上海：复旦大学，2014。

【28】敬乂嘉：《实践、学科和范式：组织理论变迁综述》，载《社会》，2006（06）。

【29】金小红：《吉登斯结构化理论的逻辑》，武汉：华中师范大学出版社，2008。

【30】［美］克拉克·克尔：《高等教育不能回避历史——21 世纪的问题》，杭州：浙江教育出版社，2001。

【31】［美］克拉克·克尔：《大学的功用》，南昌：江西教育出版社，1993。

【32】［意］夸特罗其，［英］奈仁：《法国 1968：终结的开始》，北京：生活·读书·新知三联书店，2001。

【33】李立国，赵义华，黄海军：《论高校的"行政化"和"去行政化"》，载《中国高教研究》，2010（05）。

【34】李盛兵：《高等教育市场化：欧洲观点》，载《高等教育研究》，2000（04）。

【35】李桂荣：《大学组织变革成本分析》，载《教育研究》，2006（02）。

【36】［美］理查德·谢弗：《社会学与生活》，北京：世界图书出版公司，2008。

【37】林杰：《组织理论与中国大学组织研究的实证之维——读〈大学组织与治理〉》，载《北京大学教育评论》，2006（04）。

【38】林杰：《美国院校组织理论中的科层制模型——以斯特鲁普的理论为原型》，载《北京大学教育评论》，2009（2）。

【39】刘宝存：《世界一流大学发展模式的个性化选择》，载《比较教育研究》，2007（06）。

【40】刘宝存，张伟：《国际比较视野下的创建世界一流大学政策研究》，载《比较教育研究》，2016（06）。

【41】刘宝存：《大学理念的传统与变革》，北京：教育科学出版社，2004。

【42】刘念才：《世界一流大学：战略·创新· 改革》，上海：上海

交通大学出版社，2009。

【43】刘敏：《2000—2010 年法国的高等教育改革》，载《大学（学术版）》，2011（03）。

【44】王英杰，刘宝存：《法国大学治理模式与自治改革研究》，北京：北京师范大学出版社，2015。

【45】刘颖：《社会学理论中宏观与微观整合问题探析——以柯林斯·吉登斯为例》，载《法制与社会》，2010（13）。

【46】［美］罗伯特·伯恩鲍姆：《大学运行模式》，青岛：中国海洋大学出版社，2003。

【47】［美］罗伯特·波格丹，萨利·诺普·比克仑：《教育研究方法：定性研究的视角》，北京：中国人民大学出版社，2008。

【48】［美］罗伯特·K. 殷：《案例研究设计与方法》，重庆：重庆大学出版社，2010。

【49】李友梅：《组织社会学及其决策分析》，上海：上海大学出版社，2001。

【50】［美］理查德·L. 达夫特等：《组织理论与设计》，北京：清华大学出版社，2014。

【51】［美］W. 理查德·斯科特：《组织理论：理性·自然和开放系统》，北京：华夏出版社，2002。

【52】李志君，刘欣：《八十年代以来西方社会学理论发展的基本线索》，载《华中理工大学学报（社会科学版）》，1999（2）。

【53】李景鹏：《论权力分析在政治学研究中的地位》，载《天津社会科学》，1996（03）。

【54】［德］马克斯·韦伯：《社会科学方法论》，北京，中央编译出版社，1999。

【55】［德］马克斯·韦伯：《学术与政治：韦伯的两篇演说》，北京：生活·读书·新知三联书店，2013。

【56】［美］马文·彼得森：《大学和学院组织模型：历史演化的视角》，载《北京大学教育评论》，2007（1）。

【57】［法］米歇尔·福柯：《权力的眼睛：福柯访谈录》，上海：上海人民出版社，1997。

【58】［法］米歇尔·克罗齐耶，埃哈尔·费埃德伯格：《行动者与

系统：集体行动的政治学》，上海：上海人民出版社，2007。

【59】郑亚捷：《五月风暴的遗产》，载《国外理论动态》，2009（3）。

【60】［英］玛丽·亨克尔，布瑞达·里特：《国家、高等教育与市场》，北京：教育科学出版社，2005。

【61】马陆亭：《一流学科建设的逻辑思考》，载《高等工程教育研究》，2017（01）。

【62】［美］乔纳森·H. 特纳：《社会学理论的结构（第7版）》，北京：华夏出版社，2006。

【63】上官莉娜，李黎：《法国中央与地方的分权模式及其路径依赖》，载《法国研究》，2010（04）。

【64】托马斯·W. 李：《组织与管理研究的定性方法》，北京：北京大学出版社，2014。

【65】王晓辉：《法国高校协同创新政策与实践》，载《清华大学教育研究》，2014（04）。

【66】王晓辉：《双重集权体制下的法国大学自治》，载《比较教育研究》，2009（09）。

【67】王晓辉：《20世纪法国高等教育发展回眸》，载《高等教育研究》，2000（02）。

【68】王晓辉：《步履蹒跚　依然优秀——巴黎索邦大学创建800年之思考》，载《比较教育研究》，2004（08）。

【69】王晓辉：《法国大学治理模式探析》，载《比较教育研究》，2014（7）。

【70】王英杰：《大学基础组织结构的建构：传统与创新》，载《探索与争鸣》，2013（06）。

【71】王英杰：《大学校长：伦理的领袖，道德的楷模》，载《比较教育研究》，2013（01）。

【72】王英杰：《大学排行——问题与对策》，载《比较教育研究》，2008（10）。

【73】汪少卿：《全球化时代大学改革的法国道路》，载《外国教育研究》，2012（03）。

【74】王占军：《高等院校组织趋同行为的实证研究》，载《中国人

民大学教育学刊》，2011（1）。

【75】［法］雅基·西蒙，热拉尔·勒萨热：《法国国民教育的组织与管理》，北京：教育科学出版社，2007。

【76】邢克超：《大学发展的一个新阶段——法国高等教育管理十年改革简析》，载《比较教育研究》，2001（07）。

【77】邢克超：《战后法国教育研究》，南昌：江西教育出版社，1993。

【78】邢克超，李兴业：《法国教育》，长春：吉林教育出版社，2000。

【79】［奥］埃尔温·薛定谔：《生命是什么》，长沙：湖南科学技术出版社，2003。

【80】［法］雅克·韦尔热：《中世纪大学》，上海：上海人民出版社，2007。

【81】阎凤桥：《大学组织与治理》，北京：同心出版社，2006。

【82】阎凤桥：《探索大学变革的理论：读〈大学变革的逻辑〉有感》，载《复旦教育论坛》，2011（02）。

【83】阎凤桥，闵维方：《从国家精英大学到世界一流大学：基于制度的视角》，载《北京大学教育评论》，2017，第15卷，第1期。

【84】于尔根·施瑞尔，赵雅晶：《"博洛尼亚进程"：新欧洲的"神话"?》，载《北京大学教育评论》，2007，第5卷，第2期。

【85】杨善华：《当代西方社会学理论》，北京：北京大学出版社，1999。

【86】张丹：《"双一流"建设机制研究——以法国高师集团"高校共同体"改革为例》，载《教育发展研究》，2016（17）。

【87】张红峰：《大学组织变革中的博弈分析》，载《教育学术月刊》，2011（12）。

【88】张梦琦：《法国高等院校组织变革的动因、路径与制度设计——以"大学与机构共同体"为例》，载《高教探索》，2017（2）。

【89】张梦琦：《法国近八成大学毕业生选择赴国外找工作》，载《中国教师报》，2013（10）。

【90】张惠，张梦琦：《法国创建世界一流大学的战略实践——以索邦大学为例》，载《比较教育研究》，2016（06）。

【91】张梦琦，刘宝存：《法国世界一流大学的建构路径及其价值追求》，载《山西大学学报（哲学社会科学版)》，2020（3）。

【92】张惠，刘宝存：《法国创建世界一流大学的政策及其特征》，载《高等教育研究》，2015（04）。

【93】张慧洁：《中外大学组织变革》，上海：复旦大学出版社，2005。

【94】张慧洁，李泽彧：《论合并院校组织文化转型的内容与途径》，载《教育发展研究》，2003（02）。

【95】张云鹏：《试论吉登斯结构化理论》，载《社会科学战线》，2005（4）。

【96】赵中建，顾建民：《比较教育的理论与方法——国外比较教育文选》，北京：人民教育出版社，1994。

【97】周光礼：《重构高校治理结构：协调行政权力与学术权力》，载《中国高等教育》，2005（19）。

【98】周光礼，黄容霞，郝瑜：《大学组织变革研究及其新进展》，载《高等工程教育研究》，2012（4）。

【99】周光礼：《“双一流”建设中的学术突破——论大学学科、专业、课程一体化建设》，载《教育研究》，2016（5）。

【100】周雪光：《组织社会学十讲》，北京：社会科学文献出版社，2009。

【101】周作宇：《大学理念：知识论基础及价值选择》，载《北京大学教育评论》，2014，第12卷，第1期。

【102】周作宇：《全球化与高等教育的国际责任》，载《大学教育科学》，2011（6）。

【103】周作宇：《现代大学制度的实践逻辑》，载《国家教育行政学院学报》，2011（12）。

【104】周作宇：《论大学组织冲突》，载《教育研究》，2012（9）。

【105】周作宇：《协同创新：科学概念或政治修辞》，载《国家教育行政学院学报》，2013（5）。

【106】周作宇：《大学卓越领导：认识分歧、治理模式与组织信任》，载《北京师范大学学报（社会科学版)》，2016（1）。

英、法文参考文献:

【1】Aust, Jérôme, "Le Sacre des Présidents d'université. Une Analyse de l'application des Plans Université 2000 et Université du Troisième Millénaire en Rhône-Alpes," Sociologie du travail, 2007(49), p. 220 – 236.

【2】Aust, Jérôme, "Les Implantations Universitaires entre Décentralisation et Sectorisation," dans Action publique et changements d'échelles: les nouvelles focales du politique, Faure, A., Muller, P., S. Narath, S., Leresche, J.-P., (eds.), L'Harmattan, Paris, 2007, p. 283 – 294.

【3】Aust, Jérôme & Crespy C., "Napoléon Renversé?" Revue francaise de science politique, 2009(59), p. 915 – 938.

【4】Aust, Jérôme, Crespy C & Manifet C, et al, "Rapprocher, Intégrer, Différencier. Éléments sur la Mise en Place des Pôles de Recherche et d'enseignement Supérieur, " Délégation interministérielle à l'aménagement et à la compétitivité des territoires, 2008.

【5】Eric Ashby & Anderson M. Universities, British, Indian African – A Study in the Ecology of Higher Education, Harvard University Press, 1966.

【6】Barrier, Julien, "Fusionner les Universités pour Revitaliser la Lorraine?" dans Les Annales de la recherche urbaine, Persée-Portail des revues scientifiques en SHS, 2014, 109(1), p. 44 – 59.

【7】Barrier, Julien & Mignot-Gérard S, "Leadership et Changement dans une Organisation Pluraliste: le Cas des Transformations au Sein d'une Université," Le changement organisationnel: 10 études de cas commentées, 2013, p. 121 – 139.

【8】Barrier, Julien, "Merger Mania in Science: Organizational Restructuring and Patterns of Cooperation in an Academic Research Centre," in Organizational Transformation and Scientific Change: The Impact of Institutional Restructuring on Universities and Intellectual Innovation (Research in the Sociology of Organizations, Volume 42) Emerald Group Publishing Limited, 2014(42), p. 141 – 172.

【9】Baldridge, J. Victor, Power and Conflict in the University: Research in the Sociology of Complex Organizations, New York, John Wiley & Sons,

1971, p. 52.

【10】Balme, Pierre, Jean-Richard Cytermann & Michel Dellacasagrande, L'université Francaise: une Nouvelle Autonomie, un Nouveau Management, Presses universitaires de Grenoble, 2012.

【11】Baron, Myriam & Vadelorge L., "Les Universités Parisiennes dans la Tourmente des Regroupements," Métropolitiques, 2015, p. 1 – 6.

【12】Bótas, Paulo Charles Pimentel & Jeroen Huisman, "(De) Constructing Power in Higher Education Governance Structures: an Analysis of Representation and Roles in Governing Bodies," European Journal of Higher Education, 2012, p. 370 – 388.

【13】Blau, Peter Michael, The Dynamics of Bureaucracy: a Study of Interpersonal Relations in Two Government Agencies, Chicago: University of Chicago press, 1973.

【14】Bleiklie, Ivar & Stefan Lange, "Competition and Leadership as Drivers in German and Norwegian University Reforms," Higher Education Policy, 2010, 23(2), p. 173 – 193.

【15】Boudard, Emmanuel & Don F., Westerheijden, France: Initiatives for Excellence in Policy Analysis of Structural Reforms in Higher Education, Springer International Publishing, 2016.

【16】Bischoff, Georges & Richard Kleinschmager, L'université de Strasbourg: Cinq Siècles d'enseignement et de Recherche, Strasbourg: La Nuée bleue, 2010.

【17】Brown, Christopher M. (ed.) Organization and Governance in Higher Education (5th Edition), Boston: Pearson Learning Solutions, 2012.

【18】Calame Pierre, "La Gouvernance à Multi-niveaux," Observatoire de l'action publique, 2014(7), p. 1 – 13.

【19】Clark, Burton R., Creating Entrepreneurial Universities: Organizational Pathways of Transformation, Emerald Group Publishing Limited, 1998.

【20】Clark, Burton R., "The Contradiction of Change in Academic System," Higher Education 12, 1983, p. 101 – 116.

【21】Colin Hales, " 'Bureaucracy-lite' and Continuities in Managerial Work," British Journal of Management, 2002, p. 51 – 66.

【22】Cohen, Michael D. & James G. March, Leadership and Ambiguity: The American College President, New York, McGraw-Hill book, 1974.

【23】Cohen, Michael D. & James G, March. "Leadership in an Organized Anarchy" in M. Christopher Brown(ed.) Organization and Governance in Higher Education (5th Edition), Boston: Pearson Learning Solutions, 2012.

【24】Courpasson, David, "Managerial Strategies of Domination: Power in Soft Bureaucracies," Organization Studies, 2000, p. 141 – 161.

【25】Curri, Gudrun, "Reality Versus Perception: Restructuring Tertiary Education and Institutional Organisational Change—a Case Study," Higher Education, 2002, p. 133 – 151.

【26】Crespy, Cécile, "Changements dans la Conduite des Politiques Territorialisées de Recherche: Quelle Place pour les Régions?", Dans Dynamique des Organisations et des Systèmes Productifs: Normes d'emploi, Innovations et Territoires, Séminaire LEST, 2006.

【27】Crozier, Michel & Friedberg Erhard, L'acteur et le Système: Les Contraintes de l'action Collective, Paris, Seuil, 1977.

【28】Crozier, Michel, La Société Bloquée, Paris, Éditions du seuil, 1970.

【29】Curaj, Adrian, et al, Mergers and Alliances in Higher Education, Dordrecht: Springer, 2015.

【30】Cytermann, J. -Richard, "Universites et Grandes Ecoles," Documentation francaise, Problemes politiques et sociaux, 2007.

【31】Cyert, Richard Michael, The Management of Nonprofit Organizations: with Emphasis on Universities, Massachusetts Lexington Books, 1975.

【32】Dill, David D, "The Management of Academic Culture: Notes on the Management of Meaning and Social Integration," Higher education, 1982, p. 303 – 320.

【33】Djelic, Marie-Laure & Kerstin Sahlin-Andersson, (eds.), Transnational Governance: Institutional Dynamics of Regulation, Cambridge University Press, 2006.

【34】Dubois, Pierre, " L'organisation des Universités: Complexification,

Diversification, Rationalisation, Evaluation," Sociétés contemporaines, 1997, 28(1), p. 13 – 32.

【35】Dubet, Francois, Problèmes d'une Sociologie de l'enseignement Supérieur dans Les Mutations Actuelles de l'université, Paris: PUF, 2003.

【36】Durkeim Émile, L'évolution Pédagogie en France, Paris: PUF, 1999.

【37】Emerson Richard M. , "Power-dependence Relations," American sociological review, 1962, p. 31 – 41.

【38】Fortier, Charles, Université, universités, Paris: Dalloz, 2010.

【39】Forest, Frédéric (dir.), Les universités en France. Fonctionnement et Enjeux, PURH, 2012.

【40】Friedberg, Erhard, L'analyse Sociologique des Organisations, Paris: Privat, 1988.

【41】Friedberg, Erhard & Musselin Christine, En Quête d'universités: Etude Comparée des Universités en France et en RFA, Editions L'Harmattan, 1989.

【42】Galbraith, John Kenneth, The Industrial State, London: Hamish Hamilton, 1967.

【43】Goedegebuure, Leo C. J. , Mergers in Higher Education: A Comparative Perspective, Utrecht: Lemma, 1992.

【44】Greenwood, Royston & Danny Miller, "Tackling Design Anew: Getting Back to the Heart of Organizational Theory," The Academy of Management Perspectives, 2010, p. 78 – 88.

【45】Gueissaz, Albert, "Informatisation et Dynamique des Relations entre Administratifs, Enseignants et Etudiants dans les Etablissements Universitaires," Sociétés contemporaines, 1997, p. 33 – 55.

【46】Hall, Richard H. Organizations, Structure, Processes & Outcomes, New Jersey: Prentice Hall, 1991.

【47】Harman, Kay & Meek, V Lynn, "Introduction to Special Issue: Merger Revisited: International Perspectives on Mergers in Higher Education," Higher Education, 2002, p. 1 – 4.

【48】Harman, Kay, "Merging Divergent Campus Cultures into Coherent

Educational Communities: Challenges for Higher Education Leaders,"Higher Education, 2002, p. 91 – 114.

【49】Hatton, Elizabeth J. , "Charles Sturt University: A Case Study of Institutional Amalgamation,"Higher Education, 2002, p. 5 – 27.

【50】Hendrickson, Robert M. , et al, Academic Leadership and Governance of Higher Education: A Guide for Trustees, Leaders, and Aspiring Leaders of Two- and Four-Year Institutions, Sterling: Stylus Publishing, 2012.

【51】Hesburgh, Theodore M. , The nature of the challenge, from Stephen D. Kertesz, The task of universities in a changing world, Indiana States: University of Notre Dame Press , 1972.

【51】Huber, Ludwig & Gisela Shaw, "Towards a New Studium Generale: Some Conclusions," European Journal of Education, 1992, p. 285 – 301.

【52】Hooghe, Liesbet & Gary Marks, "Multi-level Governance and European Integration,"Rowman & Littlefield, 2001.

【53】King, Roger, Simon Marginson & Rajani Naidoo(eds.), Handbook on Globalization and Higher Education, Edward Elgar Publishing, 2011.

【54】Koubi, Rufin Médard, Rôle de la Représentativité dans la Mise en CEuvre et la Dynamique de la Gouvernance des Universités Francaises de 1968 à Nos Jours, université de Limoges, 2014.

【55】Krücken, Georg, Anna Kosmützky & Marc Torka, (eds.) , Towards a Multiversity? Universities between Global Trends and National Traditions, Bielefeld, Transcript Verlag, 2007.

【56】Leresche, Jean-Philippe & Martin Benninghoff, "Le Rôle de l'État Fédéral dans la Reconfiguration des Territoires de la Coordination Interuniversitaire. Le Cas Suisse,"Sciences de la société, 2013, p. 110 – 127.

【57】Lindle, Jane C, "What Can the Study of Micropolitics Contribute to the Practice of Leadership in Reforming Schools?", School Leadership & Management, 1999, p. 171 – 178.

【58】Maggio, Paul & Walter W. Powell, "The Iron Cage Revisited: Collective Rationality and Institutional Isomorphism in Organizational Fields," American Sociological Review, 1983, p. 147 – 160.

【59】March, James & Johan P. Olsen, Rediscovering Institutions. The

Organizational Basis of Politics, New York: Free Press, 1989.

【60】Mascret, Anne, Enseignement Supérieur et Recherche en France: une Ambition d'excellence, Paris: La Documentation Francaise, 2015.

【61】Mason, Jennifer, Qualitative Researching, London: Sage, 2002.

【62】Malet, Regis, " De l'état-nation à l'espace-monde. Les Conditions Historiques du Renouveau de l'éducation Comparée," Carrefours de l'éducation. 2005, p. 165 – 188.

【63】Merriam, Sharan B. & Elizabeth J. Tisdell, Qualitative Research: A Guide to Design and Implementation, John Wiley & Sons, 2015, p. 43 – 44.

【64】Merriam, Sharan B. , Qualitative Research and Case Study Applications in Education, San Francisco: Jossey-Bass Publishers, 1998.

【65】Merrien, Francois Xavier & Christine Musselin, "Are French Universities Finally Emerging? Path Dependency Phenomena and Innovative Reforms in France,"Towards a New Model of Governance for Universities, 1999, p. 220 – 238.

【66】Meyer, John W. & Brian Rowan, "Institutionalized Organizations: Formal Structure as Myth and Ceremony," American Journal of Sociology, 1977, p. 340 – 363.

【67】Mok, Ka-Ho, "Globalization and Educational Restructuring: University Merging and Changing Governance in China,"Higher education, 2005, p. 57 – 88.

【68】Millett, John David, The Academic Community, New York: McGraw-Hill, 1962.

【69】Minot, Jaques, Histoire des Universités Francaises, Paris, PUF, 1991.

【70】Mignot-Gérard, Stéphanie, " Le Gouvernement d'une Université Face aux 《 Initiatives d'excellence》: Réactivité et Micro-résistances," Politiques et management public, 2012, p. 519 – 539.

【71】Mignot-Gérard, Stéphanie, "Who Are the Actors in the Government of French Universities? The Paradoxal Victory of Deliberative Leadership," Higher Education, 2003, p. 71 – 89.

【72】Mignot-Gérard, Stéphanie. "Échanger et Argumenter: Les Dimensions Politiques du Gouvernement des Universités Françaises," Sciences-Po Paris, 2006.

【73】Mignot-Gérard, Stéphanie & Christine Musselin, "Comparaison des Modes de Gouvernement de Quatre Universités Françaises," I-CSO et Agence de modernisation des universités, Paris, 1999.

【74】Mignot-Gérard, Stéphanie, "The Transformation of University Governance in France (1999—2011) – Inertia, Institutionalization and Change," RIHE International, 2012, p. 49 – 69.

【75】Musselin, Christine, La Longue Marche des Universités Françaises, Presses Universitaires de France, 2001.

【76】Musselin, Christine. "Are Universities Specific Organisations," in Towards a Multiversity? Universities between Global Trends and national Traditions, (ed.) Krücken G., Kosmützky A. et Torka M., Bielefeld, Transcript Verlag. 2007, p. 63 – 84.

【77】Musselin, Christine & Dif-Pradalier M., "Quand la Fusion S' impose: la (Re) naissance de l'université de Strasbourg," Revue française de sociologie, 2014, p. 285 – 318.

【78】Musselin, Christine, "State/University Relations and How to Change Them: The Case of France and Germany," European Journal of Education, 1997, p. 145 – 164.

【79】Musselin, Christine, "Les Réformes des Universités en Europe: des Orientations Comparables, mais des Déclinaisons Nationales," Revue du MAUSS, 2009, p. 69 – 91.

【80】Musselin, Christine, "Research Issues and Institutional Prospects for Higher Education Studies," Studies in Higher Education, 2014, p. 1369 – 1380.

【81】Murray, Fiona, Political Science, Federalism and Europe, Discussion Papers in Federal Studies, Leicester, University of Leicester, 1995.

【82】Myriam Baron, "Les Transformations de la Carte Universitaire depuis les Années 1960: Constats et Enjeux," Le Mouvement social, 2010, p. 93 – 105.

【83】Naidoo, Rajani, "The Consumerist Turn in Higher Education: Policy Aspiration and Outcomes," Journal of Marketing Management, 2011, p. 1142 – 1162.

【84】Neuman, Lawrence W, Social Research Methods: Qualitative and Quantitative Approaches, Pearson, 2002.

【85】Norgârd, Jorunn Dahl & Ole – Jacob Skodvin, "The Importance of Geography and Culture in Mergers: A Norwegian Institutional Case Study," Higher Education, 2002, p. 73 – 90.

【86】Olivier-Utard, Francoise, " L'université de Strasbourg de 1919 à 1939: S' ouvrir à l'international mais Ignorer l'Allemagne," Les Cahiers de Framespa. Nouveaux champs de l'histoire sociale, 2010 .

【87】Oliver, Christine, "Strategic Responses to Institutional Processes," Academy of Management Review, 1991, p. 145 – 179.

【88】Pavel, Zgaga, Teichler Ulrich & Brennan John, (eds.), The Globalisation Challenge for European Higher Education: Convergence and Diversity, Centres and Peripheries, Peter Lang, 2013.

【89】Peterson, Marvin W. & Melinda G. Spencer, "Understanding Academic Culture and Climate," New Directions for Institutional Research, 2006, 1990, p. 3 – 18.

【90】Peterson, Marvin W. , ed, ASHE Reader on Planning and Institutional Research, Boston: Pearson Learning Solutions, 1999.

【91】Peterson, Marvin W. "Emerging Developments in Postsecondary Organization Theory and Research: Fragmentation or Integration," Educational Researcher, 1985, p. 5 – 12.

【92】Pfeffer, Jeffrey & Gerald R. Salancik, The External Control of Organisations: A Resource Dependence Approach, New York: Harper and Row Publishers, 1978.

【93】Piobetta, Jean B, Les Institutions Universitaires en France, Presses universitaires de France, 1951.

【94】Pinheiro, Rómulo, Lars Geschwind & Timo Aarrevaara. , "Mergers in Higher Education," European Journal of Higher Education, 2016, p. 2 – 6.

【95】Prost, Antoine, Education, Société et Politiques. Une Histoire de l'enseignement en France (de *1945* à Nos Jours), Paris: Éd. du Seuil, 1997.

【96】Prost, Antoine, Histoire de L'enseignement En France. 1800—1967, Paris: PUF, 2002.

【97】Ramirez, Francisco O. & Tom Christensen, "The Formalization of the University: Rules, Roots, and Routes," Higher Education, 2013, p. 695 –708.

【98】Ramirez, Francisco O, "The Rationalization of Universities," In Transnational governance: Institutional dynamics of regulation, ed. M.-L. Djelic, K. Sahlin-Andersson, 2006. p. 225 –244.

【99】Ramirez, Francisco O, Accounting for Excellence: Transforming Universities into Organizational Actors in Higher Education, Policy, and the Global Competition Phenomenon, New York: Palgrave Macmillan , 2010.

【100】Ramirez, Francisco O. ,"The Rationalization of Universities," In M.-L. Djelic, K. Sahlin-Andersson, Transnational Governance: Institutional Dynamics of Regulation, Cambridge University Press, 2006.

【101】Rao, Hayagreeva, Philippe Monin & Rodolphe Durand, "Institutional Change in Toque Ville: Nouvelle Cuisine as an Identity Movement in French Gastronomy 1 ," American journal of sociology, 2003, p. 795 –843.

【102】Renaut, Alain, Les Révolutions de l'université, Essai sur la Modernisation de la Culture, Paris: Calmann-Lévy, 1995.

【103】Roman, Joël & Jean-Pierre Le Goff, Mai 68. L'héritage Impossible, Paris: La Découvert, 1998.

【104】Robbins, Stephen P. , Managing Organizational Conflict: A Nontraditional Approach, New Jersey: Prentice-Hall, 1974.

【105】Rowan, Brian & Cecil G. Miskel, "Institutional Theory and the Study of Educational Organizations," Handbook of research on educational administration, 1999, p. 359 –383.

【106】Rust, Val D, "Method and methodology in Comparative Education," Comparative Education Review, 2003.

【107】Ryle, Gilbert, The Concept of Mind, London: Hutchinson, 1951.

【108】Sadler, Michael, "How Far Can We Learn Anything of Practical Value from the Study of Foreign Systems of Education?," Comparative Education Review, p. 307 – 314.

【109】Salmi, Jamil, The Challenge of Establishing World-Class Universities, Washington: World Bank, 2009.

【110】Saurugger, Sabine & Yves Surel, "L'européanisation Comme Processus de Transfert de Politique Publique," Revue internationale de politique comparée, 2006, p. 179 – 211.

【111】Salancik, Gerald R. & Jeffrey Pfeffer, "The Bases and Use of Power in Organizational Decision Making: The Case of a University," Administrative Science Quarterly, 1974, p. 453 – 473.

【112】Sehoole, M. T. C, "The Politics of Mergers in Higher Education in South Africa," Higher Education, 2005, p. 159 – 179.

【113】Skodvin, Ole-Jacob, "Mergers in Higher Education-Success or Failure?," Tertiary Education and Management, 1999, p. 63 – 78.

【114】Stroup, Herbert Hewitt, Bureaucracy in Higher Education, New York: The Free Press, 1966.

【115】Simon, Jakcy, Catherine Szymankiewicz, etc., Organisation et Gestion de l'éducation Nationale, Paris: Berger Levrault, 2014.

【116】Stephenson, Sandria S., "Discursive 'Policy Logics' of Mergers in US Higher Education: Strategy or Tragedy?," Tertiary Education and Management, 2011, p. 117 – 137.

【117】Scott, W. Richard, "The Organization of Medical Care Services: toward an Integrated Theoretical Model," Medical Care Research and Review, 1993, p. 271 – 303.

【118】Scott, W. Richard & J. W. Meyer, Institutional environments and organizations: Structural complexity and individualism, Thousand oaks CA: Sage, 1994.

【119】Scott, W. Richard, Institutions and Organizations: Ideas, Interests, and Identities (4th Ed), Los Angeles: SAGE Publications, 2014.

【120】Suchman, Mark C, "Managing Legitimacy: Strategic and Institutional Approaches," Academy of management review, 1995, p. 571 – 610.

【121】Thoenig, Jean-Claude, Gouvernance Organisationnelle et Transformation des Disciplines in Transformations des Disciplines Académiques : entre Innovation et Résistance, Université de Lausanne : Working Papers, 2013.

【122】Vaira, Massimiliano, "Globalization and Higher Education Organizational Change: A Framework for Analysis," Higher education, 2004, p. 483 –510.

【123】Verger, Jacques, Les Universités au Moyen-âge, Presses Universitaires de France, 1973.

【124】Vogel, Louis, L'Université: une Chance pour la France, Presses universitaires de France, 2010.

【125】Warren, Roland L, "The Interorganizational Field as a Focus for Investigation," Administrative Science Quarterly, 1967, p. 396 – 419.

【126】Weber, Max, The Theory of Social and Economic Organizations, New York: The Free Press, 1947.

【127】Weick, Karl E, " Educational Organizations as Loosely Coupled Systems," Administrative Science Quarterly, 1976, p. 1 – 19.

【128】Weisz, George, "Le Corps Professoral de l'enseignement Supérieur et l'idéologie de la Réforme Universitaire en France, 1860-1885," Revue Francaise de Sociologie, 1977, p. 55.

【129】Williamson, Oliver E, "The Institutions and Governance of Economic Development and Reform," The World Bank Economic Review, 1994, p. 171 – 197.

【130】Yin, Robert K, Applications of Case Study Research, Sage Publications, 2012.

【131】Zysman, John, "How Institutions Create Historically Rooted Trajectories of Growth," Industrial and corporate change, 1994, p. 243 – 283.

后记

　　大学作为拥有 800 多年历史的（社会）组织团体，从诞生之日起，历经人类社会的跌宕起伏和科学技术的日新月异，并不断地强化着其作为"探索高深学问"的灵魂载体和作为高等教育发展信仰的存在价值。世界上最早的大学之一诞生于中世纪的法国。然而，法国大学的发展之路可谓"命运多舛"，直到 20 世纪六七十年代，才算真正建立起现代意义上的"大学"。其教授治校的传统和依学院而建的组织方式不仅为欧洲大学的办学模式奠定了基础，也为现代法国大学的治理样态打上了独特的烙印。现代法国大学在学术组织的分裂与重构中焕发光彩；在中央集权与机构自治的博弈中龃龉前行；在承担法国教育大众化的重责和提升教育质量的使命中不断革新。随着日益严酷的高等教育国际化竞争，法国大学一面希望坚守自我，一面渴求开放包容。因此，对于研究者来说，法国大学是个充满矛盾的综合体。而要探索法国大学治理的来龙去脉和发展现状，为读者呈现一幅法国大学治理的全景图，确为一个复杂但又充满趣味的学术挑战。

　　2012 年，我怀揣着对法国语言文化的热爱与坚持，踏入了北京师范大学国际与比较教育研究院。在外国教育研究的百花园中，我作为一名小花匠，有幸与法国教育研究结缘，并开始培育自己心中的比较教育之花。这本在博士论文基础上形成的著作正是我历经五年研究生学习，对法国高等教育研究从粗浅认识到形成客观把握的初步成果。因此，本书定存在所言不足与疏漏之处，敬请各位师长、同人和读者朋友指正，本人在此提前拜谢。

研究法国大学合并重组源于自己很早以来对法国大学的存疑：为什么法国大学常以"第一、第二、第三"大学这样的形式命名？当得知大学分裂与"五月风暴"有关后，又不禁好奇：法国大学为什么会选择分裂？当再看到法国大学出现合并和结盟的风潮时，更激起了我对探究法国大学组织变革原因的兴趣。博士论文研究就此拉开帷幕。而在不断研读文献和赴法国进行联合培养、开展实地"田野研究"的基础上，我有幸走进法国、深入大学，去体察大学合并重组的浪潮，深挖其背后的改革逻辑。但诚如我在书中反复强调的，这场合并重组的组织变革不仅有着深厚的历史渊源和丰富的现状呈现，而且仍在发展更迭、不断变化。对于改革的影响与评判更有待持续追踪。例如2018年年初，波尔多大学宣布退出阿基坦大学与机构共同体，便印证了我在描述该地共同体治理形态时所提及的"观念上存在分歧，行动上比较分散"可能产生的并不意外的结果。这同时也印证了：大学治理将是个永续的话题。因此，处在不同阶段的大学应如何通过完善治理形态，实现自身协调发展并引领社会进步和文化繁荣，于法国、于我国都值得继续深究。这也对本人未来进行包括法国大学治理在内的相关研究提出了更多挑战和可能。

在博士论文成书之际，首先，要感谢我的博士导师刘宝存教授。三年博士学习，忘不了与刘老师谈论学术和生活感受的每次交流会面。老师严谨的治学态度、对学术规范的坚持、把握教育前沿问题的眼界学识和引领学生探求学问与人生的远大格局深深影响了我的前进轨迹。老师在我学艺不精时的批评与提点，在我慌张迷茫时的安慰与鼓励，在我遇到困难时的焦虑与支持，以及在我论文写作进展不顺时的信任与操劳，我将永远牢记于心，作为为人师表的重要信条与行为榜样。

其次，要感谢我的硕士导师王晓辉教授。王老师是带领我进入比较教育学领域、对法国开展真正研究的引路人，更是指导我从懵懂爱幻想的学术"新手"蜕变为踏实求真相的学术"花匠"的鞭策人。老师对法国教育的深厚积累与信手拈来的讲述，让我时常沉浸在法兰西文化的饕餮盛宴中，可老师依然谦逊低调，常感叹自己水积不深。老师的言传身教使我逐渐领悟到求真至善的学术情怀、谦虚谨慎的学术态度和刚直不阿、与世无争的为人之道。老师对学生的包容，让我勇于发现研究中的问题，敢于向权威提出不同声音；对学生的严厉，让我懂得对每个知识问题要保有尊重，明白了只有理清历史细节才能把握未来态势。

再次，要感谢我在法国波尔多大学联合培养期间的合作导师 Régis Malet 教授，邀请我访学的巴黎十二大的 Stéphanie Mignot-Gérard 教授和斯特拉斯堡大学的 Elisabeth Regnault 教授，以及一直关心我学业的图卢兹二大的 Aïcha Maherzi 教授等。感谢他们曾对我的博士论文给予的重要指点，并带领我参与其学术课题，向我提供为法国大学生讲授课程的教学与科研实践机会。同时，还要感谢比较院各位可亲可敬的老师。在这个大家庭中，我时常能够沐浴在学院和谐的学术春风中，聆听着各有所长的学术大师们的谆谆教诲，跟从诸位兼具国家情怀和国际视野的老师开展学术研究。其中要特别感谢王英杰教授、高益民教授、林杰教授和谷贤林教授等人对我博士论文提出的宝贵建议。

此外，由衷感谢我在法国访学期间积极接受采访的各位学者大家、教育部官员、院校领导、行政人员和师生们。尤其感谢国际高等教育评估机构的 Stride Sebastian 为我牵线搭桥，并无偿提供大量法国高等教育的内部评估资料。与每一位受访者的深入恳谈让我真切体会到法国教育改革的雄心壮志与现实困境。没有你们的热心与耐心，我无法完成这本书。

回顾我的研究生学习生涯，感激遇到的各位同门、硕博士同学和许多未能在此一一提及的老师与好友们。论文得以付梓成书都有你们的功劳。各位的帮助与鼓励我也会背入行囊，作为鞭策自己前进的不竭动力。

感谢我的父母。读博和论文写作期间时常为我劳心劳力的母亲兼"博士助手"齐老师和时常鞭策我理性思考、分清主次、学会成熟的父亲张老师。父母之恩，水不能溺，火不可灭。没有二位一贯的要求、鼓励、启发、关爱与宽容，不可能有现在的我。故将此书献给尊亲。

最后，愿所有爱我和我爱的人，一生幸福、安康！

张梦琦